［第四の節目］

フォース・ターニング

アメリカの今ここにある危機は予言されていた！

ウィリアム・ストラウス
ニール・ハウ　著

奥山真司　監訳

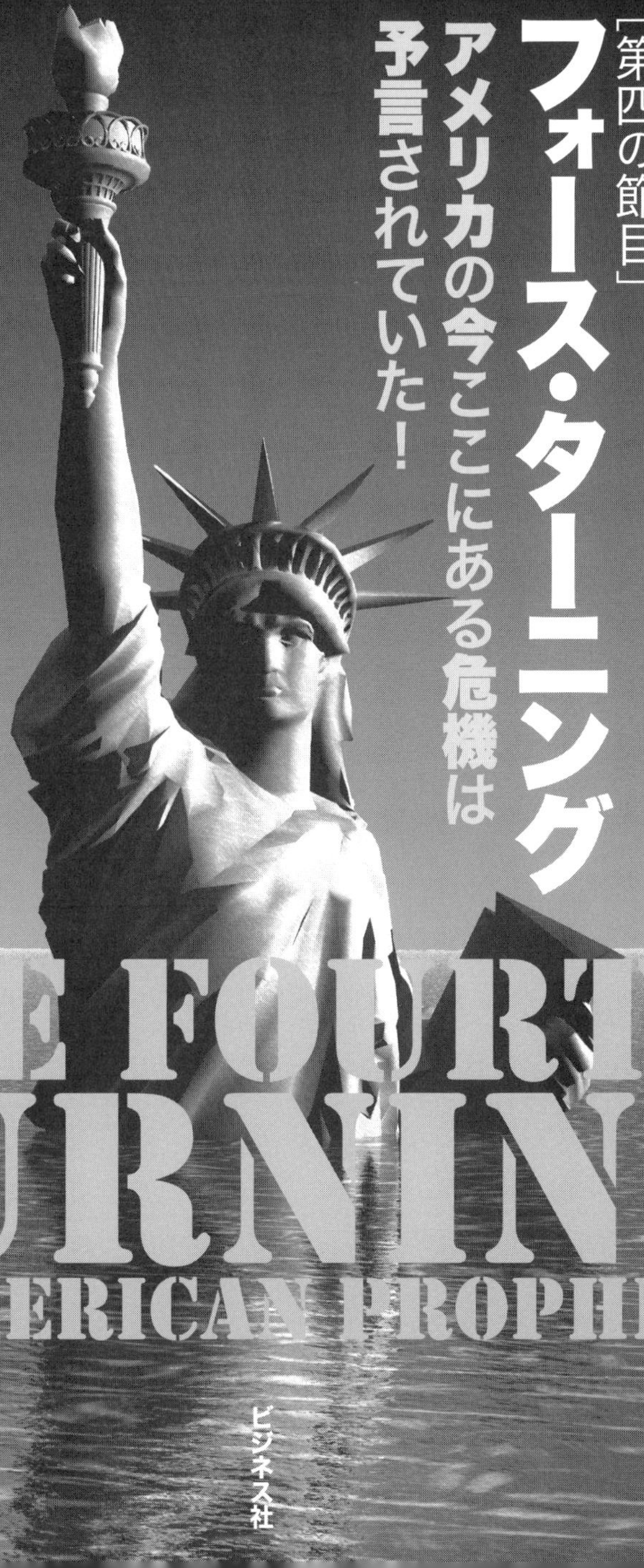

THE FOURTH TURNING
AN AMERICAN PROPHECY

ビジネス社

訳者まえがき

歴史は繰り返す――これは誰もが聞いたことのある、とても印象的な言葉だ。ところがそれがどのように繰り返され、しかもそれがどのような周期でめぐっているのか、そのメカニズムまで分析したような本は皆無である。

これからみなさんがお読みになるこの本は、そのような歴史の繰り返しが実際に起こっており、その構造や性格を解き明かすだけでなく、未来予測も行い、われわれがいかに対処していくのかまでを紐解いた画期的なものだ。本書の結論だけ先にいえば、それは「歴史には春夏秋冬にたとえられる繰り返しがあり、現在はその冬の時代にさしかかっている」というものだ。

そしてこの「冬」の時代とは、日本でいえば第二次世界大戦や明治維新に匹敵する大変革を起こすものだという。これを著者たちは**危機**や「第四の節目《ターニング》」と呼んでいる。

たしかにそのような兆候はある。日本ではつい数年前に東日本大震災という一〇〇〇年に一度と言われる地震と津波被害が発生しただけでなく、福島第一原発が原子炉溶解という未曾有の大事故を起こし、復興もままならない状況が続いている。

海外に目を転じても、ヨーロッパはシリアをはじめとする国々からの莫大な数の難民の流入に手を焼きつつ分裂の危機にあえいでいるし、アメリカはロシアと中国の脅威に対抗せざるを得ない中でトランプ大統領による新政権が発足している。さらに気になるのは、トランプ政権において最重要アドバイザーであるスティーブン・バノンが本書を「聖書」として信奉して、「冬」を意識的に進めようとしている点だ。

訳者まえがき

毎年正月に「今年の世界一〇大リスク」を発表することで有名なリスク・コンサルティング会社、ユーラシア・グループのイアン・ブレマー代表は年頭でのインタビューで、「二〇一七年には『恐怖』があふれ、『地政学的後退』(geopolitical recession)の状況に直面している」と答えている。

ここで興味深いのは、ブレマーが現在のような「地政学的後退」が世界で起こったのは、いまから約八〇年前の、第二次世界大戦の時だと指摘していることだ。

本書の主な主張の一つは、歴史は八〇年ごとに繰り返されているというものだが、もしこれが正しいとすれば、われわれは前回の「冬」に匹敵する**危機**の時代に入っていることになる。

もちろんこれは一つのシナリオであり、本当に当たっているのかは「神のみぞ知る」なのだが、現在起きつつある状況を考えると、ブレマーの警句同様に傾聴に値するものかもしれない。

本書をお読みになる前に、読者のみなさんに注意していただきたいことがある。それは、本書が一九九七年に書かれたものであるという点だ。

二〇年も前の本をいまさら翻訳して意味があるのかと疑問を持たれる方もいらっしゃると思うが、本書のいくつかの「予測」の中には的中したものもある。

未来という分野を扱っているために、本書はいわゆる学術的な本ではないのだが、世界が不安定化している現在だからこそ、本書の分析や警告をヒントとしてみなさんの戦略形成にお役に立てるのではないか――――。こういった問題意識から、本書の監訳を快諾させていただいた次第である。読者のみなさんには本書から知的刺激を受けたと感じてもらえれば幸いである。

訳者を代表して　奥山　真司

目次

第四章 歴史の循環

第一章　冬は再びやってくる

アメリカは失敗しつつあると思っている

われわれは、かつてないほど平和で快適な時代をまだ享受できている。ところが、これから先の未来も同じ状況がずっと続くかと言われたら、悲観的にならざるをえない。自分たちの住む超大国が、内側から崩壊し始めているかもしれないことを恐れているからだ。

第二次世界大戦後の共産主義への歴史的な勝利や、景気拡大の長期化でさえ、われわれの気分を高揚させるには過去のものになりすぎてしまっている。今日のアメリカ国内を覆《おお》っている気分は、人々の意識も低くて、社会システムも脆弱《ぜいじゃく》だったずっと昔よりも、はるかに落ち込んでしまっている。ロスからワシントンDC、オクラホマ・シティからサン・シティまで、アメリカのどの町を見ても、将来について明るい兆しが見いだせない。人類はより文明的で高貴な人格の形成を目指しているはずだが、実際は自分たちのリーダーたちにすら威厳を感じることができずにいる。もちろん、選挙が行われるたびに新たな希望が起こるが、時間がたつにつれ、それも失望にかわっていく。

アメリカが単なる「部分の寄せ集め」以上の存在だったのは、それほど昔のことではない。ところが、近ごろは寄せ集め以下の存在に成り下がってしまっている。第二次大戦前後のアメリカ国民は全体として誇りを持っていたが、個人レベルではみな控えめであった。「あなたは自分自身をとても重要な人間だと思いますか?」という質問に対して、「イエス」と答える人の数は、十人中二人以下であった。ところが今日では、十人中六人以上が「イエス」と答えるようになっている。以前のわれわれは、集団としてまとまれば強くなると考えていたのだが、現在は個人にそれだけの資格があると見なすようになったのだ。

このように、個人レベルでの自信は上がったのかもしれないが、そのような個人が何百万と集まったところで、社会全体の自信まで上がったとは言いがたい。実際、企業や政府、それに教会や新聞まで、アメリカのあらゆる組織に対する国民からの信頼度は下がり続けている。政府の負債残高は上昇する一方で、社会保障制度への依存度は上がり、文化面での議論は年を追うごとに激化している。現在は投獄率が最高であり、大規模な民主制国家の中では、投票率が過去最低を記録している。統計によれば、たしかに多くの面(犯罪率、離婚率、中絶、学術テストなど)で最悪の状態は脱しているが、だからといってそこに安心感はない。

個々に楽観主義があっても、それは家族や地域のコミュニティの中にはすでに存在していない。ほとんどのアメリカ人は、自らの将来については希望を語りたがるが、自分たちの子供、もしくは国家の未来に対しては悲観的だ。現在の親たちは、「アメリカン・ドリーム」というものが、(かなり強固な形で)自分たちの親の世代に存在しており、また自分たちの世代にもギリギリ存在していたことを知っているのだが、自分たちの子供たちの世代には消滅してしまう可能性があることに危機感を募《つの》らせている。現在三〇代半ばを迎えている若い世帯主たちは、アメリカが正しい方向に向かっているように感じた時代を過ごしたことがない。中年を迎えた人々は、少なくなる貯金やごくわずかな年金の額を見つつ、国民年金のような幻想を冷笑し、自分たちの老後について深く考えないようにしている。高齢者たちは老後施設に住みつつ、若さを失ってしまったことに失望しながらも、なるべく将来を考えないようにしているのだ。

われわれは自らが直面している問題を、巨大過ぎて決して解くことのできない「ルービック・キューブ」のように感じている。ある問題の背後にはまた別の問題が潜《ひそ》んでおり、これがずっと続いているかような状態を感じているのだ。

たとえば、犯罪件数を減らすには家族関係の改善が不可欠だが、その前に生活保護の制度を改善しなければならず、そのためには、さらに政府の予算の改善や国民の精神の改善が必要となる。さらにつきつめると、道徳基準、学校と教会のあり方の改善、それには都市部のスラム街の改善などが必要になるのだが、そこに至るには犯罪率の改善が欠かせない。しかも、これらの問題を一気に解決できるような政策は存在しないのだ。すべての世代が感じているのは、この暗雲を一気に解消するには、何かとてつもなく大きなことが起こらなければならない、ということだ。ところが、多くの人はあえてこのことを見ようとしていない。そう、われわれは国家全体で真実から目を逸《そ》らした状態にあるのだ。

そのような中で、われわれは直感ではない何か別の方法でその答えを見つけられないかと考えている。そして、ものごとの表面ではなく、その奥底のほうにシンプルで重要なものがあるのではないかと考えている。ところが、その正体が一体どのようなものかを理解できていない。しかも、その正体がわかったとしても、わかったとたん、それを忘れてしまうだろう。

これからアメリカは、ほとんどの国民が好まない、もしくは理解できない形で発展していくことになるだろう。われわれは個人レベルでは集中できているが、集合的には彷徨《さまよ》うことになり、もしかしたら、これから滝の流れ落ちる方向に流れていってしまっているのではないかと思い悩むことになる。

すべては過去に起こったこと

歴史家の存在価値というのは、歴史上で起こった出来事に共通するパターンを見つけ、それが時代を越えて繰り返し起こっているという、社会現象の自然発生のリズムを発掘することにある。

実際のところ、近代史の流れの中には、驚くべきパターンが見受けられる。過去五〇〇年間において、英米社会はおよそ二〇年ごとに新しい時代――新たな「節目」(turning)――を迎えているのだ。それぞれの節目《ターニング》の始まりで、人々は自分たち自身についての認識や、文化、国家、そして将来についての考え方を新たにしている。この節目《ターニング》は四つで一つのサイクルを構成しており、各サイクルは人の一生、つまり八〇年から一〇〇年と同じくらいの長さだ。古代の人々はこの長さの単位を「サエクルム」(saeculum：世紀)と呼んでいた。このサエクルムにある四つの節目《ターニング》は、歴史における発展、成熟、混乱、破壊という段階のリズムを構成している。

●第一の節目《ターニング》は「**高揚**」(High)：制度が強まって個人主義が弱まる上昇的な時代。新しい社会秩序が浸透して、古い価値による制度が崩壊していく。

●第二の節目《ターニング》は「**覚醒**」（Awakening）：精神面での激変が起こる情熱的な時代。既存の社会秩序が、新しい価値観による制度から挑戦を受けるようになる。

●第三の節目《ターニング》は「**分解**」（Unraveling）：個人主義が強化されて制度が弱まる下降的な時代。古い社会秩序は衰退して、新しい価値観による制度が植え付けられる。

●第四の節目《ターニング》は「**危機**」（Crisis）：社会が激動を迎える決定的な時代。古い価値観が新しいものと代わり、社会秩序の変化を推進することになる。

節目《ターニング》はそれぞれ特徴的なムードを伴《ともな》ったものであり、このムードの変化は、常に人々を驚かせてきた。

現在のサエクルムによれば、第一の節目《ターニング》は「アメリカの高揚」であり、これはトルーマン、アイゼンハワー、そしてケネディなどの大統領たちが生きていた時代を指している。第二次大戦が終わった時点のアメリカ国民たちは、自国がすぐに自信を取り戻して制度的にも強固であり、しかも従順ではあるが、精神的に満足した時代を迎えることになるとは予測していなかった。

第二の節目《ターニング》は「意識革命」と呼ぶものであり、一九六〇年代半ばの大学のキャンパス内での暴動から、一九八〇年代はじめの税制革命までの時代を含む。ジョン・F・ケネディが暗殺されるまでは、アメリカが個人の解放や、それ以前までの考えや主張されてきた文化面での分裂状態を乗り越えることができるとは誰も思っていなかったのだが、実際にはこれが起こった。

第三の節目《ターニング》は「文化闘争」であり、この時代はレーガン時代の一九八〇年代半ばの「アメリカの夜明け」から始まり、二〇〇〇年代半ばに終了することになっている。レーガン時代の華々しい初期の頃には、アメリカがこれから迷走して制度的にも崩壊していくような時代に突入するとは誰も予測できていない。それでも実際にそのようなことが起こったのだ。

このような国家の大きなムードの変化は、それ以前の時代にも起こったことがあるのだろうか？答えは「イエス」であり、しかも、何世紀にもわたって何度も起こっている。

今日八〇歳を迎えている人々は、現在のようなムードを若い頃に体験しているはずだ。彼らは第一次世界大戦の休戦の日（一九一八年）から、一九二九年の世界恐慌の始まりまでの時代を覚えているだろう。世界大戦での軍事的勝利の高揚感は、切ないほどはかないものであった。この時代の初期にあった未来への楽観主義は、ジャズ時代の皮肉主義に取って代わられることになり、高い理想主義への冷笑的な態度が広がることになった。マフィアのボスたちは移民たちの集まる貧民街を闊歩《かっぽ》し、南部にはＫＫＫ《クー・クラックス・クラン》、工業地帯の中心部にはマフィア、そして中規模の町にはアメリカ主義を守ろうとする人々がいた。労働組合は衰退し、政府は弱体化し、民主・共和党以外の第三党が猛威を振るい、新しい消費者向けの製品（自動車、ラジオ、電話、ジュークボックス、自販機）のダイナミックな市場が到来し、生活を新たに複雑化して熱狂的なものにした。「失われた」若い世代の危険な楽しみは、すでに中年を迎えた社会慣習を改善しようとしていた人々を驚かせることになった。彼らの多くは「疲れた過激主義者」だったのであり、この頃にはすでに自分たちの若い頃の「紫色の世代（mauve decade）」（一八九〇年代）の残骸《ざんがい》と戦っていた。政治言論は、麻薬、家族、そして「社会慣習」など、文化に関する非妥協的な論点において極端化した。その合間にも、親たちはその先を担《にな》う新しい世代の子供たち（彼らが現在の高齢者層の人々となっている）たちを悪影響から守ろうと必死で努力している。

もちろん、その当時の細かい部分は現在の状況とは異なるが、その底にあったムードは、現在アメリカが感じているものと似ている。これについては第一次大戦中に以下の文章を書いた、ウォルター・リップマンのものが参考になる。

われわれは、その存在の根本から不安を感じている。人間関係、つまり、それが親子、夫婦、労働者と雇用主のような関係であれ、いままで変化しなかったものはないからだ。われわれは複雑化した文明にはまだ慣れていないのであり、個人の契約や神の存在が消滅した時にどのように振る舞えばよいのか、まだ知るすべを持っていない。われわれを導いてくれるような前例は存在しないのであり、単純ではない時代への知恵はまだ見つかっていない。

現在のアメリカの最年長世代がまだ子供であった、さらに古い時代にさかのぼってみよう。一八四〇年代後半から一八五〇年代初期にかけて、アメリカは不快なムードの漂《ただよ》う新たな時代に迷い込んでいた。民衆の熱狂的な支持を得た米墨戦争は感動的な勝利に終わったが、領土の獲得による熱狂は長く続かなかった。都市は不快な場所となり、政治対立は悪化したからだ。移民は増大し、金融面での投機は激増し、そして鉄道網の発達と綿の輸出が新たに強力な市場を形成し、これが地域社会を弱体化させた。二大政党（ホイッグ党と民主党）は、それに対する答えを用意できないまま、次第に分裂していった。奴隷制の西部方面への拡大についての成否をめぐる議論が、いわゆる「南部人」と「廃止論者」の間で勃発した。廃止論者の多くは、すでに中年を迎えていた精神主義者たちであり、彼らはより幸福感の溢《あふ》れていた一八三〇年代と一八四〇年代に、超越論や理想社会的なコミューン、そしてその他のさまざまな若者文化の運動に影響を受けていた世代である。大学は、若い学生たちがゴールドラッシュに乗じて荒々しい西の町に一攫千金を求めて向かうのを、必死で引き止めようとしていた。その合間に、彼らの子供に当たる世代は、ヨーロッパからの移民たちを驚かせる新しい制度の中で育っていった。しかも、その移民たちは、たった一〇年前にはアメリカの子供たちの粗暴さを嘆いた人々なのだ。まるでどこかで聞いたような話ではないか。

さらに、時計をもう一世代前に戻してみよう。直前まで起こっていたフレンチ・インディアン戦争を有利な形で終えた一七六〇年代は、アメリカにとって八〇年間にわたる紛争の終結を意味したのであり、これによって植民地のフロンティアにおける安全を確保できた。ところが、イングランドがそれまでかかった戦費を徴税によって回収しようとすると、植民地側の人間は不満を募らせることになった。同時に、旧世界からの移民や、アパラチア山脈を越えての移住、そして宗主国との貿易問題などについての議論が厳しさを増してきた。負債者用の刑務所が増大し、中年たちはベンジャミン・フランクリンが「白人の奴隷」と呼んだ青年たちに対して不満を述べるようになった。中年の演説家たち（一七四〇年代の「偉大なる覚醒」の頃に熱い青年時代を迎えた人々）は、国民の意識の向上と、財政緊縮を求める草の根運動を開始した。彼らのようなエリートは、腐敗した英国の学校ではなく、植民地の規律ある教会学校を最初に卒業した人々であった。植民地の人間たちは次第に派閥に分かれて意見を戦わせるようになり、英国の王について擁護したり攻撃したりするようになった。これもどこかで聞いたことのある話ではないだろうか？

それぞれの時代において、アメリカ人は熱狂的な自由放任型の個人主義（これは一八四〇年代に最初に有名になった）の精神を支持したが、同時に社会の分裂や多発する暴力、そして社会が追いつかないほどの速度で進む、経済やテクノロジー面での変化に悩んでいた。

それぞれの時代において、アメリカ人はそれまで戦っていた外国からの脅威――ドイツ帝国、スペインとメキシコ、そして、ナポレオン率いるフランス――に対して勝利を収めている。ところが、これらの勝利は国家の全体目標喪失にもつながっており、国内における悲観主義が充満した。

それぞれの時代において、積極的な道徳主義がアメリカの将来についての議論を暗いものにした。文化闘争が勃発し、政治における言説は激しいものになり、土着（そして派閥）的な感情が固まり、移民や麻薬汚染が非難され、自分たちの子供たちに対する態度は、より保護的なものへと変化したのだ。

それぞれの時代において、アメリカ人たちは個人の価値観を強めていったのだが、国民生活の腐敗に対しては新たに敵意を燃やしていった。制度の統一性は何十年間も安泰だと思われてきたのに、それが突然はかないもののように思えてきたのだ。国家に命をかけて信じてきた世代は、年をとって世を去りつつあり、大人になったばかりの若い世代にとっては、国家はほとんど意味のない存在であった。国家全体は、崩壊の危機にあるように思えたのだ。

過去のこれらの第三の節目《ターニング》では、アメリカ人たちはまるで自分たちが激動の時代へと流されているように感じていた。

そして、実際にそのようなことが起こったのだ。

一七六〇年代の次にはアメリカの独立が起こったのであり、一八五〇年代の次は南北戦争、一九二〇年代は世界恐慌や第二次世界大戦であった。これらの**分解**の時代は衝撃的な**危機**の時代につながり、これがあまりにも劇的であったために、それが終わった頃には、アメリカ社会がまったく新しい状態に生まれ変わったのだ。

それぞれの時代において、変化の予兆はほんのわずかにしか現れていない。一七七三年一二月や一八五九年一一月、そして一九二九年一〇月のアメリカ国民は、その直後に何が待ち受けているのかをまったく予測できていなかった。ところが、突然の火花の閃光（ボストン茶会事件、ジョン・ブラウンの襲撃と処刑、暗黒の火曜日）の後に、国内のムードは急激かつ永遠に変化したのだ。そのあとの約二〇年の間に、社会は激動を迎えた。このような**危機**の時代は、自分よりもコミュニティを優先する一般市民の莫大な犠牲を必要とするものだ。リーダーが主導し、国民は彼らを信頼した。新たな社会契約がつくられることになり、人々はそれまで克服不可能だと思われていた挑戦を乗り越えた。そして、彼らは**危機**の時代を、自分たちや国家の文明の中における地位の向上のために利用したのだ。アメリカは一七九〇年代に近代最初の民主制の共和国を高らかにうたい、一八六〇年代後半には傷つき破壊されながらも、新しい自由と平等を保証する本物の国家像をつくりあげた。そして、彼らは一九四〇年代後半に、史上初の巨大な超大国をつくりあげている。

第四の節目《ターニング》は歴史の大きな断裂であり、それまでの時代は終了し、新しい時代の始まりを告げることになる。

＊＊＊

歴史には季節があり、いまは「冬」が到来しつつある。自然における冬のように、社会の冬もその到来の時期が前後する。第四の節目《ターニング》は長期的で困難なものになる可能性があるし、短いが深刻、もしくはマイルドなものになるかもしれない。ところが、季節の冬と同じように、それそのものを避ける手段は存在せず、それは必ず到来するものなのだ。

アメリカの未来について近代の歴史のリズムが警告していることをまとめると、以下のようなものになる。

次の第四の節目《ターニング》は、二一世紀に入ってすぐの時点から始まるが、おそらくそれは二〇〇〇年代の半ば頃になるだろう。つまり二〇〇五年の前後に突然の変化が起こることによって、**危機**のムードが始まる。古い社会秩序の残骸が消滅し、政治・経済面での信頼が内部崩壊する。社会には困難がはびこることになり、階級、人種、民族、そして帝国などに関する問題を含む、深刻な苦難に直面するはずだ。ところが、このトラブルの時期が新しい社会再生のための種を植え付けることになり、アメリカ人はそれまでの過ちを悔《くや》み、何をすべきなのかについて国民的な総意を得ることになる。そここでは国家の生き残りそのものが問われることになる。アメリカは二〇二五年までの時点で歴史の大きな転換点を迎えるはずであり、これは独立戦争や南北戦争、それに世界恐慌と第二次大戦の勃発と同じくらいのインパクトを持つものになるだろう。

この第四の節目《ターニング》が大災害をもたらす可能性は非常に高い。アメリカでは暴動や反乱が起こる可能性もあるし、地理的に分裂したり、独裁的な支配体制が敷《し》かれたりすることもある。戦争が起こるとすれば、それは最大級のリスクと困難を抱えるものであり、これをいいかえれば「総力戦」になる可能性も高い。第四の節目《ターニング》では、常に破壊のためのテクノロジーが台頭してきて、人類はそれを積極的に使ってきた。南北戦争では二つの首都がそのようなテクノロジーを使って互いに焼きつくされている。第二次大戦では、アメリカは新しい殲滅的なテクノロジーを開発して、それをすぐに実戦で使っている。今回の第四の節目《ターニング》では、アメリカは想像を超えた悲惨さをもたらす手段を持った状態で突入することになり、しかも、自分たちとまったく同じ手段を持った敵と直面することになるかもしれないのだ。

その一方で、アメリカ人は今回の第四の節目《ターニング》に突入することによって、国民として新たな成果を生み出すことのできる、特別なチャンスを迎えていることにもなる。一九六〇年代に新たに登場してきた多くの絶望的な価値観は、今日の社会の機能障害や文化の荒廃につながっており、そこから何かポジティブなものを生み出すことにはつながらなくなっていた。たしかに、これは現在（一九九七年）の**分解**の時代の特徴に当てはまるものかもしれない。ところが**危機**という激動の時代に入ると、これも変化することになるだろう。古い市民社会の秩序が去ると、アメリカ国民は新しい秩序を生み出すはずだ。これには価値観の合意や、それを行使するための、新しく強力な政治体制の強化が必要になってくる。これがうまくいけば、社会の信頼性が復活し、さらには今日の第三の節目《ターニング》の問題——犯罪、人種、金、家族、文化、そして倫理などによってできあがった「ルービック・キューブ」——が、第四の節目《ターニング》の解決法へとつながることになる。**危機**が去った後のアメリカの答えは、今日の**危機**の前の複雑化した絶望的な問題と同じように、有機的に相互につながったものであろう。二〇二〇年代までに、アメリカは今日の状況から比べればより優れた、しかも機能性の高い社会になる可能性を持っている。

したがって、第四の節目《ターニング》は、大災害か輝かしい栄光のどちらかの形で終わることになる。国家は崩壊し、民主制度は破壊され、何百万人もの人々が離散させられたり、命を奪われたりすることになるかもしれない。それとは反対に、アメリカは新たな黄金時代を迎えるかもしれず、人類の状況を改善させるために、共有された価値観を大々的に活用していくことになるかもしれない。もちろん歴史のリズムは**危機**の時代の結末を教えてくれるわけではなく、それが示しているのは、その到来のタイミングとその様相だけなのだ。

われわれは歴史の季節を止めることはできないが、それに対して備えることだけはできる。一九九七年の現時点では、その時を迎えるまで、おそらくあと一〇年ほど残されていることになる。そしてその時から、状況はわれわれの手元を離れて動きだすことになる。たしかに冬は来る。しかし、その冬をどのように乗り切るかは、われわれの手にかかっているのだ。

歴史のとてつもない嵐は、社会の良い面も悪い面も暴き出すことになる。次の第四の節目《ターニング》は、文字通り国家や国民を破壊し、生き残った人々に呪われた記憶を植え付けることになるのかもしれない。それとは逆に、これはわれわれの生活を向上させることになるかもしれないし、コミュニティ全体を上昇させ、人々から英雄的な行為――これが遠い将来まで語り継がれる神話的な伝説を残すことになるかもしれない――を引き出すことになるかもしれないのだ。

フランクリン・ルーズベルト大統領は、大恐慌を振り返りつつ、「人間の歴史には不思議なサイクルが存在する。ある世代の人々にとってこれは不可避なものであり、別の世代の人々にとってはその到来はほぼ予期されていたものだ。ところが、いまを生きている世代は、その運命の衝突を目の前で目撃することになったのである」と述べている。もちろん、そのサイクルは不思議なものだが、それは完全な驚きによって迎えられるべき必要はない。そのシナリオと結末はまだ不確実だが、そのスケジュールは確定している。次の第四の節目《ターニング》――つまりアメリカの運命の衝突――は、これからほぼ一〇年後に始まり、およそ三〇年後に終わることになっているのだ。

なぜ、このような自信のある予測が可能なのだろうか？　その理由は、それが過去に何度も起こったものであるからだ。

時間についての理論

キリスト教における「死神」から、ヒンズー教における血と殺戮《さつりく》を好む「女神カーリー」まで、人類は伝統的に、「時」というものを何か暗いものとして捉《とら》えてきた。時間は、たしかにわれわれに消滅と死をもたらすものであることは間違いない。時の流れは、われわれが現在目にしているもののすべてを消滅させるものであり、消滅するものとしては、朝の一杯のコーヒーのようなわずかな喜びから、芸術、宗教、もしくは政治にまでいたる、壮大な構造物まで含まれる。ギリシャのアイスキュロスは、「時の経過はすべてのものを等しく襲うことになる」と述べている。

人類は数千年をかけて、時間について三つの考え方を発展させてきた。「混沌的《カオス》」、「循環的《サイクル》」、そして「線的《リニア》」なものである。最初の「混沌的」な見方は、文明を持たない人々の間に、二番目の「循環的」な見方は、古代および伝統的な文明に、そして三番目の「線的」な見方は、現代の西洋社会、とくにアメリカにおいて支配的な考え方だ。

「混沌的」な時間の見方によれば、歴史には方向性が存在しないことになる。歴史上の事件というのはランダムに発生するものであり、そこに何らかのつながりを見出そうとするすべての努力は無駄だということになる。これは原始人が最初に抱いたイメージであり、自然の世界変化というのは、単純に人類のコントロールや理解を越えたものであった。小さな子供にとっても、人生や時間というのはこのように映るものだ。ところが、方向性のない時間というのは、「知り得ないことを知る」という東洋の多くの宗教における精神的な目標にもなっている。仏教は人々に日常の習慣として、自分を空間や時間の関係や、自己そのものから解放することによって「涅槃《ねはん》」に到達することを教えている。アメリカではこの一〇〇年間でさまざまな混沌主義の考え方が見られるようになっていて、この影響力は、ナイキのCMのキャッチコピーである"Just Do It"（ただやるだけだ）のような大衆文化から、学界の脱構築的な虚無主義にまでに見てとることができる。

「混沌的」な時間の見方の実際面での弱点は、社会のつながりを崩してしまうことだ。もし時間の中に因果関係が存在しないことになると、人々は自分たちの選択に道義的な責任を負えなくなってしまう。子に対する親の義務や、コミュニティに対する近所の人々の義務について、誰も正統性《レジティマシー》を持たないことになる。社会や宗教が「混沌的」な時間の見方に非常に限定的な意味しか与えていないのは、ここに原因がある。仏教でさえ、涅槃に達しなかった人はまだカルマにとらわれたままである、と教えているほどだ。

「循環的」な時間の見方は、古代人が天体の動き（日周、月の満ち欠け、太陽と年周、一二宮の歳差など）と、人間の活動（睡眠、歩行、妊娠期間、出産、種まき、収穫、狩猟、祝日など）を関連付けて考えるようになったところまでさかのぼることができる。人間は「循環的」な時間、つまり繰り返し起こる出来事や、親や狩人や農夫たちが永続的な周期の中で正しい時に正しい行為をすることで、「混沌的」な時間を克服したのであり、これは神話の世界で、原初の神や女神が最初の周期で同じような行為を行ったことから生まれたと言われている。結局のところ、この偉大な循環は、王国や予言の期間、英雄や呪術者の到来、そして命や世代、さらには文明の長さを表すために使われるようになった。「循環的」な時間には終わりがないのだが、同時にそれは完成と再生を際限なく繰り返し、現代の祝日のような儀式によって、その認識が広まってきた。

「混沌的」な時間とは異なり、「循環的」な時間という見方は、道徳的な面を強調する古典的な社会を信じるものであり、これが自分たちの先祖と各世代の行動の違いを比べる際の基準とされてきた。時間の循環を信じる人々は、文化人類学者のリュシアン・レヴィ＝ブリュールが「神秘的融即《ゆうそく》」と呼んだ、自然界の永遠の周期の、神聖な再創造に興じることもできる。人類に伝わってきたこの概念の影響力は、古代文明が残してきた数多くの巨大な建造物（石柱、ピラミッド、巨大な聖塔《ジッグラト》、そして有史以前の巨大構造物など）にも見てとることができる。ところが、原始的な「混沌的」な時間を克服できたとしても、現代の人間にはそれを創造的、かつ独創的に乗り越える余地がまだある。宗教学者のミルチャ・エリアーデは、「伝統的な社会では、重要な出来事はすべて神や英雄たちによって明らかにされると信じられていた。人間はこれらの模範的な行為を、無限に繰り返すだけなのだ。伝統的な文化には（現代の人間の視点から見て）、自分自身であることをやめて、他人の行動を真似するようになった時からようやく自分の存在に実感が持てるようになる、という考えがあるが、このような傾向は実に逆説的なものに見える」と述べている。

では、それ以外には理論はないのだろうか？　ここで三番目の選択肢である「線的」な時間が出てくる。これは時間を一つの特別な（たいていはある方向に進む）物語として、そこには絶対的な始まりと終わりが存在していると考える。そして、そこでは「人類は進歩を切望している」ということになる。古代ギリシャ・ローマの文明では、人間が改善しているという自覚とともに時間が区切られたことが、「循環的」な時間の見方につながっている。ギリシャ人は、プロメテウス的な責め苦によって人類には永続的な困窮状態が与えられたのかもしれないと考えたことがあり、ローマ人は、強力な政体は市民に栄光ある約束の地を与えることができると考えていた。最も重要なのは、西洋の偉大な一神教の台頭と拡大によって「人類は単なる運命の支配下にある存在以上のものである」という希望が与えられることになったという点だ。ペルシャ文明、ユダヤ教、キリスト教、そしてイスラム教などの宇宙観では、個人・歴史的な時間が単一方向に進むものであるという、まったく新しい認識が共有されていた。時間は神の恩寵《おんちょう》を失ったことによって始まったのであり、その途中には、試練、失敗、啓示、そして神の介入が続き、最後には救済と神の王国の再開によってそれが終わるのだ。

このような「線的」な見方が広まるまでには数世紀が費《つい》やされたのだが、一度完全に浸透すると、これが世界を変えてしまった。中世のヨーロッパでは、初期のキリスト教で提唱された「単一方向に向かう時間」がまだ深遠な概念のままであり、一握りの数のエリートたちにしか完全には理解されていなかった。ところが、一六世紀に宗教改革が起こり、聖書が印刷されるようになると、「線的」な歴史観が新たに積極的に（大衆たちに受け入れられやすい形で）迎え入れられるようになった。一般人も歴史の中に存在するキリストの再臨（そして最後の登場）を考えるようになり、これについての考えが、新たな宗派を生み出すことにもつながっている。

それから二〇〇年後には、啓蒙主義運動がキリスト教の「線的」主義を、歴史家のカール・ベッカーが「一八世紀の哲学者たちの天国のような都市」と呼んだ、完全に世俗的な考え方に変質させることになった。この考え方とは、「科学的、経済的、政治的な面での発展が永遠に続く」というものだ。

一九世紀後半になると産業革命が最高潮に達したこともあり、西洋の進歩主義的な歴史観がピークを迎えることになる。それが宗教的な信条なのか、人為主義のドグマ、もしくは進化論的な科学観なのかに関係なく、とにかくそれらは根本的な「前提」となり、問題視されることはなかった。一九〇二年に出版された『ケンブリッジ現代史』という本では、「われわれは、歴史が人類の進歩によって書かれたものだという科学的な仮説にもとづいてこれを記した。この進歩は、必然的に何かの終わりに向かっているものだ」と書かれている。その後にアクトン卿は、ビクトリア朝時代に一般的であった考え方として「進歩は神の摂理《せつり》であり、そこに進歩がなければ、歴史に神は存在しない」とまで言い切っている。

イギリスによる新大陸への入植は、過激なカルバン主義や強烈な啓蒙主義運動の前哨基地という形で始まった。当然だが、アメリカは進歩的な線的主義の最も極端な形を体現することになった。最初のヨーロッパの探検者たちは、この新しい大陸――新アトランティス、エルドラド、ユートピア――を、人類をつくりかえて歴史に終わりをもたらすための一世一代のチャンスが与えられた場として見ることが多かった。その後に渡ってきた移民たちも、自分たちのことを「新たなエルサレム」の建設者や、革命的な啓蒙時代の開始者、「神によって選ばれた国」の兵士、そして「明白な天命」を推し進める先駆者であるとみなしていた。二〇世紀前半にはハーバート・クローリーが「進歩的ナショナリズム」について書いており、ジェームス・トラスロー・アダムスは「アメリカン・ドリーム」のことを、「線的」な進歩を進める国民の信条であると述べている。彼らによれば、時間というのは、後に続く世代の人々に必然的に味方をしてくれるものだったのだ。これによって「アメリカ例外主義」というドグマが台頭することになったのだが、これは米国家と国民が、あらゆる「循環的」な退歩のリスクからも解き放たれていることを意味していた。

こうするうちに、「線的」な時間の見方は、「循環的」な時間の見方よりも広く普及することになった。「循環的」な時間は、数世紀前に「混沌的」な時間の見方を克服していたのだ。ところがここ数百年間では、今度は克服した側が逆に克服されてしまうような事態になってきている。線的主義の勝利は短期的に決定したわけではないし、それが絶対的になったわけでもない。たとえば、キリストの死と復活を記念して毎年行われるキリスト教の重要な行事では、それ自身が克服してきた古代宗教の名残りである真冬の祭式と似ているところがある。ただし相対的に見れば、「循環的」な時間というのは、現在も生き残っている習慣としてははるかに隅のほうに追いやられてしまったと言ってよい。

このような暦《こよみ》的な考え方を根絶しようとする動きは、キリスト教の初期の時代にまでさかのぼることができる。彼らは伝統的なサイクルを非難し、錬金術や占星術のような秘術的な分野の非線的な知識を、すべて地下のほうに追いやってしまったのだ。「悪人だけがぐるぐるまわって歩く」と警告したのは、聖アウグスティヌスだ。近代初期になると、このような攻撃がさらに強まった。宗教改革は異教徒の祝日（五月柱の切り出しなど）に対する新たな攻撃を触発しただけでなく、正確な時計やカレンダー、そして日記などを通じて、人々に時間を「線的」な目的――宗教的な行事、富、もしくは征服など――のための効果的な手段として使うことを普及させた。

さらに最近になると、西洋諸国は自然のサイクルの物理的な証拠そのものを消滅させるようなテクノロジーを使い始めている。われわれは人工の光によって睡眠と覚醒のサイクル、空調によって季節のサイクル、冷蔵技術によって農業のサイクル、そして先端的な医薬品によって休息と回復のサイクルまで克服できたと信じ始めたのだ。

勝利を確信した線的主義は、西洋、そして（とりわけ）アメリカ文明のスタイルそのものを形づってきたと言える。以前の循環的な時間感覚が支配していた時代では、人々は忍耐や儀式、部分と全体とのつながり、そして自然の中の時間の修復能力というものに価値を認めていた。ところが、今日では迅速さ、偶像破壊、全体から部分への分解、そして自然の外にある時間の力を信奉しているのである。

以前の時代に支配的だった数は「四」であり、この数は、ほとんどの文化においても女性的なシンボルであった。偉大な四季や方角、そして要素など、四という数は、常に次の新しいサイクルに移ることを意味していた。ところが、今日の支配的な数字は「三」であり、これは元々男性的なシンボルである。キリスト教や哲学における「三位一体」のように、三つ目の要素はつねに次に来るものを超越するとされている。

以前の時代では、人々は大いなる自然のエネルギーに価値を置き、これを使用してきた。今日においては自然のエネルギーを無視し、それを克服できる能力が尊重されている。

線的主義の克服のために

線的な時間が人類に果たした最も偉大な貢献は、自分を変えることで、何かしらの目的に向かおうとする意識を人々に与えたことにある。線的な社会は、道徳面の目標（正義、平等）や、物理的な目標（快適さ、豊かさ）を設定するものであり、人々を自ずとそれらの目標に向かって動かすものである。これらの目的が達成できれば、人は高揚感を感じるし、達成できなかった場合には、また新たな戦術を考え、実行しようとする。いずれにせよ、この道程は繰り返されることがないため、それぞれの行為は初めて行われたものと認識され、それが過去にすでに行われていることを知らない人々にとっては本物の創造性が発揮されたという感覚になる。マーク・トゥエインが述べているように、すべてを「新しいものである」と呼びたがるアメリカ人の習慣ほど、古いものはないのだ。

ところが、「線的」な時間の最大の弱点は、「物事は再発する」という考え方を消し去り、自然や互いの関係、もしくは、われわれの自身の中にある永続性を遮断してしまう点にある。社会の行く先が自己保存的なものであり、個人生活は自分自身のためだけのものだと見なすようになってしまうと、われわれは自分たちよりも大きな、いわば「集合的な物語」に参加しているという感覚を喪失してしまうことになる。そうなると、われわれは先祖や子孫との絆《きずな》を確認する儀式に参加できなくなってしまう。「線的」な時間というのは、歴史の始まりと終わりの中間に自分たちを置くことになり、われわれ自身のひどい状況から目をそらせるために、われわれを孤独で不安にし、そして何かをしないではいられない状態にしてしまうのだ。ほとんどのアメリカ人は「ハッピーエンドはアメリカ国民の信仰である」というメアリー・マッカーシーの言葉に同意するはずだ。しかし、いざそこに到達した時に何をすればよいのかを知っている人間はほとんどいない。

物事がうまく行っている時には、この弱点は問題にならない。ところが、これがうまく行かなくなると、線的な見方というのは崩壊し、前例のない喪失感としての「時間」の恐ろしさを暴き出してしまう。第一次大戦の経験は、まさにこのような形で西洋世界の人間全員に影響を与えており、第二次大戦の勝利による高揚感によって未来への希望が持てるようになるまで、絶望と相対主義の陰を落とし続けたのだ。ところが、この希望も急激に失われつつある。「進歩」には軽蔑的な意味、つまりロボット技術や官僚的な中央集権システム、そして悲観的な文化を示す意味が込められるようになったからだ。「進歩」はもう人間の歴史の向かうべき方向を指し示してくれてはいない。線的な時間を信じようとすればするほど、われわれは未来への道が暗い方向に進んでいるのではないかと恐れるようになっているのだ。

多くのアメリカ人は、この「進歩」への信頼の喪失に対して、強い拒否感を示してきた。ここ数十年間を見ても、アメリカ国民は次々と「三つ」の段階を持った勝利主義の表明を支持してきたのである。この三つの段階について記された本がある。一九六〇年には素晴らしき大消費社会への「離陸」を論じたウォルト・ロストウの『経済成長の諸段階：一つの非共産主義宣言』（*The Stages of Economic Growth*）、一九六七年には伝統的社会、工業社会、そして脱工業化社会を論じたハーマン・カーンの『紀元二〇〇〇年：三三年後の世界』（*The Year 2000*）、一九七〇年にはアメリカ人の意識をⅠ型、Ⅱ型、Ⅲ型に区別したチャールズ・ライクの『緑色革命』（*The Greening of America*）、一九八〇年には第一の波、第二の波、第三の波について論じたアルビン・トフラーの『第三の波』（*The Third Wave*）、そして、一九九二年にはすべての歴史を三つの段階に切り分けたヘーゲルのアイディアを新しく解釈した、フランシス・フクヤマの『歴史の終わり：歴史の「終点」に立つ最後の人間』（*The End of History and the Last Man*）などが出版され、それぞれ有名になっている。

線的学派の見方によると、これまでの人間の歴史はスキージャンプに似ており、人類は数千年の沈黙のあとに、最後の栄光のジャンプで飛び立ったというのだ。

『メガトレンド』（*Megatrends*）のジョン・ネイスビッツは、未来について「トレンドというのは馬のようであり、すでに向かっている方向に乗ることは容易である」と書いている。線的学派の人々によれば、未来は近い過去からの直線的な推定によって還元できることになる。彼らは歴史の流れというものが、すでに起こったことからまったく変化しないはずであると見なすため、将来に何が起こるかを予測することはできないのだ。また、新旧双方の線的学派の典型的な見方として「歴史の最後の瞬間がもうすぐやってくる」と宣言する者も多い。たとえば、この学派の今日の熱心な信奉者たちは、宗教改革の時に聖職者の周辺に集まった人々と同じように、「たったいま、われわれは人類の究極の転換点に生きている」と信じることに喜びを感じているのだ。

ところが、線的主義のこのような大胆さにもかかわらず、多数のアメリカ人たちは「混沌的」な時間の見方に回帰しつつある。つまり、彼らは人生が無数の断片で成り立っており、出来事というのはランダムに発生し、歴史には方向性がないと信じ始めているのだ。大衆文化では、過去というのは主に「プラネット・ハリウッド」用のネタであり、映画『フォレスト・ガンプ／一期一会』が形を変えたものであり、ロバート・ゼメキス監督の歴史エンターテイメントなのだ。政治やビジネスでは、過去というのは戦術イメージのための道具箱のようなものでしかない。学問の世界では、多くの歴史家たちは「過去が何らかの教訓を与えてくれる」という提案に顔をしかめるものだ。彼らは歴史には固有の統一的なストーリーがあるとは考えておらず、いくつかの社会理論についての、過ぎ去った細かい出来事の塊や挿話などにあふれたものであると見ている。実際のところ、歴史家の中には「単一の歴史」というものは存在しないと言う人もいるくらいで、それぞれの地域、言語、家族、産業、階級、そして人種などに、多数の歴史があるという。多くの学者たちは、過去を「政治に従属したものであり、文化闘争を戦うためのもう一つの武器である」と見ている。

この学問からの時間の内的な論理は、われわれの社会全体における歴史の価値の低下につながっている。アイビー・リーグ系の大学の学部生たちは、歴史を独立した科目として学ぶ必要がなく、公立の学校の教科書では、過去の細かい出来事については、地理や政治、そして芸術と共に、社会科学の一種として教えられている。一連の意識調査などで判明しているのは、アメリカの高校生の生徒たちに最も人気がなく、価値も低いと思われている学科が歴史であるということだ。自分たちにとって、歴史というのは「関係ない！」ものなのだ。教訓のない歴史を教えられているおかげで、今日の生徒たちは有名な人物の名前や年代を暗記できていない。ところが、もし彼らの先生たちが正しいとすれば、南北戦争がいつ戦われたのかは、生徒たちにも関係のない話になる。彼らにとって、それが一八六一年か一八五一年か一七五一年に始まったのかは、まったく関係のない話なのだ。もし時間が「混沌としたもの」であれば、南北戦争のような出来事は二度と起こらないかもしれないし、明日始まるかもしれない。ところが、時間が「線的」なものであるとすれば、一九世紀全体は、二〇世紀にとってどんどん切り離される補助推進ロケットのようなものであり、一年が過ぎ去るごとに、その関連性も段々と薄れていくことになる。

今日のアメリカ人たちは、線的主義（通称アメリカンドリーム）の流れが断ち切られてしまっているのではと恐れている。今日の知的エリートたちは有益なものをほとんど与えてくれないため、逆に多くの人々は歴史のパターンやリズムという考えを受け入れる可能性がある。混沌学派の「エントロピー」という考え方と、線的主義者たちの「傲《おご》り」の間で漂っているアメリカ人は、一体どこに落とし所を見つければ良いのかを判断できずにいるのだ。

＊＊＊

もちろんそれ以外の考え方もある。それを理解するためには、古代の循環の知恵に立ち返る必要がある。

ここでは何も恐れる必要はない。われわれは進歩への希望的な直感や、ランダムな出来事の発生についての批判的な認識を持ったままで良い。われわれはあまりにも長い間抑圧してきた物事の見方や、それ以外の見方が提供できない洞察を、同時に修復できるのである。

われわれは「歴史の中で同じようなことが何度も起こっている」という認識を持つ必要がある。これがないと、誰も過去について意義ある議論を行えないからだ。そもそもわれわれは、都市の発生（もしくは衰退）や戦闘での勝利（もしくは敗北）、ある世代の台頭（や消滅）など、以前に起こったことは将来も同じようなことが起こる可能性がある、という考え方を前提にしなければ何も語ることができない。時間というのはその再発のみを通じて、われわれ自身を決定づけている強固な「神話」を明らかにするのだ。アリストテレスは「歴史」よりも「詩」のほうが優れていると言っているが、その理由として、歴史では「アルキビアデスが何をしたのか、もしくは歴史が彼に何をしたのか」ということしか教えてくれないからだと言っている。彼は歴史というものを、ただ単に事実だけ集めたものとしてしか見ていない。ところが、歴史にはそれ以上のものがある。それはアリストテレスが自然の「時間のない形態」と呼んだものを、再び人間と結びつけてくれるものだからだ。

われわれは時間というものが、その物理的実態から見て「循環するものを計測したもの」でしかないことを思い起こす必要がある。振り子のスイング、惑星の軌道、レーザー光線の周波数など、循環するものごとの規則性というものが、われわれが唯一「時間」と定義できるものなのだ。語源学から言えば、時間（time）というのは潮の干満（tide）から来ており、古い月の満ち欠けのサイクルを示していて、「クリスマスの季節」（yuletide）や「良い潮目」（good tiding）という表現の中に、その名残りを残している。同様に、ピリオド（period）という言葉も、元々は「惑星軌道」（planet period）のように、「軌道」（orbit）という意味であった。年次（annual）という言葉の古代の語源は「円」（circle）である。年（year）と時間（hour）という言葉も、「太陽の周期」（solar period）という意味のギリシャ語のホロス（horos）から来ている。月（month）という言葉は、そのまま月（moon）に由来している。サイクルがなければ、時間はすべての意味をも失ってしまうのである。

ここで最も重要なのは、われわれが近代から行ってきた、自然や社会におけるサイクルを平坦化してしまおうとする試みが、表面的にしか成功しなかったという点だ。場合によっては、すでにあるサイクルを別のサイクルに置き換えるようなことしかできなかったと言える。たとえば、われわれは洪水や戦争を防ぐために、川をせき止めたり社会を工業化したりしている。ところが、結果的には洪水のサイクルが遅くなったり、社会の破壊の度合いが激しくなったりしただけかもしれないのだ。「進歩」というのは、往々にしてまったく新しいサイクルの始まりにつながってしまうこともある。ビジネスのサイクル、政治のサイクル、犯罪のサイクル、交通のサイクルなどを考えてみてほしい。皮肉なことに「線的」な時間の見方というのは、われわれが自然に備えていた僅《わず》かな調整を通じた恒常性（ホメオスタシス）を維持する力を無能化することによって、社会のサイクルを創造したり深めたりするのだ。その反対に、再調整はジャンプすることによって起こることになる。これはつまり、より強力な循環的な動きが起こることを意味する。この点において、社会面でのサイクルは深刻だ。この視点の伝統は比較的弱いものであるため、逆に近代社会では「線的」な時間を支持する勢力が強烈であることになる。

アメリカのように、循環的な時間について最も理解のない社会では、人類史上最も不吉なサイクルに陥《おちい》りやすい。多くのアメリカ人は、自国のことを「自然から影響を受けない社会を持っている」と考えたり、国家の歴史がそのような偶然に影響され、ギリギリで戦いに勝ち、ありえない発明や、暗殺者の宿命的な腕前による成果であると考えがちだ。ところが、そのような多くの外的な要因に見えるものは、実はサイクル的な変化とつながっている。そして、本当に偶発的な出来事が起こった時でも、われわれの対応の仕方は、われわれの支配の及ばない循環的なリズムに統治されているのだ。

アメリカ史を循環的な視点から見ることを主張しているアーサー・シュレジンジャー・ジュニアは、

本物のサイクルは……自己発生的なものだ。これは大災害未満の外的な出来事によって決定されることはない。戦争、不況、インフレなどは時代のムードを高めたり複雑化させたりするかもしれないが、サイクルそのものは独立して自給自足で自律的な形で進むことになる……このサイクルの自律性の根本的な原因は、人類の自然な生きざまの中に深く潜んでいる。潮の満ち引き、季節、昼と夜、そして人間の心拍など、有機的な自然の中には、循環的なパターンが存在する。

と述べている。現在の歴史家の中で、シュレジンジャーは「線的」な考え方の主流に挑戦的な態度を表明している、数少ない勇気ある人物である。これによって彼は、国家の出来事や戦争などの中に彼自身が「人類の自然な生きざま」と見なしたのと似たようなリズムを発見した歴史家や哲学者、作家、そして詩人たちに受け継がれた、長く豊かな伝統への仲間入りを果したのだ。

では、このような「リズム」とは何なのだろうか？　伝統的な社会では、このリズムからさまざまな形の周期性が導き出されている。ところが、近代社会では二つの特殊かつ関連性を持ったリズムが、それ以外のすべてのリズムを支配していることになる。一つ目のリズムは、人間の一生分の長さを持つものだ。エトルリア人たちはそれを儀式化し、ローマ人たちはそれに初めて「世紀」（saeculum）という名前をつけており、これがフランス語の「世紀《サエクルム》」（siècle）や英語の「世紀」（century）という言葉に当てられている。現代ではアーノルド・トインビーがこれを歴史の「長期的サイクル」と呼んでいるが、これを少しでも知っている人々は「世紀」の中核的なメカニズムを見失うことはない。いいかえれば、この人間社会のサイクルは、長い人生の長さとほぼ同じだということだ（もしくは、「コンドラチェフの波」でいうところの「波の半分」という場合は、「人生の半分」ということになる）。

もう一つのリズムは、人間の生活に四つの区切りがあり、それぞれが二〇年ほどの長さを持つものであると捉えるものだ。古代ギリシャでゲノス（genos）と呼ばれていたものは、現代で「世代」（generation）と呼ばれており、これが有史以来のあらゆる文明において「歴史の力」として知られ、名付けられ、そして尊重されている。シュメールからメソポタミア、そしてマヤまで、古代文明は社会の時間の移り変わりを表現する手段をあまり持っていなかった。ヘブライ語の聖書では、背信、罰、悔い改め、そして復活のような、常に存在する人間ドラマを周期的に再演したのが、「主のやり方を知らない……新しい世代」だったのだ。何世紀にもわたって循環的な変化の土台に隠れている原因と動機の力について考えたほとんどの人々――プラトンやポュリビオスから、トインビーやシュレジンジャーまで――が、「世代」というものを指摘している。

「世紀」の長さは、歴史の土台に一時的なリズムを与えるものだ。「世代」とその四つの類型は、歴史の季節的な質を創造し、永続化させるのだ。これらすべてが、サイクルがどのように、そしてなぜ起こるのかを説明している。

サイクルと類型

中世に書かれたある旅行記の中に、フランス中部にある文盲の村の住人たちの奇妙な習慣の様子が描かれている。その習慣とは、村長の結婚や年貢の再交渉のように、その村にとって何か重要な出来事があると、年長者たちが一人の子供の顔を殴り、その子が一生この出来事を忘れないようにしておく、というものだ。

今日の世界でも、幼児体験というのは人間に鮮明な記憶を残すものである。たとえば、大きな国家行事などでは、大砲の雷鳴やジェット機の轟音《ごうおん》、それに花火の爆発音などが使われ、それがわれわれの耳に残る。また、ティーンエイジャーたちが聞いている大型のラジカセからの音楽などは、将来聴覚によって共有される若い頃の記憶を彼らに刻みつける役割を果たしている。中世フランスの村人のように、現代のアメリカ人たちは、人生の幾多の場面で起こった出来事について、深い感情を共有しているものだ。われわれは社会的な出来事（真珠湾攻撃、ケネディ大統領・キング牧師の暗殺、チャレンジャー号の爆発など）を、「その時に何をやっていたのか」という記憶によって覚えている。年をとるにつれて、われわれはこのような出来事の合計が、多くの意味でわれわれの存在そのものを形成していることにあとで気づくことになる。

これらの大きな出来事がわれわれにどのような影響を与えるのかは、その出来事が起こった時の年齢によるところが大きい。人生の中で最も思い出に残っている瞬間や出来事というのは、その頃の人生の局面における感情的な状態によって覆われているものだ。たとえば、若い頃の思い出というのは、子供らしい夢や幼さに彩《いろど》られているものであり、それらがいかに出来事（そして年上の人間たち）に影響を与えられたものなのかを物語っている。同じように、年をとってからの思い出というのは、大人なりの悩みの色に彩られており、それが出来事（と若い人々）にたいしてどのような影響を与えたのかを教えてくれる。そして、年をとってから覚えている思い出というのは、自分自身にとって本当に重要なものばかりなのだ。

おそらくあなたの世代は、自分たちの世代の記念碑を（今日の高齢者世代がワシントンＤＣに新たにルーズベルトや第二次大戦の記念碑を建てたように）を造ることになるかもしれない。そして、これは、後世の人々があなたの人生とその時代を、有史以前のようなやり方、つまり、「伝説」として思い出してもらうことを願って行うものなのだ。歴史が個人に関連性を持ってくるのは、節目《ターニング》や世代を越えて再生産される、このような生物学的な加齢と、共有された経験のつながりを通じたプロセスなのだ。

人間の歴史は、生から死まで続く生活によって成り立っている。生まれた人間はすべからく死ななければならないのであり、死ぬ人間というのは、最初に生まれなければならない。人間がつくりあげた文明というのは、このような人間の生活の総体である。人間に知られているあらゆるサイクルの中で、われわれが最もよく知っているのは、人生のサイクルである。社会的な枠組み——階級、国民性、文化、そしてテクノロジーなど——としては、年代記《クロノロジー》ほど予測可能なものはない。限られた人間の一生の長さほど、文明の中で一定不変のものはないからだ。モーセの時代からそれは八〇年から一〇〇年だといわれており、現在はこの長さに到達する人の数はさらに増えたが、それでもその長さそのものはほとんど変わっていない。

生物学的に、そして社会的に、人間の一生というのは、およそ四つの段階に分類することができる。「幼年期」、「成人期」、「中年期」、そして「老年期」である。各期間はそれぞれほぼ同じ長さであり、一つの期間が一つの「世代」を含むことになる。その年代ごとに異なる社会的な役割が、その世代を生きる人々にどのように世界を知覚させ、その知覚に応じてどのように行動させるかを条件づけている。

同世代に生きる人々は、実質的におよそ同じ人生の段階を生きている、そのものが一つの人間の集団を意味することになり、歴史の中で共通の場所を共有し、それによって集合的な人格を持っていることになる。世代というのは（人種、宗教、性別とは違って）、一人の人間と同じように、死から逃れることはできない存在だ。

われわれは、時が来ればこの世を去らなければならないことを知っている。したがって、一つの世代は、一人の人間が自分の命について感じるような、歴史的な切迫感を感じるものだ。このような世代的な加齢と死滅の動きのおかげで、社会は記憶を抱え、時間と共に発展する。時間の経過とともに各段階において若い世代が上の世代にとって代わることになり、複雑な人生のサイクルが一気に新しいものに変わり、社会全般のムードや行動を根本的に変化させることになる。

歴史は世代をつくり、世代が歴史をつくる。この人生と時間の共存関係は、一方が季節的であるために、もう一方も同じく季節的であることを説明しているのである。

＊＊＊

アメリカ人が国家の進む方向について全体的な予測をこれほどまでに外してしまう理由は、彼らが歴史の季節性というものを、慢性的に理解できていない点にある。

一九五〇年代後半のことだが、多くの未来学者たちは、アメリカの未来がカリフォルニアのディズニーランドにある「トゥモローランド」のようになると予測していた。専門家たちは、若者のマナーの向上や、文化の健全化、イデオロギーの終焉、人種差別と貧困の撲滅、経済状況の段階的な改善、社会状況の充実、そして海外では朝鮮戦争の時のような警察的な行動が実現するものだと考えていた。

当然だが、これらすべての予測は大きくはずれた。専門家たちは、ただ単にすぐ先の特定の出来事――テト攻勢、アポロ11号、ワッツ暴動とケント州立大学銃撃事件、一九六七年のサマー・オブ・ラブとウォーター・ゲート事件、アース・デイ、そしてチャパキディック事件――を予測できなかっただけでなく、次の世代の雰囲気そのものを予測できなかったのだ。

なぜ彼らはここまで予測をはずしてしまったのだろう？　専門家たちは、未来をすぐ前の過去から推論されるものであると想定してしまい、人生の各段階を生きている次世代が、現在の世代と同じような行動をするものと予測してしまったからだ。もし彼らがどの部分をどのように見るべきかを理解できていれば、彼らは歴史を変えるような変化がこれから世代交代を通じて起こるということを正確に予測できたかもしれない。各世代は、川の水が海へと注ぐように、それぞれの時代を確実に通過するものだ。次の二〇年間で現在の高齢のリーダーたちはこの世を去ることになり、新しい世代の若者の一群が登場し、その中間の世代は、人生の新たな段階へと突入して変化することになる。

このような変化は、歴史を通じて常に起こっていた。およそ二〇年ごと（人生における一つの段階と同じ長さの年月）に新たな世代の一群が登場し、このような独特な性格を持った人々が、年齢の階段を上がったり降りたりするのだ。この一群が移動するにつれて、国家全体のムードも変わってくる。たとえば、世代が変わり、それぞれの人生の段階を移り変わった実際の例として、一九五〇年代後半から一九七〇年代後半までの間の出来事を考えてみよう。

●「老年期」にある「喪失の世代」（一八八三～一九〇〇年生まれ）の慎重な個人主義者たちは、傲慢な「兵士の世代」（一九〇一～一九二四年生まれ）にとって代わられた。後者はアメリカを、物質的な豊かさや世界的な大国、そして都市計画などを求める、拡大的な時代に送り込んだ人々である。

●「中年期」を迎えた活発な「兵士の世代」は、援助好きな「沈黙の世代」（一九二五～一九四二年生まれ）にとって代わられた。彼らは自らの専門知識や感受性を制度面での秩序を精密化することに向けつつ、若者の情熱から助けを得ている。

●「成人期」の従順な「沈黙の世代」は、自己陶酔的な「ベビーブーマーの世代」（一九四三～一九六〇年生まれ）にとって代わられた。彼らは自己の優越を主張し、既存の制度や、秩序に潜む道徳面での空虚さに挑戦した。

●「幼年期」にあったのは、楽しみを満喫している「ベビーブーマーの世代」にとって代わった「第一三代の世代」（一九六一〜一九八一年）である。彼らは文化的な動乱や、大人になってからの自己探求の嵐から守られることなく育った。大衆文化では「ジェネレーションX」として知られており、この名前が示す通り、彼らはアメリカ人という国民が存在してから第一三番目の世代に当たる。

世代の移り変わりから見てみると、一九五〇年代後半から一九七〇年代後半までの間のムードの変化が、ただ単に把握できるようになるだけではなく、（後から考えてみれば）予測可能になるのだ。この時期のアメリカは、「第一の節目《ターニング》」の世代から「第二の節目《ターニング》」の世代に移っていた。老年期のトルーマンとアイゼンハワー大統領からリンドン・ジョンソンとリチャード・ニクソン大統領へ。中年期のエド・サリバン（有名音楽番組のホスト）とアン・ランダース（新聞の相談欄のコラムニスト）からノーマン・リア（テレビ番組のプロデューサー）とグロリア・スタイナム（フェミニスト）へ。成人期にある「組織の中の人間」（ウィリアム・ホワイトの小説）からウッドストック音楽祭のヒッピーたちへ。ジェリー・マザーズ（俳優）からティタム・オニール（子役・女優）へ。このようなアメリカの生活様式の完全な変化は、アメリカが総意的で自己満足的、そして楽観的なムードから、大荒れで論争的で情熱的なムードへと変わったのはなぜか、そしてどうしてなのかを、実に豊富な例かられわれわれに教えてくれている。

では最近の二〇年間ではどうだろうか？　一九七〇年代後半に行われた一九九〇年代後半について

の予測では、一九六〇年代からのトレンドがそのまま直線的に続くものであると想定されていた。ここから導き出されていたのは、中央政府による統制の加速や、当時も行われていた社会的な服従に対抗するデモ、「神は死んだ」という意味での世俗主義の増加、家族生活の非正統化、「ポスト唯物主義」時代における金と兵器などの軽視、そしてかつてないほどの娯楽、もしくは地球規模の環境破壊への突入のきっかけとなる目覚ましい経済発展を迎えるという予測であった。

ところが、当然のように、これらのどれ一つとして実現しなかった。ほぼすべての七〇年代後半の予測者たちは、当時の勝利の熱狂に浮かれつつ、根本的な間違いを犯していた。その未来像がユートピア的なもの（米ディズニーランドの未来都市）か、破滅的なもの（映画『ソイレント・グリーン』）であったかどうかはさておき、彼らはすべて「アメリカが急速にどこかへ向かっている」と想定していた。ところが、誰もその後に実際に起こったことを想像できなかったのである。実際、一九八〇年代と九〇年代を通じて、社会の各分野の流れは、それぞれ別々の方向に向かって行っただけであり、アメリカ全体はどこか特定の方向に向かったわけではなかったからだ。

過去の例と同じように、彼らは再び予測をはずすことになった。そしてその理由は、ライフ・サイクルの流れを見ることができなかったためだ。彼らはすべての世代が新しい段階に入りつつあることを見抜けなかったのだ。そして、実際に新しい段階に入ってしまった後、人々はそれぞれ異なる考えや行動をしはじめたのだ。

老年期にある自信満々の「兵士の世代」たちは、より複雑かつ多様に個別化された社会秩序を好む、控え目な「沈黙の世代」にとって代わられた。中年期にあった宙に浮いた「沈黙の世代」は、道徳面で強い信念による紛争的な規範を推し進める、より独断的な「ベビーブーマーの世代」にとって代わられた。青年期にある情熱的な「ベビーブーマーの世代」は、必要性から生存第一主義を身につけた、より実際主義的な「第一三代の世代」に道を譲っている。幼年期にある放任された「第一三代の世代」は、小さな子供を大切にするという新たなコミットメントが社会的に復活しつつある雰囲気の中で、大事に育てられた「ミレニアル世代」にとって代わられることになった。このようなライフ・サイクルの移り変わりによって、国民的なムードは次々と新しいものにとって代わっていくのだ。一九七〇年代頃の専門家たちも、この「ムード」がどのようなものに変化するかを予測できたはずだ。同じような世代構成が存在した過去の**覚醒**時代を見て、その次の時代に何が起こったのかを調査すれば、それは可能であった。

では、今日の状況はどのようになっていると言えるだろうか？　実際のところ、まだ間違った予測は続けられている。ベストセラー書などでは、二一世紀のアメリカには厳しい個人主義や社会の断裂、そして、政府の弱体化が起こると予測されている。これによって、国家はさらに多様化して地方分権が進み、先端技術に囲まれながらもグローバルなつながりを制限され、その反対に個人のつながりが緩《ゆる》み、ウェブサイトは倍増して、文化が分離するような世界で生きることになるというのだ。われわれは高齢者の生活環境が改善することで子供のそれが悪化することや、富めるものはさらに富み、貧しいものはさらに貧しくなり、子供たちが巨大な青少年犯罪の荒波の中で育つようになる、という予測をよく聞く。

しかし、このような予測は信じないほうがいい。歴史のリズムが示しているのは、このようなトレンドが二一世紀にはいってから数年以上は続かないということだ。その後の様子は、同じような世代構成を持った、過去の**分解**の時代や、その後に何が起こったのかを調べることでうかがい知ることができるからだ。

これを正確に行うためには、われわれは今日存在している各世代を、歴史上に何度も出現している四つのタイプの原型《アーキタイプ》に分類して考える必要がある。これらの四タイプの世代は、それぞれが生まれた時代に呼応した形で認識することができる。

●「預言者」世代は「**高揚**」時代に生まれる。
●「遊牧民」世代は「**覚醒**」時代に生まれる。
●「英雄」世代は「**分解**」時代に生まれる。
●「芸術家」世代は「**危機**」時代に生まれる。

各世代のタイプは、人類が普遍的な形で引き継いでいる性質——そして、ライフ・サイクル神話——をそれぞれ表している。四つの節目《ターニング》の上に、これらの世代が覆いかぶさった視点から歴史を見直してみると、四つの異なる世代構成が見えてくる。これによって、なぜ二〇年前後で節目《ターニング》が代わるのか、そして、なぜ歴史は似たような振り子のリズムを何度も繰り返すのかがわかる。たとえばある節目《ターニング》では、子供たちの養育や保護に対する関心が薄まる一方で、他の節目《ターニング》ではそれが過保護に振れたりするのだ。これと同じことは、政治、富、戦争、宗教、家族、性別の役割、多元主義、そして、それ以外のさまざまなトレンドに対する、人々の態度についても同じように当てはまる。

ルネッサンス初期の騒然とした時代から数えると、英米史は六つのサエクルムを経験しており、各サエクルムは似たようなリズムを示している。これらすべてのサエクルムには四つの節目《ターニング》が存在し、（南北戦争という変則的な事件を除けば）各サエクルムは四タイプの世代を生み出してきた。現在、われわれは近代に入ってから七番目の「二〇〇〇年代」のサエクルムにおり、この中の「四番目の節目」（訳注：本書が出された当時は三番目）を経験している最中である。

このようなサエクルムごとの見方を通して歴史を見てみると、われわれがこれまで生きて来た時代に、なぜアメリカのムードはこれほどまでに変化してきたのかがわかる。ここで皆さんにお願いしたいのは、なるべく昔のことを思い出しながら、あらゆる人生の段階で、自分たちの性格がおよそ二〇年ごとに完全に変わってきていることを実感してほしいということだ。このような変化は、常に世代のタイプのパターンに従って起こるのである。

たとえば、過去一〇年間の世代の変化を思い出してみてほしい。これだけでも、いかに「線的」な考えに従った予測が間違っていたのかがわかるはずだ。

「沈黙の世代」が退職し始めたことによって、国家の指導者層は公共施設などをそれほど重視しなくなり、代わりにそれらを柔軟、公平、微妙、そして、全員参加型のものにすることを考え始めている。なぜなのだろうか？　その理由は、年老いた「芸術家」世代が、「英雄」世代にとって代わりつつあるからだ。

「ベビーブーマーの世代」が五〇代に入り始めてから、政治についての議論がより雄で、非妥協的なものになり、より情熱的で道徳主義的なものになりつつある。なぜだろうか？　中年期の「預言者」が、「芸術家」にとって代わりつつあるからだ。

「第一三代の世代」が二〇代を占めるようになり、大衆文化が魂や自由恋愛、そして、世界との一体性などから離れ、現金や性病といったもの、そして「過酷になりつつある世界の中で一人で生きていく」という考えに傾きつつある。なぜだろうか？　その理由は、青年期にある「遊牧民」たちが「預言者」たちにとって代わりつつあるからだ。

「ミレニアル」世代の子供たちが小・中学生になりつつある現在、家族の態度は、より保護的なものに回帰しつつある。なぜだろうか？　その理由は、われわれが現在「英雄」を育てつつあり、彼らはもう「遊牧民」ではないからだ。

ライフ・サイクル全体からこのような四タイプをまとめて考えてみると、一九七〇年頃のアメリカの世代構成が、一九九〇年代にはまったく新しい形のものに変化した様子がよくわかる。アメリカが**覚醒**から**危機**のムードに変わってきた理由はここにある。この世代交代のメカニズムを未来に適用して考えてみると、なぜ「第四の節目《ターニング》」が到来しつつあり、アメリカのムードが**危機**の時代に直面して、どのように変化するのかを理解することができるのだ。

サイクルの再発見

「昔に目を移せば移すほど、将来のことを見ていることになる」というのは、ウィンストン・チャーチルの言葉だ。ところが、問題は未来を直線的に見るのではなく、「不可避の移り変わり」という観点から物事を見ることにある。このやり方を知るためには、過去がどのように移り変わってきたのかを見る練習をする必要がある。

われわれが最初に歴史を習うアメリカの学校では、教師や先生たちが、季節的な観点から過去の出来事を議論することはほとんどない。教室の壁に貼られていた多くの大統領たちの挿絵《さしえ》を思い出していただきたい。大統領たちの若い頃の時代のムードや出来事が、彼らが政権を担っていた時のムードや出来事と関連性があることを教わっただろうか？　コロンブスからアポロ11号までの五〇〇年間の近代西洋の台頭についての、長々とした話を思いだしていただきたい。一本調子の発展の裏にある、各世紀の中の浮き沈みについて教わったことがあるだろうか？　アメリカ独立戦争や南北戦争、そして、世界恐慌から第二次大戦までの話を思い出していただきたい。それぞれの**危機**の時代の直前の一七六〇年代、一八五〇年代、そして、一九二〇年代については、細かい事例以上のことについて教わったことはあるだろうか？　別の「第三の節目《ターニング》」時代の大衆的なムードについて研究したことがあるだろうか？　**危機**の到来について、人々はどのような（もしあるとすればだが）予兆を感じていたのだろうか？　おそらくないはずだ。

もし歴史をいつもの「線的」な視点から学んだのであれば、おそらくあなたは喪失感を覚えるはずだ。あなたは過去と未来のつながりについて、より個人的なつながりを見出したいと感じたことがあるかもしれない。こうすることによって、自分自身の経験をより大きなドラマの進行の中に見出すことができるかもしれないからだ。もしくは、あなたは自分が受け継いだ文明を苦労してつくりあげた古代の人間の知恵と、個人的で密接なつながりを感じることを求めているのかもしれない。さらには、アメリカ人が何十年間も感じていない感覚にあこがれているのかもしれない。それは「ポジティブで実行可能な運命への積極的な参加者である」という高揚感だ。

これからあなたが体験するのは、近代史をめぐる新たな旅だ。ここで学ぶことはとても多い。しかし、この旅を始める前に、まずはいくつかのことを忘れていただきたい。

まず忘れていただきたいのは、「アメリカは自然の季節的なサイクルから外れた、例外的な存在だ」という考え方である。世代交代について学ぶことで、あなたはいままで学んだものとはかなり異なるモノの見方に直面することになる。それは古代人の知恵から生まれたものであり、「社会変化のリズムは、自然にある生物学的・季節的なリズムが反映されたものだ」という見方だ。その深い意味を知るために、古代の人間たちは出来事を神話に変え、英雄たちをタイプにわけ、そこで活躍する人々は新しい社会秩序（もしくは制度の価値観）において常に創造され、助長され、陳腐化され、破壊され、そして最終的には再生される、という物語につくりかえたのだ。古代人の視点では、このサイクルは終わりのない歴史の中で繰り返され、同じビートを刻むことになる。時間は進歩の上昇スパイラルをもたらすこともあるし、下降スパイラルをもたらすこともある。そしてこれらは、自然における進化のプロセスととてもよく似ているのだ。

「線的」な考え方を忘れるためには、「進歩」という一元的な基準についての判断を変える必要がある。古代人の宇宙観の中では、自然がより中心的な位置を占めていたのであり、彼らはわれわれ現代人が知らない何かを知っていた。彼らは自然の変化が一定のものではないし、ランダムなものでもないことを知っていた。彼らは自然が「進歩」を保証するものでもないし、それを否定するものでもないことを知っていた。彼らは一つのサイクル内にある振れ幅が、サイクル全体の振れ幅よりも大きいことを知っていた。彼らは一年（もしくは一世代）の冬が、その直前の「秋」ではなく、一年前の「冬」とかなり似通ったものであることを知っていた。そして彼らは「第四の節目《ターニング》」が、ものごとの自然な流れの結果であることを知っていたのだ。

われわれは、ほぼすべての近代社会に蔓延《まんえん》した「線的」な考え方にある、執拗《しつよう》な「死の恐怖」（そして、死の回避の熱心な探求）を忘れるべきだ。古代人たちは、衰退と死の段階がなければ、自然の生物学的・社会学的な循環が完成しないことを知っていた。死なない雑草は森を窒息させてしまうし、人が死ななければ記憶は消滅せず、破られない習慣や慣習は文明を窒息させてしまうのだ。これは社会制度についても同じことが言える。洪水が土地を肥沃にして、山火事が森を再生させるように、「第四の節目《ターニング》」は社会で使い古された要素を一掃し、新たな発展のチャンスをつくるのだ。

最後に、われわれは「ポジティブな変化は、段々と人間の意図した喜ばしい形で到来する」という「線的」な考え方を忘れるべきだ。多くのアメリカ人たちは、直感的に「今日の**分解**時代（訳注：現在は**危機**）のアメリカをもたらした多くの要因は、根本的に改善される前に痛みを伴う激変と直面しなければならない」と感じているが、この直感は正しい。「第四の節目《ターニング》」は、全世代の人間たちに国家の中心にあるものを癒やす（もしくは破壊する）ための、文字通り「一生に一度」のチャンスを与えてくれるからだ。

これらをすべて忘れ去ることができた瞬間から、われわれは歴史を季節的な視点から学び直すことができるのである。

＊＊＊

本書は、歴史を予言に変えるものだ。本書はあなたを、「社会的な時間」と「人間の生活」の結合を体験する旅へと誘《いざな》うことになる。われわれは自分自身、家族、社会、そして、文明を理解するための新しい道具を獲得することになる。あなたはものごとのサイクルや世代のタイプ、節目《ターニング》、そして歴史を学ぶことになる。そこでは、あなた自身とあなたの国が、迫り来る**危機**の時代に対処するために何ができるのかを知ることになる。現在のように、自分には甘く、社会が絶望を感じている「**分解**」時代（訳注：現在は**危機**）のムードを考えると、歴史の流れを変えるタイミングとしては最悪な状況にあるように思える。しかし、あなたは季節の原則を応用することによって、みずからの運命をいかに舵取りしてゆけばいいのかを学ぶことができるだろう。われわれは「秋」の時代でも多くのことを達成できるのであり、次の「春」の時代を素晴らしいものにするために、実にさまざまなことができるのだ。

歴史の正しい理解は、「冬」の時代が到来しつつある状況の下では、これ以上ないほどの重要性を持っている。「第四の節目《ターニング》」では、個人や社会の選択において、先人たちが直面した最も厳しい状態と近いものを経験することになるだろう。循環的な時間という見方から彼らの経験を学ぶことによって、われわれはそれに備えることができるはずだ。

もちろんこれは簡単なことではない。われわれの崇める「アメリカン・ドリーム」について、新たな季節的な解釈を必要とするからだ。そして、われわれの信じている「線的な進歩」を自分たちの子供たちに教えないというのは、まるでファウストが交わしたとされる悪魔との契約にも匹敵するような難しさにあることを認めなければならない。ファウストは常に掛け金を吊り上げ、一か八かの勝負に出た。われわれは「第三の節目《ターニング》」のほとんどの期間を、何も準備することなくなんとかやり過ごしてきた。ところが、歴史がわれわれに教えているのは、次の節目《ターニング》の到来を延期することができないということだ。

アーサー・ウィング・ピネロは、「未来は過去の再来でしかない。入り口が違うだけだ」という言葉を残している。アメリカ人は、次第に次の歴史の「入り口」が近づきつつあることを感じている。自分たちの直感を信じ、季節的な考えをして、準備する時が来ているのだ。「備えあれば憂いなし」である。

第二章　歴史の季節

ローマ時代のイタリアは、古代文明の中でも最も謎めいた、風変わりな文明の一つであるエトルリア（Etruria）文明の本拠地だった。エトルリア人は他のイタリア民族とは無関係で、今日のトルコにあるリュディアから来たと推測されている。エトルリア人の使っていた文字は古代ギリシャのものに似ているが、解読されていない。現代の歴史学者が彼らの宗教儀式を理解するために手がかりにできるのは、語り継がれた風説と墳墓から出土した遺物くらいしかない。これらの手がかりから歴史学者が出した結論によると、エトルリア人はまれにみる運命論者で、時代を「不可変の運命によって展開されるもの」と見ていたという。伝説によると、ある年老いた巫女の預言から、その文明が一〇世代しか続かないとされていた。その時に、エトルリアの命運は尽きる（finem fore nominis Etrusci）と言うのである。

この預言が出た頃（紀元前九世紀か）、エトルリア人は預言の前兆を測定する儀式を編み出していた。その儀式のエトルリア語による名称は不明だが、ローマ人がその儀式を採用したころには「サエクルム（saeculum：世紀）」と呼ばれるようになっていた。この単語には二つの意味があった。それは「長き人生」と「自然の世紀（約一〇〇年）」である。その語源はラテン語の「セネクタス

(senectus：古代)」、「セロ（sero：植える)」、「セクォー（sequor：追う)」に関連するのかもしれない。またそれは、失われたエトルリア語に遡《さかのぼ》るのかもしれない。サエクルムについてわかっていることの多くは、三世紀のローマ人歴史家ケンソリヌスが伝えた、オクタヴィアヌス時代の図書館長であるマルクス・テレンティウス・ウァロの記述に由来する。衰退期に入っていた当時のローマにとって、エトルリアはすでに遠い記憶の存在となっていた。

ケンソリヌスは、友人の誕生祝いのために描かれたエッセイである『誕生日について』(De die natale）の中で「自然の世紀」(natural saeculae）を「生と死によって決められる、人間の命の非常に長い空間」としている。そして、エトルリア人がそれをどのように測定していたのかを説明している。

真実は闇の中である。しかし、「自然の世紀」というものを持つ文明ならば、書籍はエトルリア人の儀式を伝えるものと見なされる。そして、「サエクルム」の起源は次のようなものだったという。都市や文明が創立された日に誕生した者のうち、一番長生きした者が死んだ時、その死の日をもって最初のサエクルムの標準的な区切りとする。そして、その日に都市で生まれた者のうち、一番長生きした者が死んだ時に第二のサエクルムが終わるのだ。

ケンソリヌスはエトルリアの初期の六サエクルム（saeculae）について、伝えられてきたその年数(平均で一〇七年）を書いている。しかしその年数の計算について、現実には多くの問題があったことも認めている。誰が「一番長生きした者」を確認したのか？　異なる時に創立されたエトルリアのさまざまな街が、どうやって共通の計算法について合意できたのか？　ケンソリヌスによると、天上の彗星や「奇妙な電光」を述べることで、エトルリアの司祭が日付を確認したという。エトルリア人が人間の生命の自然な期間を歴史と運命の主要単位として考えていたことははっきりしているが、それ以外はまだ何もわかっていない。

他のすべての古代人と同様に、エトルリア人は年間の太陽と季節――春夏秋冬――の循環を熟知していた。預言と迷信に束縛《そくばく》された彼らは、同時にエトルリアの歴史も同じような季節的な歴史の循環――成長・成熟・衰退・死――にそって進んでいると考えていた。この二種類の循環のうち、一つは一年間で回るが、もう一つは長すぎて人間には想像できないものだった。エトルリア人たちはこの二つの中間物になる時間についての単位が必要だと感じていたのかもしれない。もしそうならば、彼らの選択は明らかである。それは人間の生命だ。春のような成長、夏のような成熟、秋のような衰退、そして冬のような死という自然の進展である。

サエクルムは人々の記憶にも役立った。エトルリア人は情緒的な人々であったと考えられている。抽象論より個人に関心を向け、若者の活気と老人の知恵に敏感で、（D・H・ロレンスが見て取ったように）人間の生態に魅せられていた。エトルリア人にとって、それを個人として記憶している人間が生きているなら、歴史はさらに意味を持つものだった。ある事件を思い起こせる最後の人間の死に接すると、エトルリア人は新しい事件の新鮮な記憶に目を向ける傾向があった。サエクルムは、歴史を内側から外側を見て記録するための方法――人が実際にその時代を生きて記憶するというもの――

となった。王の宮廷における司祭による記述のような、内側から外側を見て記録したものとは違うのだ。

結局、エトルリア人の一〇のサエクルムに関する預言は、恐ろしいほど正しかった。その文化の最後の痕跡は、エトルリア人の紀元年からほぼ一〇〇〇年近く後のオクタヴィアヌス時代のローマの発展の影に埋もれてしまった。

ローマ人も独自の神話めいた預言を持っていた。ロームルスがローマを建設したとき、一二羽のハゲワシの群れを見たとされている。彼はそれを「ローマは一二の期間にわたり続く」前兆と受け取った。結局、初期のローマ人は（こうした問題についてエトルリア人に学び）、ハゲワシの前兆は一二個の世紀を意味すると考えるようになった。この考えは、タルクイニウスに仕える老巫女による一連の預言書によって確かなものとなった。タルクイニウスは最後のローマの王で、彼自身がエトルリア人だった。その後こうしたシビュラ（巫女）の託宣はユピテル神殿に秘蔵され、危機や疑念が生じたときだけに参照されたのである。

都市の繁栄と征服が進むと、ローマ人はサエクルムを運命に関する周期的な単位とする考えにこだわるようになった。

紀元前五〇九年に共和制が樹立されてすぐ、ローマ人は百年祭（ludi saeculares）を伝統的な制度として確立した。三日三晩にわたる百年祭は、近代五輪におけるスポーツの壮観さと、米国の独立記念百周年のための市民式典を合わせたようなものだった。約一〇〇年に一度のこの壮大なイベントは、大部分のローマ人が一生に一度は目にすることができるようなタイミングを見計らって開催された。

紀元前二世紀には初期のローマ人歴史家が、サエクルム（または百年祭）を時代区分のために使うことが普通になっていた。これは大戦争や新たな法律を記する時には、特に顕著に見られた。

オクタヴィアヌスが帝国を建設した時、サエクルムは慢性的な政治問題に終止符を打つ大衆的な楽観主義として表れた。これはウェルギリウスの詩の中で希望として表現されており、年老いたローマが「若さを再び確固としたもの」にして、新たな黄金世紀（saeculum aureum）を産み出すというものだった。オクタヴィアヌス後の皇帝が共通して主張したことは、自分の戴冠《たいかん》が新たな世紀、退廃と衰亡への恐れに徐々に陥っている大帝国を再生する、新時代を予言するものというものだった。共和制後期の著述家たちは、自分たちの生きている時代をローマの「第八のサエクルム」であると明確に記している。一世紀後に一連の内戦が終わると、ルカヌスとユウェナリスは自分たちが「第九のサエクルム」に生きていると考えていた。

なぜローマ人はそこまでサエクルムに魅了されたのだろうか？　これは一〇〇年間を都合のいい大ざっぱなまとまりとして扱うための、単なる奇妙な方法だったわけではない。そもそもこれは、ケンソリヌス自身がそれについて取り上げたうえで否定している。

彼によれば、ローマ人には常に「暦の世紀（civil saeculum）」（厳密に一〇〇年間の時間単位）と「自然の世紀（natural saeculum）」（生活や歴史上の出来事、帝国の運命）の区別が付いていたというのだ。より精度の高い説明としては、ローマ人は歴史を通じて脈打っていた、八〇年から一一〇年間の強いリズムに感銘を受けていたというものだ。共和制時代、このリズムは過酷な危機と後のローマの復活と革新（共和制建設の苦闘、ウェイイやガリアとの存亡をかけた戦争、破局的なサムニウム戦争、ハンニバルによる凄惨な侵略、そしてグラックス兄弟の改革と奴隷反乱）という時の流れに見ることができる。その証拠に、帝政時のサエクルムのパターンは、市民対立や蛮族の侵略といった恐ろしい出来事が起こった後に発生している（オクタヴィアヌスによる帝政の確立、二世紀初頭のトラヤヌスとアントニヌス朝による復興、三世紀初頭のセウェルス朝での復活、そして後のディオクレティアヌスとコンスタンティヌスによる復興）。

永遠の都ローマですら、最後には復興が適わないような危機に直面する運命だった。歴史上の奇妙な偶然として、ハゲワシの前兆はエトルリア人の元々の預言よりも正確だった。ローマが西ゴート族の族長であるアラリックに屈したのは西暦四一〇年だった。これはまさに伝説上の建国一二〇〇周年の三七年前にあたり、ロームルスが目撃した一二羽のハゲワシ一羽あたり九七年に相当する。ヨーロッパが暗黒時代に沈むと、聖アウグスティヌスは『神の国』を書き、無益なことを繰り返す帝国の「地の国」を非難した。しかし、エトルリア人やローマ人が歴史から消えても、サエクルムは消えなかった。時の循環についての古典的洞察を再発見したルネッサンスの哲学者に称えられて、一〇〇〇年後に再び現れることになったからだ。しかるべき過程を経て、近代人は百年祭の慣習を復活させたが、これは大戦争と新たな勢力均衡の形をとったもので、約一〇〇に一度繰り返されるようになったのだ。

人間の寿命を時間の主要単位として使う点で、エトルリア人は古代人の中でも珍しい民族だった。しかし多くの他の古代人も、世界の季節性について同様の結論に達していた。エトルリア人のように同じ自然の要素を見て、やはり大きな循環を海や空、動物の生命に見いだしたのだ。こうした結論は本能的なもので、科学によるものではない。たとえそうであっても、こうした考え方は強固な神話と不朽の宗教の素材となった。その過程で循環に関する古代の洞察は、常にサエクルムに向けられることになった。古代世界への影響がどのようなものであれ、サエクルムは近代世界ではさらに重要なものとなる運命下にあった。近代世界の世紀は、繰り返される歴史の循環の根底にあるものなのだ。

時の輪転

毎年一二月末になると、多くの米国人は玄関のドアに常緑樹でつくった大きな輪を飾る。多くの人はこの年末のリースをクリスマスの飾りと考えるが、この儀礼は元々は異教徒のものだった。これはローマのサートゥルナーリア祭（Saturnalia）や他の古代人が、冬の厳しさから身を護るために使ったトーテム像にまでさかのぼる。自然な象徴性を考えると、リースの円形は永遠不滅を意味している。常緑樹は、冬の死と闇のなかでも光と命が続くことを象徴している。家の玄関という位置は、家族が生き残ることへの確信を示すところである。冬至の後というタイミングは、厳寒の日々がいまや暖かさに負けて、約束された春の到来を認知させるものだ。もう一つの年末の慣習――大晦日のパーティー――はサートゥルナーリア祭だけではなく、バビロンのザグマク（Zagmuk）やペルシアのサカエア（Sacaea）などの、自然や人の暮らしにおける折り返し点に行う、年に一度の祭りにも似ている。

年明け後の多くの休日も、古代の年間儀礼にその起源を持っている。春祭りは新しさや豊穣、創造を祝うものだった。夏至祭のかがり火は、王と魔女の退散を讃えていた。秋の祭典は慈悲への称揚と大地への感謝である。冬の祭りは偉大な不連続性を意味していた。死から再生への転換である。古代人は自然（または歴史）の季節の移《うつ》ろいを恐れていなかった。彼らが恐れたのは、移《うつ》ろいが止まり、寒冷や灼熱（または乱世や専制）が永遠に続くままの状態で世界が取り残されることだった。

年間の儀礼は、現代の米国にも残っている。特に新年旧年の間の冬休みのころに顕著《けんちょ》に見られる。赤ちゃんのキリスト（The baby Jesus）は魂への希望を象徴し、新年の赤ちゃん（the New Year's baby）が象徴しているのは世界への希望だ。この二つの休日の間の一週間、現代の多くの米国人はだらだらとしているが、これは冬至の後の古代人とよく似ている。いまも昔も休みはいずれ終わるものだ。季節の儀式にせかされて、一年は循環の旅路を再び始める。冬至・夏至の儀式が元々持っていた目的は、季節を祝うというよりは、季節の移《うつ》ろいを進めて古代文明が「時の輪転」と考えていたものを自然に完成させるものだった。

一年の季節が四つに分かれて循環するというのは、古代人が儀式化した多くの「時の輪転」の一つである。最短のものは太陽と月に司《つかさど》られる。それぞれが、大きくなって最大点に達し、陰り消えるという周期的なパターンをたどっていく。中間の期間として、生命の循環がある。動物と人間、司祭と王、王朝と文明——どれもが成長と衰亡という秩序ある形態を持っているのだ。最大の周期は、世界の創造と破滅という抽象的な期間である。古代へブライのヨム（yom：一〇〇〇年）からマヤのピクタン（pictun：八〇〇〇年）、さらに想像を絶するヒンズー教の劫《ごう》（四三億二〇〇〇万年）までさまざまである。一万二〇〇〇年の「大時代」であるユガ（yuga）は、バビロニアやヒンズー、ギリシア文化の世界で特に人気がある。これは黄道の「歳差《さいさ》」として今日知られている天文周期と大きく一致するためだ。

洋の東西を問わず、また一時間という短期のものでも劫《ごう》という長期間のものでも、尺度が現実のものでも永遠でも聖なる時のものでも、古代の儀礼における循環は、以下のように、ほぼすべて同じ特徴がある。

●どの循環も環形によって表され、完璧で不朽の循環を象徴している。

原始や古代の社会はほぼすべて、聖なる時間を円形のものととらえるようになる。古代インドのヒンズー教徒やジャイナ教徒はヤントラ（丸）やチャクラ（円盤）と記していたし、仏教徒は曼荼羅《まんだら》（法則や生命の輪転）としていた。古代中国人にとってすべての変化の根底にある安定の原則である太極（tai chi）は、円として描かれている。同様に古代ギリシア語のキュークロス（Kyklos）には「循環」と「円」の両方の意味がある。アテネのアテーナー・ニーケー神殿には、「人間世界のものはすべて円である」という警句が記されている。これはアリストテレスからマルクス・アウレリウス・アントニヌスに到るまでの、ギリシア・ローマの哲学者が繰り返し示した考えだ。古代バビロンとエジプトは黄道大年（the zodiacal great year）を産み出した。これは時の輪転を生み出し、後のキリスト教やイスラム教の著述家にもて囃《はや》された。ヨーロッパではケルトの神マグルス（Mag Ruith：輪転の魔道士）が時を動かし、ゲルマン民族は時を円に象徴させて拘束と制約の力を強調していた。マヤ暦が円形であるのに対し、北米平原の原住民は一年を聖なる輪としていた。

時の循環を表す二種類の特異なシンボルも、世界中に見受けられるといっていい。一つは輪になった蛇で、ユダヤ・キリスト教の伝統では邪悪の徴《しるし》である。しかし、多くの古代社会では、地中に潜む恵み深い自然の力と考えられていた。その不死とされた蛇《へび》は、脱皮によって定期的に再生するのだ。それはちょうど時が年月を産み出すのと同じことである。もう一つは伝統的な円舞《えんぶ》である。ヨーロッパのキャロル、パンジャブのバングラ、南米のクエッカ、バルカン半島のコロ――踊ることで新たな季節（自然のものも人生のものも）を歓迎するのだ。人の輪は、結婚指輪のように、不朽の時が続くことを象徴しているのである。

●円はすべて複数の段階に分けられる――二段階のこともあるが、四段階がほとんどである。

時の循環的な動きに向き合った古代人が受けた感銘は、すべての極（extreme）の定義・均衡・必要性が正反対の極によって決まるということだった。一日のうちに光は闇になり、一年のうちに暑さと乾燥は寒さと湿気に替わる。サエクルム（または同等のもの）のうちに、平和は戦争になる。古代中国ではこれを、陰（受動）と陽（能動）の相互作用と呼んでいた。同じものを古代ギリシャでは、フィリア（philia：愛と協調）とネイコス（neikos：争いと離反）の間に起きる躍動的な波動としていた。ジャイナ教徒の考えは、時の輪転はユトサルピニ（utsarpini：上昇局面）とアヴァサルピニ（avasarpini：下降局面）の間の振動としていた。これは文字通りに「昇り蛇」と「下り蛇」という意味だ。古代人の考えでは、周期的に繰り返されるそれぞれの極は、他の極の恐れと希望を映し出し、互いが生まれる手助けをしていた。夜は日を望み、日は夜を望む。戦争において人間は争いから救われることを欲して、平和へと導かれる。平和において人間は愛するものを守ろうとして、戦争につながる。

古代文明で二段階からなる時と同時に存在し、より人気を得たものが、四分化された「時」となる。古代の宗教の中には四という数を神聖視するものもあった。ヒンズー教の聖なる曼荼羅は、四つの象限で描かれるのが普通だった。ピタゴラス学派は四個からなるものを神聖視していた。古代文明が物理世界の全体像を描こうとすると、方向や色、要素、気質、風、星を四つに分類するのが常だった。土着の空間にある河川や樹木、都市、山脈すら四つに分けられるとしたのだ。時を四分するのも同様に広く見受けられた。広範に見られる基本形は、一年を四つの季節として見るものだ。春から夏へ、そして秋から冬へ。同様の四分類は、昼と夜（ローマ人による四つのヴィジーリア（vigilia））、月間（月の四段階）、そして人間（人生の四段階）にも適用される

古代人が普遍的な時間について思索すると、四分類が出てくるのが常だった。ヒンズー教徒と仏教徒は、大年（yuga）を四段階にわたる善の下落に分類していた。ペルシア人の考えは、地上の一万二〇〇〇年は、一つが三〇〇〇年の四時代に分割されるというものだった。バビロニア人と古代ギリシャ人の「大年（great year）」は、さらに四つの「季節」に分けられていた。古代ギリシアの神話は四つの時代について語り、それぞれが一つの金属（金銀銅鉄）に対応している。この概念はヘブライの預言者ダニエルによる「人間の四時代」と、『ヨハネの黙示録』でも繰り返されている。マヤ族からダコタ族にいたるアメリカ原住民にとって、四分類された時間の区分はほぼ普遍的に存在する。陰陽という二段階の時と同様に、四段階の時は正反対の極（春と秋、夏と冬）の間で交代する。し

かし、夏至・冬至とともに、四段階の輪転には転換点である春分・秋分がある。これは自然の成長と衰退についての豊かな隠喩《いんゆ》を語る、成長の変化点である。時の循環は、寒さから暑さに移り変わるだけでなく、成長から成熟、衰亡、そして死へと移っていく。

このように季節はすべて独自の特性を持っており、生命や帝国の春秋に意味を持たせる。中国には四種類の支配者がいたと言われ、それぞれに特有の季節や要素、感情、方角、色が当てられていた。漢王朝の歴史家である董仲舒《とうちゅうじょ》によれば、支配者は季節に適った形で賞罰を司るとされた。「支配者の好き嫌いや喜怒は、天上の春夏秋冬に相当する……。天がこの四つの特色を時機に適った形でもたらせば、一年は素晴らしいものになる。時機に適わなければ、劣悪なものになる」「総じて言えば恩赦や慈悲、寛容は春に行うべきだ。夏は成長を幅広く推し進める。懲罰や苛烈、厳しい正義は秋に。そして冬は自然の進展が強まるように手を貸すのだ」と董の言葉を伝える者はまとめている。

●時の循環にはすべて、大きな断絶点がある。

古代人の価値観では、時の新たな区切りは前のものの中から徐々に現れるのではない。循環が、鋭い断絶を経て初めて登場するのだ。月の満ち欠けにおける断絶は、新月の三夜の間に起こる。年間の循環は冬の自然が死んでいる間に、社会の循環は父が死ぬか、村落が廃墟となった後、さらには王の死や王朝の滅亡の後に発生する。古代人の大年の循環について、ギリシャ人はこの断絶をエクピロシス（ekpyrosis）と呼んだ。人間の魂すら含む、すべてのものが炎に焼かれる時である。このように浄化されて初めて、自然と歴史は再起動されるというのだ。

古《いにしえ》の文化は、念入りにつくり出した儀礼によって新たな循環を促進させた。神話の中の神や英雄、預言者が始まりの時になしたと思われるものを儀礼化したのだ。世界中どこでも、時に関する移り変わりの儀式は三つの段階を必要とする。まずケノーシス（kenosis：空白化）の儀式——断食や犠牲、生け贄——で、先の循環の間に犯された罪から社会を清める。これによって新たな循環の開始が可能になる。広く見られる新年の祝福として、土着の神や王は、まさにこのために一旦死ぬと古代人は考えていた。犠牲（文字通りの意味では「神聖になる」）は新たな循環を始めるために、その度に捧げられなければならなかった。

二番目は発端となる混沌の段階である。ここでは先の循環が死んでいるが、新たなものはまだ誕生していない。ここではすべての理《ことわり》は破られるものである。死者は覚醒し得るし、無礼は咎《とが》められない。社会秩序は逆転する。これは一二夜における愚者の宴と同じだ。

第三段階としてプルーロシス（plurosis：充填）の儀式——饗宴、祝福そして結婚——が、新たな循環を幸福で創造に満ちた出発点へ進めるのだ。近代のキリスト教世界では、この断絶は毎年恒例の年中儀式となっている。これは空白化と充填を始まりの時に戻って模したもので、クリスマスと新年の祝いから、告解火曜日（Mardi Gras）と四旬節（Lent）まで、脈絡なく広まっている。
●どの循環も創造の瞬間に、時間を再起動させなければならない。

一つの月が終わると、日付は一日に戻る。一つの年が終わると、一月に戻る。しかし年を元年に戻さなければならない時はあるだろうか？　古代人はあると考えた。壮大なことや預言にあるようなことが起こった時、すべての時間の目盛りを最初に戻すことが多かった。暦の日付は、特定の御代や世代、王朝の下での年数で表されるのが普通だった。多くの近代宗教（キリスト教、ユダヤ教やイスラム教）は、一方向に同じ速さで進む年の考え方と堅く結びついているので、定期的に新たに時間を始める考え方にはなじめない。

しかし近代の革命では、時間を再起動（つまり清めること）させようとすることがたびたびあった。一七九二年九月二二日に、新たなフランス議会は「共和国元年」を宣言し、まったく新たな暦を導入した。しかし、この暦は一三年間しか続かなかった。一八七一年、パリ・コミューンの指導者は、教会の時計の針を撃ち落とし、古《いにしえ》から続いていた時間からの解放を示した。二〇世紀にはベニート・ムッソリーニが一九二二年を、自分で宣言したファシスト時代の「イヤーI（ローマ数字）」として祝うよう命じた。

一般的に言うと、米国人は生々しい歴史上の記憶と今日性を失った出来事の間に、確固とした区切りを引くことが多い。二〇世紀後半のことを「戦後」と呼ぶが、これはいまも生きている国民が英雄的市民となることで始まった、時間の循環の一部である。それより前の出来事は、国民の記憶の中では、はるかに遠いものに感じられるからだ。

●循環は、同じ順序で、同じような長さの期間にわたってすべて繰り返すものと考えられる。

時代は繰り返す——天上のものは正確に、社会的にはおおよそのところで。古代ギリシャでは、時代という言葉は「巡り行く、循環」という意味だった。ほぼすべての非西洋文化は、時間が規則正しい周期を持つことを受け入れていた。西洋では——ストア哲学からエピクロス学派、ポリュビオスからイブン・ハルドゥーン、マキャベリからヴィーコ、イェーツからエリオット、シュペングラーからトインビーに到るまで——循環的な時間は長年にわたるテーマであった。哲学者のR・G・コリングウッドによれば、「歴史の循環は、歴史に関する考察すべてにみられる永遠の特徴だ」という。

時間の循環は多くあるが、その周期はさまざまだ。循環はそれぞれの特色に従い、時間、日、年、または人間の活動についての大年を区切りとする。ここから疑問が生まれる。過去一〇〇〇年間を通じて、どんな輪転が人間の個人的・社会的生活の区切りとして他のものより支配的だったのだろうか？

振る舞いが儀礼的な時間で決められるような伝統的な社会では、どんな循環にも意味があるだろう。活動の中には日単位で決まるものもあるし、月や季節、年、治世、王朝単位などで決まるものもある。不自然な中断が発生すると（たとえば日蝕や、王族の予期せぬ死など）、人は浄化の儀式により、逸脱した循環を自然の常道に戻そうとする。そして時間は元のように回り始める。しかし社会の近代化に伴い、ある一つの循環の期間が他を圧倒するものとして徐々に姿を現してくる。自然人の寿命という循環の期間である——これはエトルリア人が定義し、ローマ人がサエクルムとして認識したものだ。

なぜサエクルムはここまで特殊なものになるのだろう？　一つには恐らく人間の生命の期間が、人類が避けることも変えることもできない唯一の循環だからだろう。光や熱、そして降水といった地上の変動は、現代の技術や国際市場によって変化させたり出し抜くこともできる。王朝の交代という政治の変動も、イデオロギーや国民国家によりねじ曲げることや止めることが可能だ。人間の生命のサイクルと季節は、現在も比較的変わっていない。

しかし、より重要な理由は、現代人が自由な意志の下に自然や社会の環境を新たに形づくろうとする時に起こるものだ（時間の循環から逃れようとする時が多く見られる）。こうした時、現代人の世界を変えようとする活気は、自分自身の人生における経験を反映することが多い。たとえば若い頃に平和（または戦争、正義、芸術、富、神聖さ）への希求を刻み込まれた現在の世代が指導層になると、彼らは社会をそのような方向に変える権力を持つ。その後の新たな世代は、その方向性を逆転させようとするかもしれない。寿命のリズムにあった歴史に、活力を与えようとするのだ。このように人生の循環から解放されようとすると、世紀（saecular）のリズムをつくり出す際に大きな皮肉を生むことになる。

寿命が歴史のリズムに支配的な役割を果たすのは、現代社会の多くが一方向に進む時間を好み、まさにその循環的な時間を捨て去った場合だ。

「世紀」の再発見

ローマ帝国の陥落の後、サエクルムという観念は西洋において約一〇〇〇年にわたり忘れられていた。一方向に進む時間は、中世のキリスト教教理において常に当たり前のものとされたが、それが貴族や市民、農民の日々の暮らしに影響することはほとんどなかった。アウグスティヌスの辞書では、サエクルムという単語には特定の長さの時間という意味が失なわれ、聖書の中の無限の時間を指し示すようになっている。「サエキュラ・サエキュロラム」つまり「無限に続く時代」である。一方向に進むキリスト教の事件についての日付（西暦年）は、王族の年代記作者しか使わないものになっていた。しかし他のすべての者にとって、古代の循環は根強く残っていた。十字架による四分割（the quaternity of the cross）や光輪の円環、そして毎年のキリストの誕生と死、そして再生に関する儀式がそれである。

この情況は、ルネッサンスにより変わった。それは西洋社会のエリートが「自分たちは文明の運命を変えられる、合理的で自決できるアクターだ」と考え始めた時である。宗教改革が起こると、俗人は「怒濤《どとう》のように発生する事件は、キリスト帰還の前兆だ」と感じ始めた。キリスト帰還という千年紀の事件を前にして、勝ちとるべき改革、労働で得るべき財産、殉ずるべき理想、そして祈るべき恩寵の印が彼らにはあった。

時間が一方向に進むというアイディアが広まるにつれて、歴史はより差し迫ったものになった。近代の入り口にさしかかったその時――コロンブスが航海し、ダ・ヴィンチが絵を描き、君主が国家を建設していた時――に、サエクルムは再び西洋文化の中に現れたのだ。ロマンス諸語でサエクルム＝世紀という言葉は、今日も使われるような派生語として普及した。イタリア語のセコロ（secolo）、スペイン語のシグロ（siglo）、フランス語のシイク（siècle）である。こうした新語はすべて、古きラテン語が持っていた二重の意味を保っていた。一〇〇年で区切られる一時代と、長きにわたる人の寿命である。百卒長（centurio：一〇〇名の兵士を指揮するローマ時代の士官の階級）にちなみ、ルネッサンスの古典文学研究者は、新たな言葉であるセンチュリア（centuria）をつくり出した。当初この言葉は一〇〇年を意味したが、すぐに生命のサイクルという意味も持つようになった。

一五〇〇年代は、「世紀」と認められて記された、初の一〇〇年間になった。一五一七年にエラスムスは叫んだ。「不死の神よ、われらの眼前で始まる世紀は如何なるものか！」。学者は新たな世紀の始まりを明らかにする事件を調べ、哲学者カンパネッラはそれをガリレオの発見のなかに見出した。一五八〇年代のグレゴリオ暦改定の後、プロテスタントの歴史家たちは、西洋の歴史を世紀に分類することに躍起になった。歴史家が関心を持った時代は、古代（antiquitas）と現代（modernitas）だった。その間の時代を、彼らは中世（medii aevi）と呼んだ。それは時間に方向性がなく、無意味に思われる時代だった。

一七世紀になると、暦や年鑑が一〇〇年間という意味の「世紀」に度々触れ始めた。一方、同時代の著述家は、そうした自然の世紀について「スペイン黄金世紀」や「ルイ一四世の偉大なる世紀」といった言い回しをつくり出した。世紀末になると、時間の再誕を詩で祝うことが宮廷内で見られるようになった――ジョン・ドライデンが一七〇〇年に書いた『世俗的仮面劇』（「さて古き時代は退場し／新しきものを始める時だ」）フランス革命前夜、新たな世紀末という考えのせいで熱狂的な楽観主義と恐ろしい悲観主義が生まれた。世紀末に潮時や限界、疲弊、現実逃避、諦観を感じた者もいた――これは学者がファンダシアクル（finde-siècle）と呼ぶようになったムードで、ルネッサンス以降のヨーロッパで周期的に何度も出現することになる。ポンパドール夫人の予言「われらのあとに洪水はきたれ」（après nous, le déluge）が現実になると、人々はまた一つの世紀（啓蒙時代でもあった旧体制《アンシャン・レジーム》）が歴史のものになったと実感した。

ナポレオン後、歴史上の世紀が持つ意味の考察は、ロマンティックな意味合いを持つようになった。グスタフ・リューメリンは、世紀という言葉自体が神秘的で崇高かつ自然に等しい、膨大な年月の区切り目を意味するようになったと記している。ラルフ・ワルド・エマーソンは、世紀はどれも「満ち足りて心地よい」と書いている。「失われた世紀」における風習などへの感傷的な興味が進歩への新たな信念と衝突し、一八八〇年から一九一四年にわたり真に迫った世紀末退廃感による社会不安が生み出された。この退廃感を示す言葉そのものが人気を得たのは一八八八年で、それを題名とする演劇がパリで開演された時だった。「デカダンス」と「堕落」を語ることは当たり前になり——生命の躍動（élan vital）、時の監獄からの解放が渇望されるようになった。西洋社会が、過ぎ去っていく暦上の世紀についてこれほどまで語ったことは前例がない。フランスのエッセイストで批評家でもあるレミ・ド・グールモンはこの現象を、現代性そのもののせいだとしている。彼は「治世によって考えることを止めた時、我々は世紀によって考えるようになった」と記している。

その後の世界大戦以降、歴史家たちは一九一四年の静かな月日をある世紀（siècle）の終わりとし、オーストリア大公の暗殺を次の世紀の始まりとした。まもなく世紀という言葉は再び行進を始め、皆こぞって同じ装いをまとうようになった——ムッソリーニの「ファシズムの世紀」、ヘンリー・ルースの「アメリカの世紀」やヘンリー・ウォレスの「庶民の世紀」などだ。さらに時間が経つと、世紀の夜明けにおける現代的で一様な人間集団が、世紀の黄昏におけるポストモダンで多様化した人間に変わる様が観察されるようになる。そうなると多くの人は、新たな文明の時代が再び老化している可能性に驚かされたのだ。

一方、西洋の学者は世紀（siècle）の長さのリズムを、多くの過去における曲がり角に見出すようになった。区切りとなる点は正確に一〇〇年目ではなく、キリスト教暦における一〇〇年の区切り点にも対応するとは限らなかった。それでもなお学者は世紀を、近代ヨーロッパが経た経験の構成要素と益々見なすようになった。アントワーヌ・オーギュスタン・クールノーは一八七〇年代における考察として、「古代ローマ人は百年祭の開催周期をそれほど厳密に固定しなかった。ペリクレスやアウグスティヌス、ルイ一四世の世紀（siècle）を我々が語る時、ローマ人の感覚による『世紀』の意味合いであって一〇〇年間ではない」と述べている。クールノーが言う「世紀」はもちろん、「サエクルム」のことである。

一九二五年から五〇年までの時期（二〇世紀の第二・四半期）における大量破壊の後、アーノルド・トインビーは「人類に組み込まれている時間の区切りは、個々の人間が自覚している人生の平均期間だ」という洞察をなした。しかし、それに止まらないものがあった。彼がこの洞察をなしたのは、恐ろしい結論に達した著作を記述していた時であった。それは、人類の歴史の大部分における「世紀」を見ると、平和と戦争の間を繰り返し行き来してきたというものだった。

戦争と平和の世紀

一九六〇年代末、ベトナム反戦運動の若者は「もう戦争を学ばない」と叫んでいた。ところがその運動への年配の支持者であるシカゴ大名誉教授（歴史学）のクインシー・ライトは、体系的に戦争を学んだ人物であった。ライトは自身が属する「失われた世代」が、第一次世界大戦によって報われることもなく食いつぶされる様を目の当たりにしていた。そして彼は国際連盟を批准しようと米上院に出馬したが、失敗に終わった。ヨーロッパが新たな憎悪に悩まされると、彼は後に『戦争の研究』という著作に結実した、画期的な試みを始めた。これは五〇以上の独立した研究プロジェクトをまとめたもので、一九四二年に完成した。この時の米国は二度目の世界大戦への恐怖に取り憑《つ》かれていて、その大戦は一度目のものよりも遙かにコストの掛かるものであることが判明しつつあった。

　ライトは研究で、戦争は「約五〇年の周期的変動であり、その集中期間は一つおきにどれも厳しいものになってきている」としている。ライトはこのパターンは近代の欧米の歴史だけでなく、ギリシャ・ローマ時代にも見られることを明らかにした。そして彼以前の人間も、それに気がついていたとしている。彼はこのパターンが起こる原因を主に世代の経験に求めている。「戦士は自分自身との戦いを望まず、息子には反戦という偏見を持たせる」とライトは言う。「しかし戦士の孫は戦争をロマンティックだと教え込まれる」彼はもっと画期的な「長波としての」戦争の周期を熟考したが、後の歴史家がより興味を持ったのは「世紀」のリズムのほうであった。

　明らかな周期性があるにもかかわらず、それでもライトは理性的な平和維持活動によって戦争は回避できると確信していた。しかし彼が逝去した一九七〇年までに、彼自身の学識による強力な洞察の下に彼の希望は崩れ去った。国際連合（その設立をライトは奨励した）は無力な傍観者となり果てた。戦争学者なら誰でも望むような極めて理性的な政策決定者が、何故かアメリカを東南アジアの腐敗した紛争へと引きずり込んだ。それはライトが述べた周期のうち「小戦争」の四半期における、その開始時期にあたっていた。

その研究書が出版されて僅《わず》か数年後に、ライトのタイムテーブルは同時代の有名な英国人であるアーノルド・トインビーによって確証された。文明の興亡についての理論で知られる『歴史の研究』で、トインビーは、「戦争と平和の循環」に関する「交互のリズム」を特定した。この循環を中断するのは四半世紀にわたる「大戦争」で、ルネッサンス以降のヨーロッパにおいてほぼ一世紀の間隔で発生しているとした。トインビーは、この循環が五回繰り返されたことを確認して時期を特定した。どの循環も、その世紀における最も決定的な戦争によって始まっているというのだ。

●序盤はイタリア戦争（一四九四―一五二五年）から始まった。

●第一の循環はフェリペ二世が関係したオランダ独立戦争（Imperial Wars：一五六八―一六〇九年）で始まった。

●第二の循環はスペイン継承戦争（一六七二―一七一三年）で始まった。

●第三の循環はフランス革命とナポレオン戦争で始まった（一七九二―一八一五年）。

●第四の循環は第一次・第二次世界大戦で始まった（一九一四―一九四五年）。

これら現代における五世紀に加え、トインビーが特定したものは、古代中国とギリシアの歴史上における六世紀にわたる同様の循環である。すべてはトインビーの言う偉大な文明の「崩壊」時代に位置している。いずれについてもトインビーは、一つの大戦争の開始から次の大戦争までの期間が平均で九五年間であり、一〇〇〇年間にわたり「驚くほどの精度で一致している」としている。

この周期性の根底にあるものとしてトインビーは、「世代循環の作用で、生物としての人間の生命の流れにおけるリズム」だとしている。こうしたものが「人の魂を支配している」というのだ。ライトと同様に、彼はこの周期を「先の戦争の生々しい記憶」が徐々に欠落していくことに関連付けて分析している。トインビーの結論は、「風聞でしか戦争を知らない」戦争経験者の後継者が権力の座に着き、独自に戦争の危機をはらむような振る舞いを繰り返してしまうというものである。彼の分析はやはりライトと同様で、各循環の中間地点で「補完的な戦争」があるというものだった。学者として初期のトインビーは、「人間が制御することで……不和をなくし、人が生きていく上で調和を増すことができる」と考えていた。そして老年になると運命論者となり、俗世の問題を制御するより宗教的な超越のほうが価値ある目標であると感じるようになったのである。

トインビーが重要な新側面として加えたのは、戦争のサイクルをさらに四つの時代に分け、大戦争後の「小康期」と小戦争後の「全面的な平和」を区別したことだ。しかし彼が間違っていたのは、こうした戦争間に存在する四半世紀の間には戦争は起こらないとしたことだった。明らかにヨーロッパ（そして米国）の歴史において、どの四半世紀においても戦争（少なくとも小規模なもの）が発生している。これを説明するためにL・L・フェラー Jr.はトインビーの戦争四段階説を再構築し、小康期と全面的な平和を「戦争模索期」と呼ぶものに置き換えている。リチャード・ローズクランスも同様に戦争の四段階を肯定した上で、戦争の両極の時代と「力の空白」の多極時代が順番に発生するとしている。ローズクランスはそのサイクルの周期を特定しなかったものの、「西洋世界における悲劇の一つは、このサイクルが何度も繰り返されたことだ」としている。

歴史家の中には戦死者数のデータを引用して、ライトやトインビー、フェラーと、どの戦争が主要なものか大戦争に当たるのか、または覇権戦争に当たるのかを議論する者もいる――しかし悲惨さのみで戦争をランク付けしようとする者は、肝心な点を見失っている。どのような学名を用いようが、循環終端期の戦争とは、社会や政治に決定的な結果をもたらし一つの時代を終わらせるものだという点だ。ここで戦争の循環を述べるには、ルトウィッグ・デヒオによる古典的研究の助けを借りる必要がある。この研究は、ヨーロッパにおける勢力均衡が一世紀に一回大きく変わってきた様子を示している。こうした観点から、歴史上の凄惨を極めた戦争（三〇年戦争や第一次世界大戦）の中にも、循環終端期のものといえない戦争があることがわかる。そうした戦争では、旧秩序が根本的に新しいものに置換されることはなかったからである。

最近の学者の中には、トインビー的な循環を、戦争を超えて社会における行動の長周期波についての広範な理論にまで拡大しようとする者がいる。経済学においてテレンス・ホプキンスとイマニュエル・ウォーラーステインは、トインビーの循環論を資本主義発展の結果として説明している。国際関係論ではウィリアム・トンプソンとジョージ・モデルスキーも政治循環理論を発展させており、トインビーのリズムに合致するようにしている。「一定期間（約一〇〇年）において、超大国が世界的な戦争の中から生まれるが、優位性において徐々に衰亡していく結果に終わる」とトンプソンは書いている。「国際秩序も平行した速度で衰退していき、ついには新たな世界戦争が起こり、新たな超大国が出現するようになる」というのだ。

モデルスキーは、この国際政治の循環を四半世紀の四段階に分けている。自然におけるエントロピー的な進行として、それぞれが前段階を引き継いでいくというのだ。第一の超大国の段階では、「秩序への（社会の）需要」も「秩序の（政治からの）供給」も高い。正統性喪失の段階では、秩序への需要は低下する。分散化の段階では、秩序の供給が低下する。循環が頂点に達するのは、秩序への需要が増して世界大戦による秩序創出の時代につながった時である。最終段階は、人間による破壊の規模だけで計測できない。しかしこの判断は、「旧来の国際的な政治構造が消滅し新たなものが誕生した」という高揚したものでありながら、普遍的に認知されるようになるだろう。モデルスキーはこの世界的な推移を、循環の中における「神話の創出」として書いて、「循環における主要な事件の集団である、世界大戦と停戦の祝賀、大国の儀式祭典そして他国を無視する態度への変化。こうしたものが国際政治の儀式をつくり上げる。世界が刻む時間の、主要な区切り点となるのだ」と述べている。

次ページの表をみると、現代における戦争の循環と古代の時の輪転の間の相似点は明らかだ。戦争と平和、または秩序の発展と衰退の繰り返しは、アジアの陰陽思想やギリシャにおける愛と闘争に似ている。こうした理論に反映されているのは、自然における季節と、それを祝福する年間儀礼である。春のような成長の時代に続き、夏のような歓喜の時代が来る。秋のような分裂の時代と、冬のような

戦争と政治に関する、現代のサエクルム

著者	第一・四半期	第二・四半期	第三・四半期	第四・四半期
ライト（一九四二年）	平和	小規模戦争	平和	大規模戦争
トインビー（一九五四年）	小康期	補完的な戦争	全面的な平和	全面的な戦争
ローズクランス（一九七三年）	関与の減少	力の空白	関与の増大	戦争
フェラー（一九七七年）	戦争模索	戦争順応	戦争模索	覇権戦争
ホプキンス＆ウォーラーステイン（一九八二年）	覇権の成熟	覇権の減衰	覇権の増大	覇権の勝利
モデルスキー＆トンプソン（一九八七年）	超大国	正統性喪失	分散化	世界大戦
自然	春	夏	秋	冬

死が迫ってくる——そして再生が起こる。その最終段階はストア学派のエクピロシス（ekpyrosis）を思わせる。一つの循環を終わらせて新たなものを始める、浄化と変身の炎である。

ここでは、何が起こっているのだろう？　若き日のクインシー・ライトが主張し、老年期に否定したものは何だろうか？　アーノルド・トインビーが研究した、すべての現代文明に共通するリズムは？　それはエトルリア人が発見した歴史の単位である。それは自然のサエクルム、人の長寿の鼓動となった歴史である。

世紀の頂点となる段階は、戦争や叛乱、動乱が起こる四半世紀である。初期の人文主義者は、これをレヴォルティオ（revolutio）と呼んだ。この言葉はコペルニクスの「天球の回転について」（revolutiones orbium cœlestium：天文的な回帰について予期可能な瞬間）から採られている。宗教改革によって回転（revolution）という言葉は、黄金時代や天国、正義への道という意味を内包するようになった。それから一世紀の後、トマス・ホッブスはこの言葉を政治に関連付けた。一八世紀の画期的な革命とともに、その意味は成熟していった。最近の米国人はさまざまなエピソード（「ポスト・ウォーターゲート革命」、「レーガン革命」、「ギングリッチ革命」など）への言及を繰り返して、この言葉の価値を下げている。こうしたものは昔のイベントの権威を借りながらも、その結果は遠く及ばないものだからである。

それであれば、むしろ**危機**《クライシス》という言葉のほうが良いだろう。語源であるギリシャ語のクリシス（krisis）は「決定的な瞬間」、または「分かれ目となる瞬間」を意味する。病気で言えば、クリシスは患者が助かるか死ぬかを医師が知る時である。戦争で言えば、兵（または国家）が勝つか負けるかが決まる時である。トマス・ペインがこの言葉に政治的革命の意味を加えたのは一七七六年のことであり、有名な『米国の危機』という小冊子を出版した時のことである。メッテルニヒからブルックハルトやニーチェに至るまで、一九世紀の思想家はこの言葉を、周期的に繰り返される全面戦争を説明するために使った。その全面戦争のことを、マルクスは「歴史の急行列車」と呼んでいた。この言葉が第一次世界大戦のころには「恐ろしいやり方による歴史の流れの急加速」を意味すると広く理解されていたと、歴史家のゲルハルト・マスールは説明している。それは「かつてない力と広がりを持った、経済、社会そして道徳への、強圧であり、現状維持を不可能にすることが多い」というのだ。**危機**は一つのサエクルムを終わらせ、新たなものを始める。しかし、それが循環における正の最高点である「陽」、または闘争を示すのなら、その非対称点について、興味深い疑問が出てくる。循環の正反対の極である、「陰」または愛の最高点は、何によって示されるのか？　歴史における冬至を定めて記述できるなら、同様に夏至についても可能になるはずだからだ。

重要な手がかりは、モデルスキーが第二・四半期、つまり正統性喪失の段階について記述している中にある。そこでは「内面における革新」と「システムにおける規範の基盤についての再活性化」の季節について書かれている。第四・四半期が政治や社会における慣例といった外面世界にある体系を入れ替えるために必要であるのと同様に、第二・四半期は文化や価値観という内面世界にある体系を入れ替えるために必要だというのだ。

この時代を決めるものは何か？　四〇年前に宗教人類学者であるアンソニー・ウォレスは、世界中を対象とした研究によって、この疑問への決定的な回答を出している。「再活性化の運動とは、より大きな満足をもたらす文化を建設するために、社会構成員が熟慮の上で組織的に意識しておこなった努力である」と彼は記している。元々のこの運動は、「長期にわたる心理的に無視できない圧力への集団的な反応である。これが上手くいけば、完全に新しい「文化的迷路」を産み出せるし、「自然、社会、文化、人間性そして人体のイメージ」に関する理解を変化させられるのだ。こうした運動（先天説、信仰復興論、至福千年信仰、メシア信仰など）を分類したウォレスは、ある仮説を立てた。それは、今日確立されている宗教はすべて、過去の運動における「預言として忘我のうちに見た未来像」が、因襲という型にはまって残ったものだというものだった。ウォレスはこうした再活性化運動がどのような頻度《ひんど》で発生するかは述べなかった。しかし、「人類史において繰り返される事件」だとして――世紀を示唆して――「恐らく再活性化の瞬間に巻き込まれなかった人はまれだろう」と述べている。

最近になるまで、学者がこうした預言と忘我の時代が近代史において起こる周期を調べることは、あまりなかった。しかし事情は変わりつつある。「一九世紀の社会学者のあらゆる予測に反し、現代世界では宗教活動が復活し、繁栄している」と述べる刺激的な評論で、プリンストン大学の社会学者ロバート・ウスノウは再活性化運動の「分布は、場所と時点に関して言えば、均等でもランダムでもない」としている。ただし現実には、ルネッサンス以降の発生のタイミングは非常に規則的だ。ウスノウの挙げた運動を、二〇年にわたる熱狂の期間とともに以下に示してみよう。再活性化運動という無味乾燥な言い回しは、西洋社会で長く人気があるグノーシス主義によるイメージ――魂の覚醒というイメージ、または単純に覚醒――に劣る。

- ●宗教改革（一五三〇年代―一五四〇年代）
- ●清教徒の覚醒（一六三〇年代―一六四〇年代）
- ●敬虔主義の覚醒（一七四〇年代―一七五〇年代）
- ●福音主義ユートピアの覚醒（一八三〇年代―一八四〇年代）
- ●ニュー・エイジの覚醒（一九六〇年代―一九七〇年代）

こうした運動には共通点が多い。すべてはその時代において時代遅れと感じられた、文化的・宗教的規範がもつ倫理に対する情熱的な攻撃に満たされている。どの場合も若者が先陣を切っている。すべての運動は、新たな規範における優先順位（今日、「価値観」と呼ばれているもの）を述べている。それぞれは直前の**覚醒**から、おおよそ一サエクルムの後に発生しており、隣接する**危機**のほぼ中間地点で発生している。

覚醒はサエクルムにおける別の転換点である。それと**危機**の関係は、冬にとっての夏のようなものであり、闘争にとっての愛のようなものである。両者の間には、それぞれの起源が思いがけない形で存在しているのだ。サエクルムの第二・四半期には、安全の高まりから生まれた自信によって愛がほとばしり、第四・四半期での不秩序につながる。不安定から生まれた不安感が秩序再確立のための闘争を噴出させる。このように**覚醒**は、循環のサインとしての役目があり、先祖が何度も行き交った旅の中間点にいることを社会に思い出させるのだ。ウスノウは「当然のことだが、宗教的不穏の時代は、変化の前兆――歴史における分水嶺――と見なされてきた。少なくともヘロドトス以降はそう考えられている」としている。

覚醒が人間の経験における夏で、**危機**が冬であるなら、その移行期が必要になる。春のような時代は危機から覚醒への道を橋わたしをしなければならないし、秋のような時代が覚醒から危機に至る道を橋わたししなければならない。その解決策が冬至か夏至のような、世紀における二つの転換点であり、最後には互いをつくり出すならば、春分・秋分のような世紀の分点は、お互いを指し示す極であることになる。危機後の時代が暖かく明るくなるものならば、覚醒後の時代は寒く暗くなるものだ。循環における春が合意や秩序、安定をもたらすならば、秋は論争や分裂、不安をもたらす。

＊＊＊

時の輪転が危機から覚醒に変わり、再び危機に変わることについて、近代社会にははっきりとした規則性が見られる。ヨーロッパでは、一つを除くすべての循環が、八〇年から一〇五年で回っている。例外としてはっきりしているのは、ワーテルローの戦いから対日戦勝記念日までの期間であり、トインビーの循環としては丸々一三〇年間続いたことになる。ヨーロッパにおけるこの期間の例外的な長さは、単なる例外なのかもしれない。またはトインビーのフォーマットが誤っており、二つの期間を一つにまとめてしまったことも考えられる。歴史学者が「長き一九世紀」と呼ぶものは、大国間での並外れた平和が続いた時代であった。例外は建国戦争による動乱で、一八五〇年代中盤から一八七〇年代中盤にかけて戦われた（ドイツ、フランス、イタリア、イングランド、ロシア、バルカン諸国、そして米南北戦争）ものである。これをもう一つの危機の時代とし、世紀の変わり目を新たな覚醒の時代と見なすなら、結果として異常に短い循環（一八一五年から一八七〇年）となり、続いてほぼ通常の長さに近いもの（一八七〇年からおよそ一九五〇年あたりの冷戦の起源）となる。一つの異様に長い循環は、短縮された循環と、それに続くもう一つの通常の長さを持つ、新たな循環に置き換えられることになる。この章の終わりでは、この解釈がトインビーの考えに合致している可能性があることが明確になる。

それでも、この種のイレギュラーさは驚くに当たらない。世界史をみることは、結局のところ、多くのさまざまな社会をみることとなのだ。エトルリア人のさまざまな街と同様に、社会はそれぞれ独自の、何らかの意味で異なる世紀のサイクルで動いていたのかもしれない。そして社会はそれぞれが隣り合う社会の問題に、（戦争やイデオロギーによって）干渉していたのかもしれない。他より近代化されていない社会は、世紀のリズムに抵抗感が強かったのかもしれない。こうした歴史の雑音をすべて考えるなら、完璧な規則性など考えられないはずだ。

歴史はどのようにして正確な季節を刻むようになるのか疑問に思うなら、次の仮説を検証してもよい。たとえば歴史の「雑音」の大部分が抑制されるようなシナリオを想像してみよう。巨大な隣人を持ったことがなく、しかも数世紀にわたり外国の干渉から比較的隔離されてきた単一の巨大な社会を想像するのだ。この社会がほぼ空白の大陸で近代になってから誕生し、時を経て育まれた伝統がなく、何の制約も受けずに発展できたとしたらどうであろうか？　最後に、この完全に近代的な社会が、一方方向に進む発展を訴求し、自然の循環を抑制して、地球上の他の国民に匹敵するものがないという評判を得たとしたらどうだろう。サエクルムについて知っていることから考えると、この社会は驚くほどの規則性を持つサイクルによって統治されているとは言えないだろうか。

しかし当然のことながら、これは仮説ではない。この社会とは、米国のことだ。

米国における世紀

米国の一ドル紙幣の裏にある左側の紋章を見て欲しい。それは円形で、中に四面を持つピラミッドが描かれており、その上には目が浮かんでいる――エジプトまたはフリーメーソンにおける神性の象徴で、一瞥《いちべつ》で歴史のすべてを見通すものだ。ピラミッドの上の銘はアヌイット・コエプティス（annuit coeptis：神は創世に微笑む）というもので、アウグスティヌスの黄金世紀（saeculum aureum）へのウェルギリウスによる賛辞から直接採られたものだ。下部にある銘も見てみよう。ノブス・オルド・セコラム（novus ordo seclorum：世紀の新たな秩序）とある。建国者は国璽《こくじ》をデザインした時に、サエクルムを貨幣の上に記したのだ。

時間の循環は、ヨーロッパ人が米国にもたらさなければならない物ではなかった。記録に残っていない歴史上の謎として、一〇〇を超えるアメリカの世紀に、ネイティブ・アメリカンの先祖が立ち会っている。この先祖たちが、水平線上の白い帆を最初に見たのだ。新世界に分け入った高齢者は、旧世界の高齢者が浸りきっていたものと同様の、幻想的で季節性を持つ循環に心の底からなじんでいた。十字架や卍、四福音書像（tetramorph）、矩形《くけい》の曼荼羅が儀礼美術にふんだんに使われていたことが、そのなによりの証拠だ。人生のリズムは世代という意味で表現されることが多く、先祖と子孫の間の神聖なつながりと見なされている。そしてそれは賢明な社会運営のために標準となる、規範とされていた。

実際、ヨーロッパ人は時の循環を意図的に米国に持ち込んだわけではない。それは大型の船で運んだ釘や鋤、聖書、契約の中から失われた、荷物の一つであった。コロンブスによるアメリカ「発見」は、西洋社会における近代性の誕生と、偶然にも同時期に起こった。これによってヨーロッパにおいてアメリカの、時の循環における究極の目的地というイメージが高まることは不可避だった。それは伝説のキャセイ（Cathay）、黄金郷、ニュー・アトランティス、そして新しいエルサレムといったものだ。原住民と初めて会った時に移住者が見て取ろうとした物は、黄金時代の「印度人」、または非道の悪魔だった。そしてこれは、まさに歴史の終焉がもつ、古来からのイメージそのものであった。大西洋沿岸の森林から街をつくろうとした時に求めたものは、人類が長きにわたって喪失を繰り返すことへの最終回答だった。それは尽きることのない金鉱、豊穣な収穫、聖なる公共福祉、そして合理的な政府である。移住者が求めなかったもの——実際には逃れようとしたもの——は、自然がもつ季節性への、未開人の忍従であった。

ネイティブ・アメリカンにとって、この一方向に進む時間の侵略は、悲劇的な結果をもたらした。移住者の文化と自身の文化の間には、克服しがたい障壁が生じた——その障壁は、多くのネイティブ・アメリカンの国の運命を封じ込め、その他の国を破壊し追い散らしたのだ。世界から見ると、この侵略は近代史において最も注目すべき実験を推進した。新たな社会が誕生し、人間の創造性が、克服できる伝統や自然による制約すべてから解放されたのだ。ヨーロッパ人も米国人も、なにか画期的なものが進行していると感じていた。ヘーゲルは米国を「われらの前に広がる時代において、世界史の重責が繰り広げられる未来の地」と記述した。建国者たちが直感したように、世紀に関する新たな秩序が生み出されたのだ。

米国とヨーロッパのサエクルムは一八世紀まで、同じリズムを刻んでいた。それ以来アメリカのサエクルムのタイミングは、トインビーが記したヨーロッパの循環よりも、規則的で明確でさえあった。

英国系米国人（Anglo-American）の危機

そうしたパターンを理解するために、まずは現在から過去に遡《さかのぼ》ってみよう。真珠湾攻撃とサムター要塞の戦いの間に、八〇年の月日が経っている。これはサムター要塞の戦いと独立宣言の間と、完全に同じ期間である。ゲティスバーグまでの二年を加えると、リンカーン大統領の有名な「八七年前に」という計算に達することになる。そこからさらに遡《さかのぼ》ると、八七年間とは、独立宣言と名誉革命の絶頂期の間の年数でもある。

こうした世紀の長さに一〇年ほどを加えると、このパターンが入植者の英国での先祖の歴史を通じて続いていたことがわかる。名誉革命の九九年前は、英国がスペイン無敵艦隊に勝利して帝国を確立した時である。さらに一〇三年前には、ヘンリー公が薔薇戦争で勝利して、テューダー朝を確固としたものにした。

こうして過去を振り返る時だけではなく、これらの事件が発生した当時でさえ、人々は自分たちが伝説の一部の歴史上の再演に加わっていると感じていた。一六八八年に英国の名誉革命の支持者が群集を集めた時、その年が幸いにもエリザベス女王の「一五八八年の偉大なる対スペイン無敵艦隊勝利」の百周年であることを思い出させていた。一七七六年、トマス・ペインはかつてのスチュアート朝の運命を思い起こさせて、入植者を煽り立てていた。ゲティスバーグでリンカーンは、「我らの父祖がこの大陸で生み出した」ものを呼び覚ますことで、国中を感動させた。第二次世界大戦終盤のフランクリン・デラノ・ルーズベルトの葬儀は、数多くの米国人にウォルト・ホイットマンによるリンカーンへの告別の辞（「ああ船長！　わが船長！　われらの恐ろしい航海は終わりました」）を思い出させた。

時が経つにつれ、米国の歴史家はこうした一連の日時のために学名をつくった。一九三〇年代にビアード夫妻は、南北戦争を「第二次アメリカ革命」と宣言した――それ以降、この名称は数限りなく使用されている。一九七〇年代、カール・デグラーはニュー・ディール政策を「第三次アメリカ革命」と呼んだ。米国憲法に関して最近書かれた権威ある歴史書において、著者のブルース・アッカーマンは、「われわれの歴史には、一つのみならず三つの『創建』の時がある。一七八〇年代後半、一八六〇年代後半、そして一九三〇年代中盤である」と指摘している。

今日、われわれは自分たちがまだ第二次大戦後の時代に住んでいると考えている。しかし次の「創建の時」のほうが、最後のものよりもそれに近くなっているのではないかと疑っている。ジャーナリストのマイケル・リンドが書いた米国の未来に関する本の副題は「新たなナショナリズムと第四次アメリカ革命」である。著名な政治学者であるウォルター・ディーン・バーナムは、先の三つの「革命」をまとめた上で、「今日における政治混乱は、第四次アメリカ共和国につながるかもしれない」と予測している。こうした著者たちはタイミングについては何も言っていないので、その予測は見かけほど大胆なものではない。どんな時でも、「戦後の時代」は「戦前の時代」になるように定められているものだ。

英国系米国人（Anglo-American）の**危機**のリストはみなさんにとっても御馴染《なじ》みのものであり、日時について議論の余地はないだろう。

薔薇戦争の危機（一四五九―一四八七年、絶頂期は一四八五年）は、支配者の座にあったランカスター家（紅薔薇）と強力なヨーク家（白薔薇）の間の、取り返しのつかない分裂で始まった。互いを非難し、反逆者と決めつけて小競り合いを始め、敵対する両家はイングランドを比類ないほどの政治的無秩序の四半世紀に陥《おとしい》れた。この間に王冠は六度その持ち主を変え、最高位の貴族数十人が殺害された。王や王子も殺され、広大な領地が没収されることになった。タウトンの戦い（一四六一年）ではヨーク公が勝利したが、イングランドの国土で戦われたものとしては最も凄惨な戦闘となった。ボスワースの戦い（一四八五年）では、王朝を創建したヘンリー・テューダーがリチャード三世を打ち負かし、殺害した。リチャード三世は戦死した最後のイングランド王である。イングランドは伝統に縛《しば》られた中世の王国として**危機**に突入した後、近代的な君主制の国民国家として生まれ変わったのだ。

スペイン無敵艦隊の危機（一五六九―一五九四年、絶頂期は一五八八年）が始まったのは、新たにプロテスタントとなったイングランドが、カソリックのハプスブルク家による世界的な脅威に包囲されていると感じた時だった。クライマックスへの壮観な進展が次々と起こった。エリザベス女王暗殺の試みが繰り返され、フランシス・ドレークは略奪したスペインの財宝を満載した船で世界中を航海した。フィリップ・シドニーはオランダ（the Lowlands）で壮烈な戦死を遂げた。そしてイングランドには大きな恐怖が訪れる。スペイン無敵艦隊侵攻の夏である。この戦いはイングランドの勝利に終わり、あまりに奇跡的なものだったために、数十年にわたって教会の鐘が記念に毎年打ち鳴らされるようになったほどであった。イングランドは闘争に憑《とりつ》かれた異教徒の国として**危機**に突入した後、一級のヨーロッパの大国、そして拡大する世界帝国の中心として生まれ変わったのだ。

名誉革命の危機（一六七五―一七〇四年、絶頂期は一六八九年）は、大西洋岸にあるイングランドの植民地で二つの災厄が同時発生した時に始まった。一つは米バージニアでの激しい暴動であるベイコンの反乱である。もう一つはフィリップ王戦争だった。これはニューイングランドでのアルゴンキン族との殲滅戦で、国民一人あたりの戦死者数の点では、米国人が戦った他のすべての紛争を超越している。その後、入植者は更なる政治的動乱に陥《おちい》っていった。ステュアート朝の後継者であるヨーク公の絶対主義的なものの見方に始まり、ウィリアム王支持の植民地全体に広がった名誉革命、さらには一〇年間にわたるカナダのヌーベルフランス（Canadian New France）との戦争である。この苦難が終わったのは、ヌーベルフランスの疲弊とマールバラ公が、ブレンハイムでルイ一四世に打ち勝ったという報せによるものだった――この勝利をウィンストン・チャーチル（マールバラ公の直系子孫）は「国際政治の軸を変えた」と記している。新世界について、歴史家のリチャード・マックス・ブラウンは「一六七〇年から一七〇〇年の歳月を第一次アメリカ革命の時代と呼んでも、過度な誇張にはならないだろう」としている。英語を母語とする米国は、熱狂的な住民がいる片田舎の植民地として**危機**に突入した後、ヨーロッパにおける祖国の栄光に匹敵する学識と豊かさを持つ安定した地方社会として生まれ変わった。

アメリカ独立革命の危機（一七七三―一七九四年、絶頂期は一七八一年）が始まったのは、議会のボストン茶会事件が植民地にあった紛争の火種を燃え上がらせた時だった。それは、サミュエル・アダムスの「通信連絡委員会」（committees of correspondence）が念入りに仕掛けたものだった。引くに引けなくなる最後の一線――民兵の武装と最初の戦死者、そして独立宣言への署名まで――は、あっさりと乗り越えられた。ジョージ・ワシントン将軍がニューヨークから撤退した一七七八年の暗い冬の間に人々が恐れたのは、反乱が失敗し、指導者がみな裏切り者として絞首刑に処されることだった。紛争のクライマックスは、サラトガとヨークタウンでの米国の勝利であった。緊急事態の雰囲気が治まったのは、憲法が批准され、ジャコバン派が持つ誘惑がテルミドールのクーデターで消滅した時だった――まだ若い米国市民は、フランスでの革命が自身のものよりはるかに不幸な形で終わるのを目撃したのだった。英領アメリカ（British America）は、粗暴な面があっても忠実な植民地として**危機**に突入した後、世界がかつて目にしたことがない程の、共和制民主主義の意欲的な実験国家として生まれ変わった。

南北戦争の危機（一八六〇――一八六五年、絶頂期は一八六三年）は、ジョン・ブラウンの乱と、リンカーンの選挙で始まった。南部のいくつかの州は、それらを分離への誘いだと即座に解釈した。それらの州は分離を図り、新世界での史上最も激烈な戦いの引き金を引いた。その犠牲者は、米国の他の戦争すべてのものを合計したよりも多いものだった。戦争の絶頂は、奴隷解放宣言とゲティスバーグの戦いであった。それから二年のうちに、ロバート・E・リーが聖枝祭（Palm Sunday）の日に降伏した。その五日後の聖金曜日（Good Friday）にリンカーンは暗殺された――こうしたことから、年老いた牧師は、宗教的な象徴主義を自慢するようになった。その結果が苦難に見合うものであったのか？　それは歴史家のジェームス・マクファーソンが「議論が止むことは決してないだろう――しかし一八六五年において、その答えを疑う人は黒人にはほとんどいなかったし、北部人でも少なかった」と述べる疑問につながった。他の危機と違い、南北戦争についての非難が示すものは、楽観主義よりは悲劇が成り行きで進んだという感覚だった。合衆国は人種で分断された共和制の農業国として**危機**に突入した後、戦傷を負いながらも平等な市民権の原則を新たに志す産業社会として生まれ変わった。

大恐慌と第二次世界大戦の危機（一九二九―一九四六年、絶頂期は一九四四年）は、暗黒の火曜日の株式市場崩壊、から第二次世界大戦の最暗黒期にまで続いている。この時代を大まかに言うと、フランクリン・D・ルーズベルトの登場と統治の時期にあたる。絶望の時代が始まり、危機は「掘っ立て小屋の街」（フーバービル）と大恐慌時の大砂嵐を引き連れて進んでいった。それにもかかわらず、この時期の国民の精神は、共同体の新たな夢の下に集まっていた。日本軍による真珠湾攻撃は、統一された大衆の反応を一気に巻き起こした。数ヶ月の内に米国は、かつてない規模で計画策定、動員、そして生産を行った。遠く離れた二つの大陸での海軍の勇ましい攻撃が頂点となった後、枢軸国の降伏、動員解除、そして予期せぬ平和時の繁栄によって、非常時のムードは収まっていった。合衆国は孤立主義で工業化途上の取るに足りない国家として**危機**に突入した後、超大国として生まれ変わった。その工業力や民主的制度、マーシャル・プランの寛容さは自由世界の驚異であり、新たなライバルであるソ連にとっても羨望《せんぼう》の的だった。

英国系米国人の覚醒

危機が力と政治という外的世界を再編するのに対し、**覚醒**は精神と文化という内的世界を再編する。**危機**が集団を向上させ、公的空間を再発明するのに対し、**覚醒**は個人を向上させ、私的空間を再発明する。**危機**が政治の領域で暦《こよみ》を再起動させるのに対し、**覚醒**は同様のことを文化について行う。

今日の米国人が選挙や同盟について語る時、「一九三〇年代（または一九四〇年代）以降は……」と話を始める傾向がある。音楽や宗教について語る時、「一九六〇年代（または一九七〇年代）以降は……」と言いがちだ。**危機**において老人は命令を下すが、**若者**は多くの行動をなす。**覚醒**においては老人が実行者であるのに対し、若者が秩序を与える。

第二次世界大戦によって歴史家が戦争の循環について研究するようになったように、意識革命（the Consciousness Revolution）は文化的な反乱が歴史上繰り返されることへの、新たな興味の口火を切った。一九六〇年代と一九七〇年代における若者の怒り、コミューン、そしてスピリチュアリズムは、米国の過去における同様のエピソードを、つまり一八九〇年代から一九一〇年代の不正追及者（the muckraker）や伝道師、戦闘的フェミニストから思い出す人もいるだろう。一八三〇年代の若者の興奮に原点を求め、「新超絶主義」（New Transcendentalist）という新語を造った人もいる。一九七〇年に歴史家のリチャード・ブッシュマンが一七四〇年代の大覚醒（the Great Awakening）をまとめた時、この「心理の地震」を「一九六〇年代における公民権デモ、大学キャンパスの紛争、そして都市暴動をまとめたもの」になぞらえている。

一連のキャンパスでの紛争は、著名な学者たちに、米国史における**覚醒**を思い起こさせた。カリフォルニア大学バークレー校の社会学者であるロバート・ベラーは、若者は「善と悪、正しいことと間違っていることに関して道義的観点から理解するための共通基準一式を定期的に更新したのだ」と指摘している。ブラウン大学の歴史家であるウィリアム・マクラフリンは、ウォレスの説を直接借用し、

「文化再活性化」の時代だとしている。この時代は「およそ一世代」にわたり続き、「思想と価値観が根底から新たに方向づけられた」時に終わるとしている。マクラフリンは、米国の**覚醒**が国家の**危機**と象徴的な関係を持っているとしている。どの**覚醒**も、攻撃対象の旧秩序がもたらす保護と豊かさに育まれたものだ。そしてどれもが、次の新秩序が依って立つ規範の基礎を産み出している。マクラフリンは五つの米国の**覚醒**を特定している。一七世紀の清教徒の覚醒、一八世紀の大覚醒。そして一八二〇年代、一八九〇年代、一九六〇年代にそれぞれ起こった「第二次」「第三次」「第四次」大覚醒である。

政治的保守主義者は、長年にわたって一九六〇年代の動乱を一種の精神的表現だという意見に抵抗してきた。その後に多くの者は考えを変えて、一九六〇年代は一九九〇年代における新生宗教（the born-again religion）と倫理主義のゆりかごの地となったとした。「第四次大覚醒」への言及が、保守系メディアで――ジョージ・ウィルのエッセイからウォール・ストリート・ジャーナルのコラムまで――ますます認められるようになった。宗教から遠く離れた分野の学者は、現在、この大覚醒の繰返しへの関心を、「大覚醒パラダイム」と呼んでいる。一九九五年にノーベル経済学賞を受賞したロバート・フォーゲルは、「政治のトレンドと未来の経済的発展を理解するためには、米国史における宗教的熱意の循環と、それがもたらした改革運動を理解しなければならない」と述べた。彼は一つの**覚醒**から次のものまでの「典型的な循環は、およそ一〇〇年間続く」としている。そして「（一九六〇年頃に始まった）第四次大覚醒は、既に再生の段階を過ぎたが、いまも大衆の考え方を再形成し続けている」としている。

米国人は、自分たちが直近の**危機**よりも次の**危機**に近いところにいると感じ始めているかもしれない。一方で学者たちは、自分たちがまだ次の**覚醒**よりも直近の**覚醒**に近いところにいると直感している。英国系米国人の**覚醒**の正確な日付は様々かもしれないが、多くの学者は次の時代について大枠では合意するだろう。

宗教改革（一五一七―一五四二年、絶頂期は一五三六年）が始まったのは、マルティン・ルターが教皇的教理に対して有名な抗議状を貼りだした時だった。かくして、宗教と社会の動乱の四半世紀が始まった。欧州大陸では農民反乱や熱狂的な異教徒、ローマ略奪、ドイツやスカンジナビアの大部分におけるカトリック信仰の崩壊が巻き起こった。イングランドでは、ヘンリー八世が公式に教皇と決別するまで熱狂が続き、王国中の街や教会を分裂させる、民衆による改革運動が始まった。この**覚醒**はウィリアム・ティンダルによる聖書の発行や、カトリック反乱の鎮圧、議会による広大な教会領の没収によって頂点を迎えた。**覚醒**が静まったのは、改革者たちが疲れ、指導者たちが守りに入り、対外戦争が大衆の想像を掻き立てた時だった。この**覚醒**によってイングランドは、ローマ教会の支持者から、独自の宗教と精神の正統性について新たな個性を持つ国家に変わった。

清教徒の覚醒（一六二一―一六四九年、絶頂期は一六四〇年）が始まったのは、過激なプロテスタント熱が、ヨーロッパ中で劇的な復活を遂げた時だった。欧州大陸ではボヘミアで火が着き、それが三〇年戦争につながっていった。イングランドでは、それが一六二一年に燃え上がった。庶民院が、ジェームズ一世の恣意《しい》的で不信心な支配を非難する「議会の大抗議」（Great Protestation）を出した時である。ジェームズ一世の息子が即位した後、改革の熱気は大衆に勢いを与えたが、公式には進まなかった。恐れを知らぬジョン・ウィンスロップは、真の信仰者を米国に導く「残遺物の救済」(saving remnant)を率いてニューイングランドへの大移動(the Great Migration)を引き起こした。本国では清教徒《ピューリタン》の熱意は容赦なく、クロムウェルの革命と、チャールズ一世の断頭につながった。植民地で興奮が治まったのは、清教徒の新たな社会が倫理における正統性《レジティマシー》を固めた時だった。イングランドは帝国と黄金を夢見たまま**覚醒**に突入した。そのような夢を持っていたとしても、新世界に自給自足可能な植民地を建設できたヨーロッパ国家はなかった。そしてイングランドは、植民地への移民が生き残ることができるという、新たな天国の夢とともに生まれ変わった。

大覚醒(一七二七―一七四六年、絶頂期は一七四一年)が始まったのは、コネチカット渓谷でいくつもの精神的リバイバル運動(spiritual revival)が連続して発生した時だった。その多くを指導していたのは、カリスマ的な若者のジョナサン・エドワーズだった。運動の拡散は急速で、特に北部・中部の植民地に瞬《また》く間に広がった。そしてそれは、一七四一年に英国生まれの福音伝道者であるジョージ・ホウィットフィールドが、米国での伝道旅行で人々を興奮させた時に頂点に達した。「ニュー・ライト」(new light)が「オールド・ライト」(old light)に挑み、リバイバル運動は植民地の集会を二分した。そして信仰に没頭し感情的になった若い信者を、神の御業を信じる鈍感な老人へとけしかけた。一七四〇年代の大集会と「祈りのコンサート」(concerts of prayer)の後、熱狂は引いていった。大覚醒の前の植民地アメリカは、年寄りの「宗教の氷河時代」と若者が呼ぶものに執着していた。そして、旧世界の階級差別の概念と、社会の連帯感を米国の地から永遠に駆逐して、アメリカは生まれ変わった。

超絶主義の覚醒（一八二二―一八四四年、絶頂期は一八三一年）の引き金を引いたのは、チャールズ・フィニーの福音伝道、デンマーク・ヴェジの奴隷反乱、そして信仰上の目覚めと過激な理想主義による興奮の拡大であった。ジャクソン派のポピュリズムが加わり、ナット・ターナーによる荒々しい反乱や若者による奴隷制度廃止協会、過激な政党の勃興によって、それは頂点を迎えた。哲学・文学に関する超絶主義者の学校が大量につくられ、ある歴史家が「宗派セクト主義（sectarianism）の全盛期」と呼んだものが、米国初のフェミニスト運動を産み出した。同時に多くの預言的な新宗教やスピリチュアリズムのクラブ、ユートピア的な共同体、フード・ファディズム（dietary fads）も発生した。ミラー派による黙示録の予言が外れ、復活した経済が大衆の利益に再び焦点を当てると、興奮は冷めていった。米国は自然法則による合理主義の落ち着いた聖堂として、**覚醒**に突入した。そして空想的な理想主義と福音主義の信心の潮の干満のような膨張に乗って、新たな米国が生まれ変わった。

第三次大覚醒（一八八六―一九〇八年、絶頂期は一八九六年）の始まりは、ヘイマーケット事件と世界的な学生宣教者運動の開始によるものだった。そして農民の抵抗運動と都市労働者の暴動が、混乱の一八九〇年代に火をつけた。一八九〇年代はヘンリー・スティール・コマガーが「文化の分水嶺」と呼び、リチャード・ホフスタッターがその時代に成長した者にとって「焼けるような経験」とした一〇年間だった。ウィリアム・ブライアンが信仰復興論者として大統領選に出馬すると、触発された若者の集団が、古い価値観に挑戦した。隣保事業家が貧者を助け、不正追及者は不道徳な体制派を非難し、フェミニストは「新しい女性」を賞賛したのだ。一九〇七年の恐慌から経済が急速に回復すると、米国全体の雰囲気は安定した。しかしこの精神的な動乱は、消え去る前にバイブル・ベルトやグリニッジ・ヴィレッジ、全米国人地位向上協会、世界産業労働者組合を産み出した。米国はヴィクトリア朝の黄昏《たそがれ》の「鉄とコルセット」の心情に包まれて大**覚醒**に突入した後に、新世紀の夜明けのスポーツ熱や生気論、ユートピア的理想主義と共に生まれ変わった。

意識革命（一九六四―一九八四年、絶頂期は一九七四年）は、都市暴動や大学キャンパスでの「言論の自由運動」、初のベトナム反戦運動、米国の制度的秩序に関する新たな激しい論議で始まった。一九六〇年代が進むと、熱気はサマー・オブ・ラブ（Summer of Love）や、ドラッグとヒッピーのカウンターカルチャーと共に強くなっていった。ケント州立大とジャクソン州立大の暴力事件の後、まとまりなく動いていた反体制の雰囲気は、ウォーターゲート事件と米国史上初の大統領辞任で頂点を迎えた。一九七〇年代はその後、熱意は内向きのものになった――人間性回復運動、離婚革命、ライフスタイルと価値観のニュー・エイジ的な転換、新たなナルシシズム、そして不定愁訴《ふていしゅうそ》として知られることになった、じりじりする悲観的な時代思潮である。熱気は一九八〇年代初期に過ぎ去った。これはかつてのヒッピーが、豊かなヤッピー予備軍となった頃だった。大**覚醒**に突入した時、米国の世界での評判は「その制度は、その文化が想像できるものならばすべてつくり出せる」というものだった。そして正反対の評判と共に、米国は大**覚醒**から姿を現したのだ。

米国でのサエクルム

次ページの表に、英国系米国人の歴史を通じた自然の世紀のリズムを示した。米国の祖先は、五つの世紀をまっとうした。そして今日の米国は、第六のサエクルムの大**覚醒**を終えている。

英国系米国人のサエクルム

サエクルム	危機の絶頂期から覚醒の絶頂期までの期間	覚醒（絶頂期の年）（全期間）	覚醒の絶頂期から危機の絶頂期までの期間	危機（絶頂期の年）（全期間）	危機と危機の絶頂期の間の期間
中世後半				薔薇戦争（一四八五年）（一四五九―一四八七年）	
宗教改革	五一年	宗教改革（一五三六年）（一五一七―一五四二年）	五二年	スペイン無敵艦隊危機（一五八八年）（一五六九―一五九四年）	一〇三年
新世界	五二年	清教徒の覚醒（一六四〇年）（一六二一―一六四九年）	四九年	名誉革命（一六八九年）（一六七五―一七〇四年）	一〇一年
アメリカ独立革命	五二年	大覚醒（一七四一年）（一七二七―一七四六年）	四〇年	アメリカ独立革命（一七八一年）（一七七三―一七九四年）	九二年
南北戦争	五〇年	超絶主義の覚醒（一八三一年）（一八二二―一八四四年）	三二年	南北戦争（一八六三年）（一八六〇―一八六五年）	八二年
大国化	三三年	第三次大覚醒（一八九六年）（一八八六―一九〇八年）	四八年	大恐慌と第二次世界大戦（一九四四年）（一九二九―一九四六年）	八一年

二〇〇〇年代	三〇年	（一九七四年） 意識革命 （一九六四―一九八四年）	五一年？	（二〇二五年？） 二〇〇〇年代危機？ （二〇〇五？―二〇二六年？）	八一年？

ここで、力強い二行程の振り子のような動きに注目して欲しい。一〇三年、一〇一年そして九二年という最初の三つの循環の期間は、ローマ人の暦のサエクルムとほぼ一致している。第四と第五のものは少し短い八二年と八一年というものだが、それでもケンソリヌスが定義した自然のサエクルムとほぼ同じもの――長生きの人の寿命――だ（次の章では、一九世紀初頭以降なぜ世紀がやや短くなったかを示す）。トインビーによる世界のサイクルに関して、先に示した疑問を振り返ってみよう。フランス革命と北太平洋条約機構《NATO》は、一つの世界の世紀を構成するのか、それとも二つの世紀なのか？米国の経験から考えると、循環を研究する学者は他の社会のものと同様に、後者の可能性を考えるかもしれない。

世紀のリズムは、二一世紀の第一四半世紀における新たな米国の**危機**を予言している。これは対日戦勝の日に幼児だった者（ニュート・ギングリッチやボブ・ケリーなど）の寿命と重なっている。来たるべき**危機**の時代は、恐らく二〇〇〇年代中盤から二〇二〇年代中盤に及ぶだろう。その絶頂期は、二〇〇五年以前でも二〇二五年以降でもなさそうである。三二年間と五二年間という期間が、英国系米国人の歴史における、二つの絶頂期の間の期間として最短・最長のものだからである。

戦争の循環を理論化している研究者も、同様の結論を引き出している。ウィリアム・トンプソンの計算では、「戦争と戦争の間の平均期間」はほぼ八〇年だという。ここから出した彼の結論は、「直近の一九四五年の戦争終結から八〇年後を考えると、二〇二五年は歴史上の証拠からみた合理的な予測と言える」というものだ。モデルスキーとフェラーは、それぞれ二〇三〇年を次の大戦争、または世界大戦の震源時になりそうだと見積もっている。長周期循環のもう一人の研究者である南カリフォルニア大のジョシュア・ゴールドスタインも、「大国間戦争が発生する危険性は、二〇二〇年代付近で最大になるだろう」と同意している。**危機**が必ずしもハルマゲドンのイメージが示すような恐ろしいものではないにせよ、この期日は示唆《しさ》に富んでいる。サエクルムにおける最後の四半期は、全面戦争を必ず伴うものではない。しかしそれは大きな断絶、つまりエクピロシス（ekpyrosis）――旧秩序の死と新たなるものの再誕――を求めるのだ。世紀における冬は、まさに試練と苦難の時代である。しかし必ずしも悲劇的になるわけではない。破壊を生み出すが、まれに見る未来像や英雄、そして人を取り巻く情況が、突然向上する可能性も出てくるのだ。

　われわれは世紀のリズムが、おおよそのものでしかないことに慰めを求めるべきだろう。もしそれが正確であれば、物理的時間による単純で無機的な領域の中で、人間による事件が存在していることを示すことになる。そうなればわれわれの社会は、軌道上の彗星やメトロノームの刻む音くらいの面白さしかないものになってしまう。ところが実際には社会が複雑で有機的な自然の時間の領域にあることを、不正確なサエクルムは示している。この領域のさまざまな事例を、自然は提供している。心臓の鼓動、開花、雀の羽毛の生えかわりなどである。単なる呼吸という行為ですら、数多くの生理学的なフィードバックが含まれている。血液化学や神経信号、ホルモンのバランス、体温といったものである。そのタイミングを高い精度で調整したり予測することは誰にもできない。しかし呼吸の各段階は適切な秩序を持ち、大枠で正しい時に次の段階に進まなければならない。さもなくば、人は即死する。

サエクルムと同様に、歴史も潮の干満の連続で動いていく。その進み方は周期的だが、正確に固定されたものではない。モデルスキーは戦争の循環に関する研究をマクロ時間政治学（chronomacropolitics）と呼んでいるが、これを自然の循環に関する研究（時間生物学）にたとえている。冬が多少早く、または遅く到来したとしても、どのような段取りで木の葉が落ち、鳥が渡りをして小川が凍るかを予測することは可能だ。こうしたことを正しく予測して、人は過酷な季節の到来に備えることができるのだ。

しかし予測には理解が必要だ。物理的な時間ならば、循環が存在する理由を知る必要はない――それはただ存在するだけだからだ。自然の時については、循環のリズムとその構成要素を感じる必要がある。われわれは、サエクルムがただの荒っぽい偶然の一致ではないことを確信しなければならない。またサエクルムが最近の革新によって、時代遅れのものになったわけではないことも確信しなければならない。多国間の平和維持活動や、ニュー・エイジ的な認知、デジタル技術、市場の国際化も、それには無関係だ。

こうしたことを理解するために、われわれはサエクルムの外面的なタイミングを超えた、内面のダイナミズムを学ぶ必要がある。そして歴史を内から外に向かって見るのだ。それには歴史の季節と人間の生命の季節の間にある関連性を見出すことが鍵だ。逆説的なことに、現代の歴史は大国が創り出したリズムに沿って動くわけではない。膨大な経済や軍事力、制度組織も関係ない。それは自然が各個人と調和した結果である、自然のリズム、生命自身のリズムに沿って動くものだ。

第三章　人生の季節

「人生のレースのコースは固定されている」と書いたのは、晩年のキケロだった。彼は「自然には一本の道しかなく、その道を駆けることができるのはたった一度だけだ。生存の段階にはそれぞれ、適切な特質が割り当てられる」と述べている。あらゆる文化と時代のすべての階級と人種にとって、歳をとるという経験は、人間であるために付随する普遍の性質である。中国の哲学者である林語堂《りんごどう》によれば「生物学の観点から人生は詩のように読むことができると言っていい。独自のリズムと鼓動や、成長と衰亡の内なる循環がある」のだ。

古代人は、キケロの言う「段階」と林語堂の「リズムと鼓動」を、人が歳をとる様を描くことで理解していた。それは自然や社会を、四つの部分に分かれた円として描くものだった。北米の原住民社会の中には、人生は四つの丘（幼年期、成人期、成熟期、老年期）として経験されるとする社会がある。それぞれが一つの風と季節に対応し、独自の問題と頂点、解答を持っているというのだ。ヒンズー教徒にとって人生は、四つのアーシュラマ（ashramas）、つまり社会と精神における、成長の四段階をめぐる旅である。ピタゴラスは、人生を四段階の循環として解釈した、西洋の最初の思想家の一人だった。各段階は約二〇年で、それぞれが季節と関連付けられていた。幼年期の春、青年期の夏、中年期の収穫の時、そして老年期の冬である。ローマ人も同様に、生物的にみたサエクルムを四段階に分けていた。プエリティア（pueritia：幼年期）、ユベンタス（iuventus：青年期）、ヴィリリタス（virilitas：成熟期）そしてセネクタス（senectus：老年期）である。

人生の循環を四つの季節に模することは、現代においても文学や哲学、心理学でよく見られる。「比喩《ひゆ》として、一年間の季節と人生の季節の間に関係があることは誰にでも理解できる」と社会学者のダニエル・レビンソンは述べており、「それぞれの季節には然《しか》るべき場があり、その特性をもって全体に貢献している。それぞれが循環全体のうちの有機的な一部なのだ。そして過去と未来をつなぎ、その二つを内包している」と記している。カール・ユングも同様に、「人生の弧」を「四分割できる」としている。

人生の循環を自然の季節と結びつけることは、個人の過去を個人の未来とつなぐためだけのものではない。われわれ自身の人生を、より大きな社会の劇的な情況の中に位置づけるためでもある。現代の歴史には独自の季節――独自の雨期、熱暑期、乾期、寒冷期――がある。一つの人間集団が雨期に成長し、寒冷期に成人した時、何が起こるだろうか。また後に別の集団が乾期に成長し、熱暑期に成人したとしたらどうであろう。歴史の季節が様々な人生の季節を形成するのだから、結果としてさまざまな世代（generations）が生まれることになる。より深く言うなら、歴史の季節は固定されたパターンで到来するのだから、世代もまた固定されたパターンで到来することになる。そしてこれは、四つの原型《アーキタイプ》（archetypes）が繰り返されるような循環となる。古代の気質と、いまも残る神話を起源として、こうした原型《アーキタイプ》は個人の時間を社会の時間と結びつけている。歴史の季節によって若き日に造り上げられた四つの原型《アーキタイプ》は、こうした季節を同じ順番で再創造する。そして後の世代は、次々と人生を歩んでいくのだ。

八〇年の旅

「歴史などない。伝記があるだけだ」としたのは、ラルフ・ワルド・エマーソンだった。人間は大部分の場合において、遠く離れた時代や場所についての記録から何も思い起こさない。エマーソンは、個々の人間が生きていく上では個人として問題に対峙した場合にどのように向き合ったかということにしか興味がないのだと記している。人はほぼ全員、同じような期間続くであろう人生の旅に乗り出す。人はほぼ全員が、四つの人生の季節を通り抜けていくと思われている。この季節はピタゴラスが三〇〇〇年近く前に四つに分類したものと、いまもほぼ同じである。ギリシャ・ローマ時代には、人生の循環には四つの季節があり、それぞれが二〇年から二五年の長さを持っているとされた。それは今日も同じである。

現代における平均寿命の伸長も、こうした人生の段階をより長くはしてはいない。平均寿命の伸長は、幼児や子供、若者の死が劇的に減ったことに大きく依るからだ。幼い頃に疾病や栄養不良に悩まずに済むようになっただけで、実際は男性も女性も寿命の長さはほとんど変わっていない。旧約聖書は「我らの命数（the days of our years）」を「七〇年」か「八〇年」としている。保険統計表によれば、今日でも普通の五〇歳の米国人は、この二つの年齢の間で最後の誕生日を迎えると考えられている。さらに言えば、人生の段階はその段階を全うする人間が増えたからというだけで、それが根本的に変化するわけではない。ユングは「長寿が人類という種にとって意味をなさないなら、人間が七〇歳や八〇歳まで生きるはずがない」と看破した。全新生児の五％ではなく、五〇％が八〇歳になるまで生きても、このユングの言葉の意味は変わらない。ただし、自然は各部族に最低でも数人の老人がいることは望むが、何人いるかは特に気にしないのだ。

人生における各段階の長さを決めるものは、社会や生物としての生命体の力強さを示す、通常の「死亡年齢」とはあまり関係ない。過去二世紀にわたり平均寿命は伸長したが、実際にはその動きは別の方向にむけて変化した。寿命の伸びの速度が増した結果、人生の初期三段階がわずかに短縮されるようになったのだ。こうしたことが同じ期間に発生したため、サエクルムも一〇〇年から八〇～八五年に短縮されることになった。

当然のことながら、人生の各段階にはまったく新たな社会的役割と自己イメージがあり、その段階に達した者にそれが授けられる。だれかに「年相応に振る舞え」という時は、いつもこの役割とイメージを訴えているのだ。各自の人生の季節に沿った行動の理想を描くため、一七世紀の道徳家はテンペスティヴィタス（tempestivitas）という教理さえ発明した。人生の季節の間を移行することの重要さを強調するため、どの社会もさまざまな通過儀礼の仕組みをつくった。これは、新たな社会的アイデンティティを伴う、新たな義務と特権へと導くものである。

最初の季節は幼年期、人生の春だ。成長と学習をなし、力を獲得する。保護を受け、老人の命令の下に伝統を吸収する時だ。米国史において、子供と大人の間にある遮蔽《しゃへい》物は何度も強化されてきた（一八五〇年代と一九二〇年代、そして現在である）。またそれが弱められたこともある（一八九〇年代と一九七〇年代)。最近の公衆衛生と小児医療の改善によって、かつて子供が直面していたリスクや負傷は減少した。しかし、子供の社会における役割が根本的に変わったわけではない。

幼年期は、人生で最も有名な通過儀礼である「成人の時」(the coming-of-age moment)で終わる。これはローマ人がアダレセンティア(adulescentia:文字通りの意味は「成熟」や「炎上」)と呼んだものだ。多くの伝統的社会は、この時を短時間の痛みや恐怖、孤立を使って儀式化している。これは子供としての死と大人としての再誕を儀式化したものだ。現在の米国では、この通過は一連の複数のイベントに拡張され、若者から大人に徐々に順応できるようになっている(バル・ミツワー[bar mitzvah]、堅信礼[confirmation]、初めての運転免許、初めての就職、初めての投票、高校や大学の卒業、生まれ育った家からの引っ越し、軍隊への入隊など)。成人の時はまた、若者が親の代わりに友人からの承認を得ることを学ぶ時でもある——この変化によって、世代によるアイデンティティがつくり出されるのだ。エール大学のライフサイクル研究者のジョン・ショーウォルターは、「子供から大人に移り変わることは、仲間の橋を渡ることだ」としている。アダレセンティア(成年:文字通りだと熟成)の年齢は米国史を通じて変化してきたが、全般的な傾向としてはわずかに下降ぎみである。生物としての青年期(adolescence)の年齢(女性の場合は初の月経、男性の場合は思春期)は、過去二世紀で三年若くなったと推定されている。若者が投票を始め、契約書にサインし、借金を負い、市場経済に入る平均年齢も、同様に若くなっている。

この青年期の橋を渡ると、「成人期」つまり人生の夏がやってくる。これは夢と理想をプロジェクトと計画に変換する年齢である。職業キャリアを始め家庭を持ち、軍務につき、社会に力とエネルギーをもたらす年齢だ。ダニエル・レビンソンはこの年齢を人生の循環における季節として、「幼児期の感情的な関わり合いと争いに捕らわれ」つつも「家族や労働、社会からの要請に対応するべく苦闘する」時期としている。若者を職業キャリアや結婚に取り込むことがスムーズかつ迅速に行われていた時代（一八八〇年代と一九五〇年代）もあった。他の時代（一九二〇年代と一九九〇年代）には、この過程《プロセス》は不確かで時間のかかるものだった。結婚や、生まれ育った家を出る平均年齢は、現在比較的高くなっている。しかし一九五〇年代における結婚や職業キャリアを始める年齢は、米国史で最も若いものだった。長い目で見ると、この段階の出発点はやや短縮されている。たとえば一九世紀を通じて、大学生と兵士の平均年齢は二〇代半ばであった。一九六〇年代における大学生と（ベトナムでの）兵士は、どちらもの場合も二〇歳未満であった――こうした者の年齢としては、米国史で最も若いものだ。

次に来るのが「中年期」という偉大なる収穫期である。ヘンリー・アダムズが「人生の小春日和……少し明るく少し哀しい、あの季節のように」と言ったものだ。トーマス・ハーディは中年期を「人生の時における中心であり、周縁部にあるものではない」としている。ホセ・オルテガ・イ・ガセットの言葉でいう「支配」である。ライフスタイルを決定し、理想と夢を実行し、プロジェクトと計画を実現し、若き成人を導き、子供のために模範となるものを定める時だ――そしてダニエル・レビンソンは「権力という衣《ころも》を纏《まと》う時」としている。これは個々の人間が、もはや自分たちは台頭中の世代ではないと実感する時でもある。肉体的な加齢の最初の兆しを感じて、生物として盛りの時期を過ぎつつあると実感するのだ。中年期はカール・ユングの言う「個体化」をもたらす。「人としての価値観、そして肉体すら、正反対のものに変わっていくことが多い」時でもある。

中年期が始まるのは何時だろう? 多くの権威ある人（ブラウン、オルテガ、ユング、レビンソン）によると、四〇歳から四五歳の間のいずれかの時点で始まるという。アリストテレスは、人は肉体的な頂点に三五歳で達し、精神的な頂点は四九歳だと記している。平均を取れば四二歳である。過去二世紀にわたり米国で、中年期の役割が始まる年齢は徐々に下がってきている。南北戦争の前、新たに選出された大統領の年齢は、平均で五八歳だった。それ以降の平均は五四歳になっている。一九世紀を通じて、最も若い大統領（ユリシーズ・グラント）は四六歳で就任した。二〇世紀では三人の大統領（セオドア・ルーズベルト、ジョン・F・ケネディ、ビル・クリントン）は四二歳から四六歳の間に就任している。大きな変動が四〇歳代初期の指導者の役割に起こっている。一九六〇年代、そうした指導者は政界では非常に力を持っていたが、今日は文化面でより力を持っている。

大部分の人にとって、人生は「老年期」、つまり人生の冬で終わる。余暇と回想に勤しみ、職業キャリアと家族について手の掛かる義務から離れ、権力を若い世代に手渡す時である。オグデン・ナッシュが「老年期が始まり／中年期が終わる／下り坂を行く日／友よりも歳をとり」と詠んだようなものだ。しかしこれは模範を定め、知恵を手渡し、財産を贈り、社会で最高位の指導者の座に就いていることを利用する時でもある。仕事や家庭の退屈な重荷から解放された多くの老人は、一歩引いたところから広い視野をもって、あらゆる社会が必要とする知恵を提供できる。この理想は、いまもわれわれが使う「上院・元老院（senate）」という言葉に残っている。これは古代ローマ人のセナタス（senatus）を今日の言葉にしたもので、元々は「老人の集会」という意味だった。

今日の米国では、七〇歳代、八〇歳代まで生きる人の割合は非常に高くなった。しかし老年期の始まりの区切りとなる主要儀式は、過去よりも早く行われるようになっている。一世紀前における引退とは、くたびれきって働けないことを意味していた。いまは魔法を使ったかのように、活発に遊ぶイメージがある。五〇年前には六五歳から六九歳のすべての人のうち、三分の二近くが雇われていた。いまでは求職活動すら、四分の一しか行っていない。老人の社会における役割は、時代によって変わることが多い。一九六〇年代から一九九〇年代にかけて、老人が持つ政治への影響力は増した。しかし老人が持つ文化への影響力は、それに比例して低下したのだ。

季節と同様に、人生の四段階もお互いに混じり合い、変化をつくり出すリズムに導かれている。季節の長さが冬至から春分、夏至から秋分の時間で決まるなら、人生の循環の各段階の長さは、誕生と若き成人となるまでの間の時間によって決められる。この段階についての米国社会における儀式を使った認知は、今日、二一歳の大学を卒業し、職業キャリアを始める時に行われる。その後は自分のことを自分で決められる大人だと見なされる。人生における最初の段階の長さは、他の段階の長さも決める。子供の集団が成人になってしまえば、その集団こそが若き成人である。そして年長者に中年期の社会的役割を課するのだ。現在こういうことが起こるのは、年長者が四二歳になった時で、これは米国の歴史（憲法ではないが）が、大統領として許容可能としている最低年齢でもある。そして中年期に入った集団が順繰りに、上の集団へ老人の役割を割り振る。この役割は現在六三歳あたりで始まり、政府から初めて老齢給付金を受け取る年齢の中央値である。

老年期の中でも高齢まで生き延びられた人の割合が過去五〇年で非常に拡大したので、新たな人生の段階を定めるのも一考すべき問題であろう。これが晩期老年期（late elderhood：八四歳以上）である。晩期老年期にある者の社会における役割は、主に依存することで、他者から慰安されることである。今日の米国において資源の消費以外で、極めて高齢の人間が人生の循環における四つの段階の動きを変えることはほぼない。もし晩期老年者の数が増加し続け、集団として積極的な社会的な役割を主張するなら、サエクルム（と歴史）への影響は大きなものになり得る。

現代の米国における、人生の循環の各段階と社会的役割は、以下のように要約できる。

●幼年期（プエリティア　〇～二〇歳）　社会的役割：成長（養育を受け、価値観を身につける）
●成人期（ユベンタス　二一～四一歳）　社会的役割：活力（組織制度に仕え、価値観を吟味する）
●中年期（ビリリタス　四二～六二歳）　社会的役割：権力（組織制度を管理し、価値観を用いる）
●老年期（セネクタス　六三～八三歳）　社会的役割：指導者（組織制度を指導し、価値観を受け渡す）
●晩期老年期（八四歳～）　社会的役割：依存（組織制度から慰安を受け、価値観を記憶する）

最初の四つ（幼年期から老年期まで）が、人生の循環における四段階を構成する。この四段階を合わせた長さはおよそ八四年で、これは独立革命に始まる米国の一個サエクルムの長さに合致する。

世代と歴史

人生の循環における季節性のおかげで、世代の発生が可能となる。この仕組みを見るために、人生の四段階すべてが明確に定義され、厳密に役目が決められている、伝統社会のケースを考えてみよう。新たに生まれた人生の段階の集団はすべて、先代の集団が為したのとまったく同じようにその社会的な役割——成長、活力、権力そして指導者——を果たそうとする。特殊な世代は特に存在せず、人生の循環に関する独特の出来事も、伝記にするような創造的な道のりもない。

ではこの社会が突然、カール・マンハイムが「具体化の瞬間」(crystallizing moment) と呼んだ「大事件」(Great Event) に見舞われたと想像して欲しい。これは、何らかの緊急事態であり、社会に及ぼす結果があまりに深刻なために、社会の構成員すべてを変容させてしまうようなものである。ただし、それらがどう変容するかは、それぞれの世代が人生のどの段階にいるかによって変わってくる。

子供にとってのこうした反応は、畏敬《いけい》の念を持って年長者に従うことになるかもしれない（そして彼らの邪魔にならないようにする）。若き成人は武器を取り、命がけで敵に立ち向かうだろう。中年期にある者は、兵を組織し、銃後の国民をまとめ、社会を動員して最大限の努力をなす。老人は戦略を立てて、高次の目的を明確にするだろう。「大事件」によるストレスは、各自がなすべき社会的な役割によってさまざまな感情への刷り込みを残す——この違いは、各集団の内部での相互影響によっても強化される。子供には互いの恐怖が、若者は互いの勇気が映し出される。中年期にある者には互いの力量が、高齢者には互いの知恵が映し出される。

「大事件」が成功裏に解決されたら、その不朽の記憶は人生の各段階にいる集団それぞれに、独自の歴史上の立ち位置を授けることになる。これは、世代にとっての外的人格《ペルソナ》（persona）である。特に若き成人は英雄の集団とされ、そこには偉大な神話が後にわき上がってくる。この英雄の集団が中年期に達すると、その指導者は先代よりも傲慢《ごうまん》さを見せることになる。そして高齢者になると、社会からの報酬をより多く求めるのだ。一方それに続く世代――大事件の間は恐れおののいていた子供――は、人生の循環におけるその後の段階で、謙虚な外的人格《ペルソナ》を持つようになる。そして社会的役割も、その謙虚さに沿う形に変えてしまう。大事件の直後に誕生した世代は、希望に満ちた眼差しで見られるだろう。彼らのために困難に打ち勝ったという、黄金時代の子供だからだ。そして大事件が時を経てさらに繰り返されると、今度はこの世代が、自分たち自身の基準に適うか否かで若い世代を判定するようになる。

この説明を最新かつ具体的なものにしたいのなら、今日の米国人は第二次世界大戦を思い起こすだけでいい。あの戦争は、関係したすべての世代に深い影響を与えている。次ページの表を見て欲しい。

第二次世界大戦は、当時生きていたすべての者に対して、人生の各段階における社会的な役割について大きな影響を残した。伝道師（Missionary）のような高齢者は、長年守られてきた展望の守護者とされた。ヘンリー・スティムソンやジョージ・マーシャル、ダグラス・マッカーサー、アルバート・アインシュタインらと同世代の人々は、時代の「老賢人」とされた。彼らは米国の記憶の中で、先の革新主義の世代とは別物だと認識されている。戦争によって中年期にあった「喪失の世代」は、

米国の世代と第二次世界大戦

世代	誕生年	代表的な人物	世代としての第二次世界大戦との関係
革新主義者	一八四三〜一八五九年	ウッドロー・ウイルソン	戦前の高齢者（失敗に終わった国際主義者）
伝道師	一八六〇〜一八八二年	フランクリン・ルーズベルト	高齢の指導者（理に適った預言者）
喪失	一八八三〜一九〇〇年	ドワイト・アイゼンハワー	中年の将軍（プラグマティズムの管理者）
兵士	一九〇一〜一九二四年	ジョン・F・ケネディ	台頭中の成人の兵士（意欲的な英雄）
沈黙	一九二五〜一九四二年	マイケル・デュカキス	保護された子供（礼儀正しい協力者）
ベビーブーマー	一九四三〜一九六〇年	ビル・クリントン	戦後の子供（勝利の赤ちゃん）
第一三代	一九六一〜一九八一年	トム・クルーズ	戦後の子供（失われた公徳の象徴）
千年期《ミレニアル》	一九八二〜二〇〇二年（?）	二〇〇〇年代組	戦後の子供（最後の戦争世代との直接的なふれ合い）

大きな仕事を為すことができた。彼らはジョージ・パットンやハリー・トルーマンのような人たちの勇気ある功績に脚光を当てて、中々はっきりしなかった同世代人の集団としてのアイデンティティを明確なものにした。勝利によって若き成人の「兵士の世代」（G.I.s）は世界の征服者としての自信を手に入れて、「見返りを求めない」公徳と、「偉大な社会《グレイト・ソサイエティ》」でのチームワークの評判を広めた。そして後には、すべての米国人の世代の中で最長の大統領任期を獲得した。この戦争で「沈黙の子供たち」（Silent children）には、慎重さと敏感さが生まれた。これによって彼らは生涯にわたり、プロセスや公平さ、芸術的な表現にこだわる外的人格《ペルソナ》をまとうことになった。

第二次世界大戦が社会に及ぼした影響はそれほど大きかったので、世代間の境界がいくつも決められるようになった。「兵士の世代」（G.I.s）には、この戦争で戦闘を目撃したほぼ全員が含まれる。対照的に「喪失の世代」（The Lost）には、前の世界大戦で戦闘適格者が含まれる。「沈黙の世代」（the Silent）は第二次世界大戦を個人的には記憶し徴兵されたかもしれないが、戦闘行動にはあまり縁がなかった者たちである。「ベビーブーマー」（Boomer）の中でも一九四三年頃に生まれた初期集団には、最初の「勝利の赤ちゃん」（victory babies）が含まれる。彼らは最初から桁外れの楽観主義で育てられ、幼すぎて戦時における父の不在を思い出せない者たちである。

あの叙事詩のような戦争の象徴的な記憶は、もちろん後に生まれた世代に影響し続けるが、その響きは段々と小さくなっていく。「兵士の世代」が引退した後の「第一三代の世代」（the 13th Generation）は英雄を持たず、戦争時代のコミュニティ意識を忘れてしまったと大人に批判されながら成人になった人々だ。いま子供である「ミレニアル世代《千年紀》」（Millennials）は、「兵士の世代」と個人的に接触することが多かった最後の世代になるだろう。「兵士の世代」の古き公的な価値観は、家族や学校、教会、メディアによって繰り返し強調され続けている。しかし次の世代の時代には、第二次世界大戦は純粋に歴史の産物となり、その世代の生活からは縁遠いものになるだろう。これは「沈黙の世代」の子供たちにとっての南北戦争と同じである。

「大事件」とその反響が時の移ろいとともに消えていくと、何が起こるのか？　伝統的な社会では何も起こらない。新たな大事件がなければ、世代は徐々に消えていく。二一年後には事件によって形成されたとはっきりしている世代のうち、三つの世代しか生き残っていない。四二年後には、二つの世代しか残っていない。六三年後には、当時子供であった者しか事件を思い出せなくなっている。八四年後にはわずかな怒りっぽい者が残って、かつての栄光についての個人的な記憶を伝えているだけだ。その頃には社会の惰性によって、すべての年代の人は特別な世代が存在しなかった頃の人生の循環に戻る。数え切れないほど多くの古代の叙事詩において、こうして時が歴史物語の幕を下ろすのだ。

しかし現代社会では、新たな「大事件」が極めて規則正しく起こり続ける。これはサエクルムにおける夏至と冬至、つまり**危機**と**覚醒**だ。五世紀にわたる英国系米国人の歴史において、五〇年（人生の段階二つ分の期間）以上の時間が、**危機**も**覚醒**もなしに過ぎ去ったことはない。このようにしてすべての世代は、人生の第一段階か第二段階において、**危機**か**覚醒**のどちらかによって形成されてきた。そして人生の循環における段階の何処かで、**危機**と**覚醒**の両方に遭遇してきたのだ。

次ページの表では、このことが二一世紀の米国にとって明確な事実であることがおわかりいただけると思う。

最近の世代と歴史上の立ち位置

時代		主要な事件	老年期に到達 （六三〜八三歳）	中年期に到達 （四二〜六二歳）	成人期に到達 （二一〜四一歳）
一九〇八〜 一九二九年	（危機）	四つの自由 第一次世界大戦 禁酒法 進化論裁判	**革新主義者の世代** ウッドロー・ウィルソン ジョン・デューイ	**伝道師の世代** ハーバート・フーヴァー アンドリュー・ボルステッド	**喪失の世代** アル・カポネ F・スコット・フィッツジェラルド
一九二九〜 一九四六年		大恐慌 ニュー・ディール政策 真珠湾攻撃 Dデイ	**伝道師の世代** フランクリン・D・ルーズベルト ダグラス・マッカーサー	**喪失の世代** ジョージ・パットン ハンフリー・ボガート	**兵士の世代** ロバート・オッペンハイマー ジェームズ・ステュアート
一九四六〜 一九六四年	（覚醒）	マッカーシズム レヴィットタウン 豊かな社会 リトルロック高校事件	**喪失の世代** ドワイト・アイゼンハワー ノーマン・ロックウエル	**兵士の世代** ジョン・F・ケネディ ウォルト・ディズニー	**沈黙の世代** マーティン・ルーサー・キング・ジュニア エルビス・プレスリー
一九六四〜 一九八四年		ケント州立大銃撃事件 ウッドストック ウォーターゲート事件 納税者の反乱	**兵士の世代** リンドン・ジョンソン ロナルド・レーガン	**沈黙の世代** グロリア・スタイネム ウッディ・アレン	**ベビーブーマーの世代** アンジェラ・デイビス ジム・モリソン
一九八四年〜？		ペレストロイカ 国家債務 文化戦争 O・J・シンプソン裁判	**沈黙の世代** コリン・パウウェル マリオ・クオモ	**ベビーブーマーの世代** ウィリアム・ベネット キャンディス・バーゲン	**第一三代の世代** メアリー・ルー・レットン カート・コバーン

幼年期に到達（〇～二〇歳）	兵士の世代 ジャッキー・クーパー 少女ポリアンナ	沈黙の世代 シャーリー・テンプル ちびっ子ギャング	ベビーブーマーの世代 ジェリー・マシューズ スポック博士の育児書	第一三代の世代 テイタム・オニール ローズマリーの赤ちゃん	ミレニアルの世代 ジェシカ・マクルーア バーニー&フレンズ

第二次世界大戦の絶頂期から、約四〇年後に関心を移してみよう。それはサエクルムにおける次の「大事件」である、戦後の意識革命（Consciousness Revolution）の終末である。一九四〇年代初期から一九八〇年代初期にかけて、各世代は二つの人生の段階を経ている。かつて現役だった「喪失」と「伝道師」という二つの世代はすでに退場し、かつては生まれていなかった「ベビーブーマー」と「第一三代」という二つの新世代が遂に登場したのだ。

この大覚醒――ルールを破り、精神を祝福し、社会の規範を捨てることへの社会全体の強迫観念――は、再び世代を定義することになった。しかしその方法は、先の危機とはまったく違うものだった。第二次世界大戦当時の六五歳の人間は、道徳家で未来を見通せる者だった。意識革命のいま、合理主義で体制側を擁護する者である。かつて四五歳の人間は、報われない中年のプラグマティストだった。いまや彼らは中年期の「旅」（passages）における敏感な航海士である。かつての二五歳の人間は、軍服を着た兵士だった。いまは説教好きのナルシストだ。では子供は？　保護された「ぶりっ子」は消え去り、代わりに一生懸命成長している「鍵っ子」がいる。

約四〇年ごとに人生の各段階における外的人格《ペルソナ》は、先に通過した世代が確立したものとはほぼ正反対のものになる。近代の始まり以降、このリズムは健在である。エリザベス一世による治世の初期に生まれた英国の子供は、野心に満ちた帝国の建設者として成人した。その治世の晩期に産まれた子供は、神聖性（holiness）にこだわった。二世代後、名誉革命時の米国の若者は、回心（spiritual conversion）をめぐってチームワークを好んだ。大覚醒時の若者は、その逆だった。超絶主義の**覚醒**において、若い成人は老人の情念を攻撃しようとした。南北戦争の**危機**では、若い成人は老人の攻撃を浴びた。この若い世代が成人する時の（生活や政治、文化への）態度は、大部分が先の世代の若い時のものと似たようなものだと考える人もいるが、これは正しくない。五〇〇年前にさかのぼってみても、そうしたことが起こっていないからだ。

世代が歳をとることとは、過去のリズムを未来のリズムに移しかえることだ。これによって各世代が歴史によって形成されるだけではなく、後の歴史が各世代によって形成される理由が説明できる。世代が歳をとることで、社会が変化する速度を調整できる。伝記で親しみを持っていただけの人の人生を、社会や政治における雄大さを語る歴史と結びつける。このような仕組みはすべて、世代がサエクルムから生まれることを教えている。

世代と歴史の結びつきがそれほど強いものならば、なぜ人々はそれを常に意識してこなかったのだろうか？　いや、人々は確かにそれを知っていた。ただ古代世界では、家族の血統と同世代の集団が混同されて明確になっていなかっただけだ。また近代において発展を推し進める者は、その発展を台無しにするリズミカルな力を認めたがらなかった。

記録に残っている歴史の黎明期《れいめいき》において、世代（日でも月でも年でもなく）は世界中で社会における時間の基準だった。先史時代のエーゲ海の神話を詩として写し取る時に、初期のギリシア詩人はみな世代の移り変わりを使って、ガイア、ウラノス、クロノス、そしてゼウスが次々と登場する様を描いた。アレクサンドリアのフィロンは、伝説上のフェニキア創建を描いたが、物語をゲノス（Genos）という最初の支配的な男神の話から始めている。旧約聖書は創世記から始まり、まず宇宙を創り出した。それから後は、時間を世代の連なりで測っている。各世代は次世代を創り育てていくのだ。同じような世代による時計のような仕組みは、エジプトやバビロニア、ペルシア、ケルト、チュートン、スラヴ、ヒンズーの神話や伝説にも見ることができる。

古代社会において、世代という言葉が何を意味しているかはっきりしないことが多い。この言葉のインド・ヨーロッパ語族での起源である「*gen-*」には、単に「やってくる、存在するようになる」という意味しかない。また名詞としては、存在するようになった「新たな物」全般を指す。人間に当てはめれば、この幅広い概念は別の定義をとり得る。一つの意味は、家族における世代である。血のつながりを持つ一人の親が産み出した者全員のことだ。家族における世代は、血統が問題になった時のためのものだ。これは、ヘロドトスが「三四五世代にわたる」エジプトの僧侶や、「四代目」の継承者と言った場合に当てはまる。他の意味としては、社会における世代がある。これは、自然や社会が同時期に産み出した者全員のことを示すのである。社会における世代は、仲間としての集団全体が問題になった時のためのものだ。新約聖書がいう「毒蛇の世代」やヘーシオドスの金・銀・銅の「世代」がそれに当たる。

世代という言葉の意味をわざわざ明確にしている伝統的な社会はあまりない。血のつながった部族によって社会が構成されるので、区別する必要がほとんどなかったからだ。エリートの間では、新たな結婚はすべて「新たな社会的世代」を意味する。その上、伝統的な環境では世代間に大きな差異が生じることは多くない。そうした差異が発生しても、二つ、または三つの人生の段階が連続して大きな影響を受けることは稀《まれ》だ。こうした短期間であれば、家族における世代の表現の仕方は簡単に（英雄の親、英雄、英雄の子）と述べるだけで間に合う。

ところが近代が到来すると、状況は変わった。そしてほぼ同時期に、ヨーロッパ人は世紀について自覚して語り始めた。また仲間の集団についても明確に議論し始めている。フランス革命に先立つ世紀末退廃感（*fin-de-siècle*）の時に、社会における世代に関する理論が爆発的に登場した。パリのサロンでは何処でも、各世代の長さとそれぞれの生得の権利をどう定めるかについての話に沸き返っていた（その中にはトーマス・ジェファーソンが始めた議論もあった）。

その後一五〇年間にわたり、西洋における最高の知性を持つ多くの者が、社会的な世代という概念を拡張し、詳細なものにしようと奮闘した。そうした者のほぼすべてがオーギュスト・コントの主張に同意した。それは、世代とは近代社会において、社会変化の速度を調整する支配的なものだという主張だった。それまでジョン・スチュアート・ミルは世代を、「教育を受け、幼児期から成長し、社会を占有」する「人類の新たなセット」と定義していた。ヴィルヘルム・ディルタイは世代を、「同時代における関係……共通の幼児期と共通の青年期を持ち、最も活力がある時期が一部重なっているもの」としている。ジュゼッペ・フェラーリはその社会理論のすべての基礎を、彼が社会の長、思考の王そして各世代の支配者（"i capi della società, i re del pensiero, i signori della generazione"）と名付けたものの間の動きに置いている。第一次世界大戦終結直後において、カール・マンハイムやホセ・オルテガ・イ・ガセット、フランソア・メントレ（彼は「社会的世代」という言葉を造り、その著書の名にしている）など多くの者が、かつてない程の説得力を持った世代論を書いている。

進歩に関する新たな理論が台頭すると、ヨーロッパ人は文化や政治の場で生きていく際の世代間の差異について明敏に自覚するようになっていった。一九世紀末のヨーロッパのエリートたちは、いくつもの世代について絶え間なく語っていた。各世代には、議論の的になった著述家や活動家の集団を形成した重要な年に因《ちな》んだ名前がつけられた。（ヨーロッパの）一八一五年（一八四八年、一八七〇年）世代、（ロシアの）一八二〇年世代、（フランスの）一八三〇年世代、（スペインの）一八九八年世代などである。一九二〇年代には大西洋両岸の世代に関する、初の真摯《しんし》な対話がなされた。戦争に苛《さいな》まれたヨーロッパの「一九一四年世代」と米国の「喪失の世代」がパリの同じカフェで席をともにした。第一次世界大戦後に合衆国が進歩にかんする世界的な象徴になると、米国人が世代に持つ興味は、ヨーロッパ人のものを上回り始めた。それ以降の米国のどの世代も、成人する時にはその世代に名前をつけ、特徴を記述しようと努めることになった。

この欧米の経験から確認できるものは、社会の進歩が速いほど世代の問題はしつこく吹き出し続けるらしいということだ。しかし同時に社会が自分のことを近代的だと考えるほど、世代間の変化を確固とした概念だと認めたがらなくなる傾向も出てくる。近代性は未来への合理的な進歩についてのものである一方、世代は人間が意識下に残った、過去に捕らわれたままであることを思い出させるものだ。近代性が社会の統治についてのものである一方、世代間の変化は社会の統治者の目の前で爆発する傾向があるからだ。極端な場合、近代人の政治革命は、いくつもの世代を完全に撲滅しようとすることもあった。その記憶が「間違った」体制に形づくられたという烙印《らくいん》を、市民に押しつけたのだ（カンボジアではこれによって市民が皆殺しにされた）。近代のエリートの多くは、懐疑論という高い障壁を使って、世代が歴史の中で持っていた重要性を封印するだけだった。エリートが世代間の変化を追求しないため、変化が起こると人々は常に驚くように思われた。

米国でこうした驚きは約二〇年に一度やってくるのだが、これは新たな若者の世代が成人する（そして年上の世代が人生の新たな段階に到達する）間隔にほぼ一致する。一九五〇年頃、戦前の市民保全部隊（CCC workers）がみせた連帯感や楽観主義、政治についての積極的行動主義が見られない若者に、米国人は面食らった。一九六〇年代末期に著名な社会科学者であるマーガレット・ミードやケニース・ケニストンは、御しやすいと誰もが思っていた若者が突然みせた怒りに虚を突かれた。一九九〇年代初頭以降の人生の段階の移行は、華やかなメディアのファンファーレ付きで発生している。一連の第二次世界大戦記念行事によって、あるノスタルジックな議論が巻き起こった。それはロバート・パットナムが「偉大な市民世代」（great civic generation）と名付けたものが、「いま退場しようとしている」のか、それともボブ・ドールが求めたような「最後の任務」に着手しようとしているのかというものだった。中年期に入った「ベビーブーマー」は「沈黙の世代」を飛ばして、国家権力の座に就いた。これは一九九二年のクリントンとゴア、それに続く一九九四年のギングリッチと下院の新人議員たちに代表される。これは「列車転覆」が「妥協」にとって代わったと盛んに言われる中で起こったことだった。「ベビーブーマー」はもはや米国の若者ではないことが実感されると、関心（侮蔑的なものがほとんどだったが）はその下の「ジェネレーションX」（Generation X）に殺到した。

今日の政治家とマーケッターは、人生の循環についてのマーケティングがもたらす利益を発見しつつある。世代について述べることは、テレビのCMや政治に関するスピーチ、映画、ポップカルチャー用語ではおなじみだ。それでも、広い意味での世代という概念は、依然として些末《さまつ》なものと思われている。ボブ・ディランやジム・モリソン、カート・コバーンが「言うべきことはそれだけだ」と述べたようなものである。各世代と投票や自動車購入との関連は、より本質的な自然や時間との関連よりも良く理解（または受容）されている。学問の世界はウィリアム・アンド・メアリー大学の歴史学者であるアンソニー・エスラーの、「世代からのアプローチは、実際のところ、歴史全体への王道の一つになるかもしれない」という判断が持つ利点を徐々に認め始めたところだ。

世代を特定する

「君もそこにいる。同じ時に来たんだ。そこを離れられないよ」とトーマス・ウルフは自身の「喪失の世代」について書いた（『汝、再び故郷に帰れず』の中にある）。「望もうが望むまいが、その一部だ」と言うウルフでさえも、F・スコット・フィッツジェラルドやアーネスト・ヘミングウェイ、マルカム・カウリーなどの一九二〇年代の作家と同様に、その世代のさまざまな共通の特徴を持つようになっていた。若い時のくたびれた冷笑趣味、リスクを取る性向、どんちゃん騒ぎ好き、尊大な年上の世代への軽蔑といったものだ。ウルフの同世代を生きていた人々の間には大きな分断がある。道徳主義的な中年期の人間もいたし、真面目一方の子供たちもいたのだ。その集団に属した場合、彼らは第一次世界大戦開始の直前に成人せざるを得なかった。ただし彼らの世代をここで述べたように堅苦しく定義する人はいなかった。ただそういうものだと、人々は知っていたからだ。

ウルフが属した「喪失の世代」の知識人が、自分たちの世代の特徴を細かく説明することはなかった。しかし、その疑問は提起されざるを得なかった。人が絶え間なく誕生する世界で、社会的な世代をどう位置づければいいのか？ そして生年による境界は、どのように決めるべきなのか？

それに答えるには、一世代の長さを決めなければならない。「大事件」のシナリオからわかるように、歴史はさまざまな集団に多様な刻印を押す。それは、年齢が決める、彼らの果たす社会での役割による。このように一世代の長さ（生年の幅）は、人生の段階一つの長さ（成人した年の幅）とほぼ同じにならざるを得ない。一九世紀初頭まで、米国における世代の長さは、平均で約二五年だった。それ以降の平均は、約二一年になっている。当然のことながら、こうした長さは各世代でいくぶん異なる場合も出てくる。歴史上の想定外の出来事や、「大事件」の正確なタイミングが影響するからだ。

こうした長さを現実の生年の幅に当てはめるには、その世代が基礎として持つ外的人格《ペルソナ》の、立ち位置を決めなければならない。どの世代にも、そうした外的人格《ペルソナ》が一つあるものだ。そしてそれは人間――とその変数――がつくり出したものだ。それは家族の暮らし、性別の役割、組織制度、政治、宗教、ライフスタイル、そして未来への姿勢を持っている。一個人が考え感じ為すことなら何でも、一つの世代は考え感じ為すことができる。その性格は安全志向であったり向こう見ずなこともあるし、個人主義的なことも集団主義的なこともある。宗教的なことも俗世的なこともある。社会における他のあらゆるカテゴリー（人種、階級、国籍）と同じく、世代の中には多くの例外的な個人が存在しうる。また、その辺縁の境界線は曖昧《あいまい》だ。だが他のカテゴリーの大部分と違うのは、世代が独自の外的人格《ペルソナ》についての伝記を持っていることだ。「沈黙の世代」の人々は共有した経験についての一代記を語ることはできる。しかしその語り口は、すべての女性、すべてのヒスパニック、すべてのカリフォルニア州住民についてのものとは違う。ジュゼッペ・フェラーリを引用するなら、その理由は世代が「産まれ、生き、死んでいく」からだ。ある世代は、唯一無二の過去に懐古の念を持ち、限られた未来にせき立てられつつ、自分がいつか死ぬことを理解しているのだ。

現実世界の世代の外的人格《ペルソナ》を特定するための、決まった手順がある訳ではない。しかし三つの特性を見ることは役に立つ。まずは、その世代が歴史上で共有している立ち位置である。第二が、共通の思想と行動だ。第三に、その世代がみな参加していると考えられる集団である。

「共通の立ち位置」とは、ある世代が考える自分たちの位置だ。それを知るためには、あらゆる年齢でトレンドと事件を記した年表を背景にして、その位置を考えなければならない。歴史上の立ち位置が、一つの世代を形成する。

歴史上の重要な瞬間において、各世代の構成員は、ただ一つの人生の段階にいることが多い。第二次世界大戦終戦時に、「沈黙」・「兵士」・「喪失」・「伝道師」の各世代は、青年期・成人期・中年期・老年期の年齢グループにそれぞれがきれいに収まっていた。このように世代と人生の段階のきれいな調和は、一九二〇年代（大恐慌の直前）と、一九六〇年代初期、そして一九八〇年代初期（文化的な反乱の直前と直後の時代）にも発生している。こうした人生の段階が整合していると、どの世代にとっても厳しい試練になる。そうした仲間の集団は、カール・マンハイムが「時空の共同体（community of time and space）、つまり歴史における共通の立ち位置」と呼んだものを求めるからだ。そうした共同体では、構成員は「同一の具体的な歴史問題」に出くわすのだ。ホセ・オルテガ・イ・ガセットは、「日時のゾーン」について述べている。これはある世代の構成員を「身体上でも、歴史の上でも同年齢」にするとしている。

いつであれ、歴史は一つの世代の最も年長と年少の集団には、それぞれ違う形で接触せざるを得ない。たとえばベトナム戦争は、一九四五年に生まれたベビーブーマーに対し、一九五五年に生まれた者たちに対するよりもはるかに大きな圧力をかけた。第二次世界大戦は一九二〇年に生まれた兵士たちに対し、一九一〇年に生まれた者たちに対するよりもはるかに大きな圧力をかけている。しかし各世代の中では、いくつかの生年別の集団がそれより年長・年少の人間を引っ張り、共通の立ち位置といえるものに落ち着かせる。シェリル・マーサーが『大人たち』(*Grown Ups*)で書いたように、(彼女のような)一九五〇年代生まれの米国人にとって自分たちの「一九六〇年代は、一九七〇年代に起こった」のだ。この「一九六〇年代」の経験は非常にリアルなものに感じられるので、マーサーと同世代の人々を、本物(the genuine article)を知る年上のベビーブーマーと結びつけることになる。しかし「一九六〇年代」を「一九五〇年代」や「一九八〇年代」に持ち得る者はいなかった。このように、一九四四年と一九五四年に生まれた人々は年齢の点で立ち位置を共有するが、一九五四年と一九六四年生まれがそうなることはない。

世代を正確な生年月日で分けることは可能である。そのためには哲学者のジュリアン・マリアスが、生年月日の連続した集団への「地図作成法」として定めたものに関心を払わなければならない。「この類推手法によって、各世代は二つの山脈の間に位置する地域となる。そして特定の地点がどこに属するかを決めるためには、その地点の高度を知らなければならない」と彼は示唆している。その分水《ぶんすい》嶺《れい》がはっきりしていることもあれば、微妙なこともある。隣り合う世代を一つにするのか別にするのかを決める際に、一瞬の出来事が決め手となることも時にはある。現在の米国では、誕生が一分遅れただけで、六年後に幼稚園児になるのか小学一年生になるのかという差につながり得るのだ。成長していくと徴兵令のせいで、毀誉褒貶《きよほうへん》のある戦争の前に大学へ滑り込めるか、戦時徴兵の圧力を現実に感じる階層に属するか、という差も起こり得る。一分間の違いが実際に一九四二年一二月三一日生まれと一九四三年一月一日生まれの新生児の間に大きな違いを産んだ――決定的な時計の針の動きが、後に一九六五年の大学生を炎上させた。そして沈黙世代とベビーブーマーの集団間に消えることのない境界線をつくり出したのだ。

ある世代に共通する思想と行動によって、人々は自分たちと異なる時に生まれた人間とは違うと理解するものだ。そしてこのような思想や行動こそが、その世代の歴史を動かす手段となる。

当然のことながら思想や行動のいかなる要素も、ある世代の構成員全員に均質に顕《あらわ》れるわけではない。しかし特に目立つ要素というのは、構成員の中で決定的に多数派の者たちに顕《あらわ》れることが多い。これによってオーギュスト・コントは、各世代が「特定の基礎的な観念に一致して固執する」ようになると結論づけた。またヴィルヘルム・ディルタイは「世代の世界観（*Weltanschauung*）」、つまり青年期から老年期に至る、世代の方向性を形成する世界観について話している。こうした要素を最近の世代について定量化するには、豊富にある年齢別のデータを見ればいい。より具体的には、世論調査や学校のテスト、犯罪記録、国勢調査といったものだ。ある世代から次の世代への変化は、明確で意義深いことが多い。

世代の特性がどのように異なるかを知るには、支持政党の変化を考えてみればいい。たとえば共和党支持の傾向がある「喪失の世代」（進歩と組織への疑問を一生にわたり持っている）と、民主党支持の「兵士の世代」（科学と政府を一生にわたり楽観視している）の間の大きな対照だ。リスクへの姿勢の変化を考えてみよう。たとえば一九五〇年代の若き日の「沈黙の世代」が結婚や職業キャリアの安定を求めていたことは、多くの記録に残っている。ところが「第一三代の世代」は、一九九〇年代に早く結婚して会社の中で昇進していくことへ嫌悪をみせた。次に、ある役割に関して性別によって容認できるかどうかについての差異の変化を考えてみよう。この差異はかつて兵士の世代が拡げたが、その後ベビーブーマーが懸命に（職業キャリアや家族、一般の生活で）働いて狭めたのだ。世代ごとの人生全般における目標について考えてみよう。一九六〇年代にさかのぼると、「金銭的に豊かになる」より「意義のある人生の哲学を発展させる」ほうが重要と考えるベビーブーマーの大学新入生は、二対一の割合で多数派だった。一九八〇年代中盤以降のこの質問への第一三代の世代の回答を見てみると、逆の回答をする者が二対一の割合で多数派になっている。二つの選挙の間でのこれほど大幅の意見の逆転が起これば、それは劇的なものと考えられる。二つの世代の間でのこうした劇的な調査結果の違いからわかることがある。それは、成人する時が二〇年離れると、新たな外的人格《ペルソナ》によって、人々の感情が持つ特性が完全に変身しうるということだ。

一世紀以上前に生まれた世代についてはデータが少なくなり、行動や思想の定量化は難しい。よって、世代を区分するためには、逸話や事例研究、その時代の観察から推論するしかない。ただし豊富な記録が残っている事件によって、根底にある外的人格《ペルソナ》がわかることもある。たとえば一八六八年の米国の選挙は、記録されたもののうちで最大の特定の世代による大勝利となった。南北戦争を戦い、嫌気がさした有権者と選挙候補が、信念を持ってその戦争を指導したリーダーや将軍を追い出したのだ。一八六八年の一年間だけで（リンカーンの属していた）高齢の「超絶主義世代」（Transcendental Generation）は、下院と州議会で占めていた議席の三分の一を、（グラントの）若い富裕世代に譲り渡したのだ。その年とそれに続く二度の大統領選挙（一八六八年、一八七二年そして一八七六年）では、若いプラグマティストが高齢の改革主義者に挑み、打ち破っている。こうした選挙では、隣接しつつもまったく違う二つの世代の間で起こった、最も劇的な衝突の一つに幕を下ろした。

帰属する世代についての自己認識を共有していることは、その世代がどのように自己を定義するかという問題にもつながるし、どの生年による集団がその世代に属するかを決める上で、意見をまとめることにもつながる。ある集団に参加していると皆で考えることで、その世代に運命的な一体感がもたらされる。ジュリアン・マリアスの発言に、「自分がどの世代に属するかを自問することは、自分が誰であるかを問いかけることとまったく同じだ」というものがある。世代の境界線がはっきりしない時、それを明確にする一番いい方法は定まっている。それは他人に対して、自分が境界線のどちら側にいるかを尋ねるだけでいい。

帰属する世代についての自己認識をみれば、多くの世論調査でベビーブーマー世代について長年疑問に思っていたことを確かめられる。それは、その本当の境界線（生年で一九四三年と一九六〇年）が一九四六年から一九六四年にかけての出生数増の時期より数年早い位置にあるのではないか、というものだ。一九四六年と一九六四年という年は、人口学者がこの世代を定義するのに使うことが多い。一九四三年から一九四五年の間に産まれた人に、自分たちのことをベビーブーマー世代と常に考えてきたかと問いかけたとしよう。恐らく、イエスと言うだろう。同じ質問を一九六一年から一九六四年の間に産まれた人にしたとする。恐らく彼らは（もっときっぱりと）違うと言うだろう。「ジェネレーションX」という言葉は自己ブランドで、一九六一年から一九六四年の間に産まれた若き知識階級が、最初に普及させたものだ。その主目的は、自分たちはベビーブーマー世代に属さないと宣言することにあった。ある世代に直接質問することができなくなっても、彼らがどの世代に属すると考えていたのかについては、多くの証拠を残していることが多い。この証拠によって、一八九〇年代後期に生まれた喪失の世代の著名な仲間と、少し年長のランドルフ・ボーン、T・S・エリオット、エズラ・パウンドのような作家たちが結びつけられる。同時に、彼らが少し年少のジョン・スタインベック、ラングストン・ヒューズ、W・H・オーデンたちとはあまりつながりがないことがわかる。

自分と自分が属する世代を同一視することは、当然ながら自分の世代に関心を持つということにはならない。世代としての経験は「集団と個人の間の精力的な妥協だ」とホセ・オルテガ・イ・ガセットは書いている。この妥協を拒むのは容易なことではない。完全に拒否しようとすれば、人は結局自分がアウトサイダーになったことを痛感せざるを得ないからだ。ドイツの社会学者ユリウス・ペーターゼンは、どの世代の構成員にも「支配的」「指導下」、そして「被抑圧」と呼ぶ人たちがいるとしている。支配的な構成員が全体の風潮を決め、指導下にある者は指示に従う（そうすることで風潮を正当化する）。被抑圧にある者は、その風潮から身を引くか、まれに反逆することもあるのだ。

世代についての自己認識が持つ最も重要な側面は、方向感かもしれない。ホセ・オルテガ・イ・ガセットは、どの世代も「一定の速度と方向を持って、あらゆる瞬間に宇宙に放たれる生物的なミサイルの一種」だとしている。この速度と方向によって、「事前に決められた力強い弾道」が与えられるのだ。カール・マンハイムも同様に、各世代が持つ「掛け替えのない使命」の観念について触れている。この使命感が圧倒的な世代もある。戦後の兵士の世代の結びつきは、世代内の合意を映し出していた。それは、彼らが望み建設を期待された世界についての合意だった。トーマス・ジェファーソンの同世代も、独立革命後に同じようなことを感じていた。しかし他の世代にとっての使命感は、まったく異なったものだった。沈黙の世代は自分たちの使命を、生きるか死ぬかという過酷な情況を解決することだと考えるものだ。たとえばそれは、セオドア・ルーズベルトの同世代人である、革新主義者を考えてみればわかりやすい。ベビーブーマー世代は、展望と価値観という任務を自らに見出すのであり、その探求は、他の世代が渋々ながらも彼らに託したものだ。それは、リンカーンの世代のものとかなり似ている。そして第一三代の世代は、世代としては自らにあまり期待していない。その理由は、自分自身がその集団の外的人格《ペルソナ》の一部になってしまったという事実のためだ。同じような特性は、ジョージ・ワシントンやドワイト・アイゼンハワーの世代にも発生した。

　集団としての世代は、その宿命を選ぶことができる。しかし人は属する世代を選ぶことはできない。両親や故郷を選べないのと同じことだ。それは宿命によるところが大きく、人生のあらゆることを条件付ける。それを好むかどうかは関係ないし、目を逸らそうとしても無駄だ。マルティン・ハイデッガーは、「自分の世代の内に入り、その世代と共に生きていくことは、宿命を決する行為だ。そうすることで、人間の実存というドラマは完結する」としている。

世代のパノラマ像

一九九二年にニュース週刊誌やテレビのＣＭが突然「ジェネレーションＸ」に焦点を当て始めると、米国のポップカルチャーはある疑問への長年の沈黙を破ることになった。それは、新たな世代がやってきたのか？　というもので、ベトナム戦争終結から誰も問わなかったものであった。丸々二〇年の間、誰もこの疑問をあまり考えなかった。新たな世代が台頭しているように思えなかったからだ。しかし一九九〇年代には、この話題がニュースとして帰ってきた。それはいつものことだ。約二〇年に一回、米国は新たな世代を発見するのであり、なんらかの目立つ事件が、思いがけぬことの引き金を引くのだ。その事件とは、いまの若者が昔の若者とはまったく違う形で振る舞うように見えるものである。

次ページの表に、こうした事件の一部を挙げてみた。当然その平均周期が重要であり、それが二一・五年であることがわかる。そしてそれは、最近の人生の各段階——そして一世代——の長さを平均したものと非常に近い。全体的に見ると、その世代を驚かせた事件の中でも、最も記憶に残るものによるリズムを反映している。そうした事件は、米国が一八世紀初頭以降に遭遇《そうぐう》してきたものだ。しかし同様に、現在も進行中の、より重要なことがある。こうした事件を詳細に振り返ると、各事件が独立した世代の若い外的人格《ペルソナ》に大きな印象を残したことがわかるという点だ。つまり一つの世代には、歴史上の独自の立ち位置や独自の世界観、独自の欠かせない使命感がある、ということだ。

米国の世代の成人

成人した世代	新たな青年期の世代が広く認知された年
覚醒	一七三四年：ジョナサン・エドワーズによるノーサンプトン教会での信仰復活
自由	一七五五年：ジョージ・ワシントンがモノンガヘラの戦い（Battle of the Wilderness）に参加
民主共和派	一七七六年：トーマス・ジェファーソンの独立宣言
妥協	一八〇四年：ルイス・クラーク探検隊（Lewis and Clark Expedition）
超絶主義	一八三一年：ナット・ターナーの反乱とウィリアム・ロイド・ガリソンの「リベレーター」（Liberator）
富裕	一八四九年：カリフォルニア州のゴールドラッシュ
革新主義者	一八七六年：エジソンとウエスティングハウスのフィラデルフィア万国博覧会（Centennial Exposition）への出品
伝道師	一八九六年：ウィリアム・ジェニングス・ブライアンのポピュリスト遊説（populist crusade）
喪失	一九一八年：第一次世界大戦の米軍歩兵（Doughboys）とパリの知識階級
兵士	一九三五年：市民保全部隊（ＣＣＣ）と公共事業促進局（ＷＰＡ）の若者たち
沈黙	一九五四年：マッカーシー時代の「沈黙」の若者たち
ベビーブーマー	一九六七年：サンフランシスコでのサマー・オブ・ラブのヒッピー
第一三代	一九九二年：メディアによるジェネレーションXの発見

米国に属する人間は、米国の世代に属している。おそらく同じことは、先祖や子孫の多くについても言えるだろう。結局のところ歴史とは、自分たちや他者といった集団の伝記の連なりにすぎないのだ。

次ページの人名リストは、米国の世代について書いた、二〇世紀の学者たちが確認したものだ。自由の世代から伝道師の世代については、アーサー・シュレシンジャー・シニアが八世代あることを特定している。自由の世代からベビーブーマー世代はブランダイス大学の歴史学者であるモートン・ケラーが、政治面から一一の世代を特定している。「自由」から兵士の世代については、文学者のアンリ・ピエールが、米国文学からみて九世代を特定している。そして「民主共和派」から兵士の世代について、ハーバード大学の政治学者のサミュエル・ハンティントンは政治と社会の面から八世代を特定した。こうしたリストでも、世代の正確な生年を特定できたわけではない。しかしリスト間で強い一致が見られることから、ある一つの事実が確認できる。それは米国における世代のリズムを詳しく見た学者たちはすべて、同じようなパターンが機能していることを見て取ったということだ。

ここに示された世代は、全部でどれほどの長さになるのだろうか？　ここで推定されているミレニアル世代の最後の生年を考えると、米国の世代のパノラマ像は、五七〇年にわたる生年を二四の世代に分割できる。平均すると、各世代は二四年間になる。独立革命より前と革命中に生まれた一四の世代では、平均の長さは二五年である。それ以降の平均は二一年に短縮され、近年の人生の段階の期間の長さに一致する。独立革命にまでさかのぼると、一つを除き、各世代は一七〜二四年の期間を持っていたことがわかる。

英国系米国人の二四の世代

世代	生年	有名な構成員（男性）	有名な構成員（女性）	構成員が成人した時期	原型
アーサー王	一四三三～一四六〇年	ヘンリー七世	エリザベス・ウッドヴィル	薔薇戦争の危機	英雄
人本主義	一四六一～一四八二年	トマス・モア	エリザベス・オブ・ヨーク	―	芸術家
宗教改革	一四八三～一五一一年	ジョン・ノックス	アン・ブーリン	宗教改革	預言者
報復	一五一二～一五四〇年	フランシス・ドレイク	エリザベス一世	―	遊牧民
エリザベス朝	一五四一～一五六五年	ウイリアム・シェークスピア	メアリー・ハーバート	スペイン無敵艦隊の危機	英雄
議会	一五六六～一五八七年	ウイリアム・ロード	アン・オブ・デンマーク	―	芸術家
清教徒	一五八八～一六一七年	ジョン・ウィンスロップ	アン・ハッチンソン	清教徒の覚醒	預言者
王党員	一六一八～一六四七年	ナサニエル・ベーコン	メアリ・ダイアー	―	遊牧民
名誉革命	一六四八～一六七三年	カーター一世	ハンナ・ダストン	名誉革命の危機	英雄
啓蒙運動	一六七四～一七〇〇年	カドウォールーダー・コールデン	メアリ・マスグローブ	―	芸術家
大覚醒	一七〇一～一七二三年	ジョナサン・エドワーズ	エリザ・ルーカス・ピンクニー	大覚醒	預言者
自由	一七二四～一七四一年	ジョージ・ワシントン	マーシー・ワーレン	―	遊牧民
民主共和派	一七四二～一七六六年	トーマス・ジェファーソン	「モリー・ピッチャー」	アメリカ独立革命の危機	英雄
妥協	一七六七～一七九一年	アンドリュー・ジャクソン	ドリー・マディソン	―	芸術家
超絶主義	一七九二～一八二一年	エイブラハム・リンカーン	エリザベス・ケイディ・スタントン	超絶主義の覚醒	預言者
富裕	一八二二～一八四二年	ユリシーズ・グラント	ルイーザ・メイ・オルコット	南北戦争の危機	遊牧民
革新主義者	一八四三～一八五九年	ウッドロー・ウィルソン	メアリー・カサット	―	芸術家

伝道師	一八六〇〜一八八二年	フランクリン・ルーズベルト	エマ・ゴールドマン	第三次大覚醒	預言者
喪失	一八八三〜一九〇〇年	ハリー・トルーマン	ドロシー・パーカー	―	遊牧民
兵士	一九〇一〜一九二四年	ジョン・F・ケネディ	キャサリン・ヘプバーン	大恐慌―第二次世界大戦の危機	英雄
沈黙	一九二五〜一九四二年	マーティン・ルーサー・キング・ジュニア	サンドラ・デイ・オコナー	―	芸術家
ベビーブーマー	一九四三〜一九六〇年	ニュート・ギングリッチ	ヒラリー・クリントン	意識革命	預言者
第一三代	一九六一〜一九八一年	マイケル・ジョーダン	ジョディー・フォスター		遊牧民
ミレニアル	一九八二〜？	ブラッド・レンフロ	オルセン姉妹	二〇〇〇年代危機？	英雄？

世代の生年は、**危機**と**覚醒**が交互に起こる世紀のリズムとも合致する。日付を比較すれば、各世代の最初の生年は、**危機**や**覚醒**の開始年、または終了年のちょうど二、三年前だとわかる。社会がこうした時代の一つに突入するか退出する時に、各世代の先端はこのように幼年期から出現するのだ。同様に一つの世代の先端が成人するのは、雰囲気が新たに変わる時の直前である。自分が属する世代のいままでのサイクルを見返せば、このことが自分や自分が知っている人にどれほど当てはまるかがわかる。これは、われわれの先祖の世代についても同じことが言える。

最後に、各サエクルム内で繰り返されるパターンに注目して欲しい。最初の世代は**覚醒**とともに成人する一方、二番目の世代は**覚醒**の時に幼児期を過ごす。三番目の世代は**危機**とともに成人するが、四番目の世代は**危機**の時に幼児期を過ごす。こうした四種類の歴史上の立ち位置は、どれも世代の原型《アーキタイプ》と関連している。その原型《アーキタイプ》とは、**預言者**、**遊牧民**、**英雄**、**芸術家**である。英国系米国人の歴史を通してみると、ただ一つの例外（南北戦争において、英雄は飛ばされている）を除いて、この原型《アーキタイプ》は常に同じ順番で続いてきたのだ。

この繰り返されるパターンのおかげで、米国では**危機**と**覚醒**の間、世代が常に同じ形で出現してきた。つまり四つの人生の段階に到達する際に、原型《アーキタイプ》が同じ並び方をしているのだ。**危機**の時代の間に、預言者は老年期に、遊牧民は中年期に、英雄は成人期に、芸術家は幼年期に到達する。**覚醒**の時代の間に、英雄は老年期に、芸術家は中年期に、預言者は成人期に、遊牧民は幼年期に到達する。この出現がサエクルムを前進させる。明らかに歴史に形づくられた世代が歳をとると、歴史を形づくることは明らかだからだ。このようにしてシナリオ通りに原型《アーキタイプ》が再登場し、時は偉大なる輪転を治めるのだ。

しかし、歴史上の立ち位置により変わることなく創り出される原型《アーキタイプ》とは一体何なのだろうか？　それはどのように機能しているのだろうか？　お互いの関係はどのようなものであり、それはなぜここまで人類と歴史との関係の本質に近いのだろうか？　こうした疑問に答えるためには、古代における四気質の教理や、その教理とともに生まれた、偉大な神話に立ち戻る必要があるだろう。

四つの原型

ギリシャ人ほど、自然に四つの要素を見いだすことに魅せられた古代人はいないかもしれない。古代ギリシャの哲学者は、紀元前六世紀のヘラクレイトスのころまでにはこの世の現象はすべて二組の両極で定義できると理解するようになっていた。この思想によって四元素論（the theory of four elements）が生まれた。火と空気（灼熱と寒冷という両極の具現化）、そして土と水（乾燥と湿気という両極の具現化）である。古代ギリシャの宇宙論では、すべての物質はこれらの要素に還元可能だった。そしてすべての変化は、各要素とその対極の特性の間にある均衡の動きとして表現できるとされていた。アナクシマンドロスは冬のことを、その前の夏に起こった灼熱と乾燥による襲撃の咎《とが》で、寒冷と湿気がそれらを罰する方法だとしていた。夏はその逆である。

やがてこうした四位一体説は、人体の――そして人格についての――理論へと発展した。伝説の医師ヒポクラテスは、四種類の体液、「四体液」（humors：血液、黄疸汁、黒胆汁、粘液）を特定した。これらは四つの「気質」（temperament）をつくり出すとされ、それぞれが四元素と一年の四季と関連づけられていた。サンギュイネウス（sanguineus）は春の湿った喜び、コレリカス（cholericus）は夏の暑い勇気、メランコリカス（melancholicus）は秋の乾いた憂鬱、フレグマティカス（phlegmaticus）は冬の冷たい残忍さである。こうしたそれぞれの季節で、人間は関連する体液の過剰で苦しめられるとされた。ギリシャ人にとって、サンギュイネウスの人は楽観的で愉快であり、コレリカスの人には裏表がなく、反応が早い。メランコリカスの人は悲観的で不機嫌、フレグマティカスの人は冷淡で反応が遅い。

季節そのものと同様に、ギリシア人は四つの気質を四分割された極のうち、対極にあるもの二つを組合せ、二組にした形で考えていた。サンギュイネウスとメランコリカス、コレリカスとフレグマティカスの二組である。個々の人間性は、この四つをさまざまに組み合わせた形で表現されるとしていた。クロトンのアルクマイオンは政治のたとえ話を使いつつ、健康は四つの気質の均衡（isonomia）によって保たれると教えている。一方、病気はただ一つの気質が支配的（monarchia）になることで起こるとしていた。神話では、気質はそれぞれゼウスが任命したプロメテウス、ディオニューソス、アポロ、エピメーテウスら四人の神の内の一人と関連付けられていた。こうすることで、人間を神々にたとえるようにしたのだ。

このギリシャのパラダイムはそれ以降の二〇〇〇年間を通じて、人格面における差異と混乱について説明するものとして西洋を支配した。ルネッサンスにおいて、このパラダイムは多くの言葉を産み出し、それは簡単に英語やロマンス諸語に取り入れられた——sanguine（快活な）、choleric（癇癪持ちの）、melancholic（ふさぎ込んだ）、phlegmatic（粘液質の）といったものから、humorous（ユーモアのある）や temperamental（怒りっぽい）といったものである。やがて啓蒙主義運動が起こると、人間の本性は克服可能であると宣言されるようになり、古代人の四位一体説は、一世紀以上にわたって無視されることになった。科学的な薬品や、実験による心理学、そしてジークムント・フロイトの自我可変論（the malleable ego）によって覆い隠されたからだ（訳注：自我可変論はエリク・エリクソンのもののほうが有名）。

現在、四つの気質はかつての価値をいくらか取り戻している。転換点が訪れたのは第一次世界大戦の頃であり、新世代のヨーロッパの心理学者たちが実証主義に叛旗《はんき》を翻し、四位一体の思想に再び人気をもたらしたからだ。たとえばエーリッヒ・アディッケスは四つの世界観（伝統、不可知、教義、革新）について書いている。またエドゥアルト・シュプランガーは生の諸形式（理論的、美的、宗教的、経済的）、エルンスト・クレッチマーは異常気質（麻痺、知覚過敏、鬱、躁）について書いた。そして二〇世紀で一番有名な四分類は、スイスの心理学者カール・ユングが述べた、心理的な機能に基づく態度の分類（思考、直観、感情、感覚）である。

ユングの考えでは、特定の象徴や要求、行動モード（原型《アーキタイプ》）は、生物としての人類に堅く紐づけされているものだ。彼によれば、あらゆる時代と文化でこうした原型《アーキタイプ》が人類の「集合的無意識」に奥深く植え付けられているという。そのため、（現実のものであれ想像上のものであれ）どれほど進歩したとしても、われわれは原型《アーキタイプ》からは逃れられないとしている。こうした原型《アーキタイプ》を夢や神話の調査から特定し、ユングは古代の四位一体にならって、自分の理論を形成した。こうした古代の四位一体は、図像としてはヒンズー教の四等分曼荼羅が最もよく表現している。ユングによる四原型《アーキタイプ》の機能は、二組の対極の間にある対立が躍動することからエネルギーを得ているという。それは、思考と感情、感覚と直観の対立である。一つの機能が精神を支配する時、その対極は精神の「影」となり、抑圧されるしかない。中年期を過ぎると人は自分を支配する原型《アーキタイプ》の限界を意識して、エネルギー（建設的なものであろうと破滅的なものだろうと）を影から引き出すようになる。この人生の循環を自己修正しようとする試みを、ユングは「個体化」と呼んだ。

ここ数十年、ユングの四位一体説によって触発された心理学理論や療法は増えている。その中には有名なＭＢＴＩ（Myers- Briggs personality type indicator）もある。いま書店には、明らかにユングの原型《アーキタイプ》に基づく自己啓発本が大量に並べられている。書名にもユングの原型《アーキタイプ》が入っていることも多く、『王と戦士、魔術師、恋人、そして内なる英雄の覚醒』というものもある。歴史を人格の原型《アーキタイプ》によって解釈する作家もいる。ウィリアム・アーウィン・トンプソンは、現代社会における外的人格《ペルソナ》はすべて四つの部族社会での原型《アーキタイプ》にさかのぼることができると示唆している。それは酋長、道化、まじない師、そして狩人である。

郵便はがき

料金受取人払郵便

牛込局承認

9410

差出有効期間
2021年10月
31日まで
切手はいりません

1 6 2-8 7 9 0

107

東京都新宿区矢来町114番地
神楽坂高橋ビル5F

株式会社ビジネス社

愛読者係 行

ご住所 〒 TEL：（　　）　FAX：（　　）		
フリガナ お名前	年齢	性別 男・女
ご職業	メールアドレスまたはFAX メールまたはFAXによる新刊案内をご希望の方は、ご記入下さい。	
お買い上げ日・書店名 年　月　日　市区町村　書店		

ご購読ありがとうございました。今後の出版企画の参考に
致したいと存じますので、ぜひご意見をお聞かせください。

書籍名

お買い求めの動機

1　書店で見て　　2　新聞広告（紙名　　　　　　　　　）

3　書評・新刊紹介（掲載紙名　　　　　　　　　　　　　）

4　知人・同僚のすすめ　　5　上司、先生のすすめ　　6　その他

本書の装幀（カバー），デザインなどに関するご感想

1　洒落ていた　　2　めだっていた　　3　タイトルがよい

4　まあまあ　　5　よくない　　6　その他(　　　　　　　　　　)

本書の定価についてご意見をお聞かせください

1　高い　　2　安い　　3　手ごろ　　4　その他(　　　　　　　　)

本書についてご意見をお聞かせください

どんな出版をご希望ですか（著者、テーマなど）

こうした理論は、ヘラクレイトスがエナンティオドロミア（enantiodromia：生々流転）と呼んだものに影響を受けており、物事が徐々に正反対のものに移り変わることが示されている。次ページの表を見てほしい。そこにある四位一体説は、二つのものからなるセットが二組あり、人間の状態のバランスを取ったり修正したりしていることを明らかにしている。ユング研究者のロバート・ムーアとダグラス・ジレットは、こうした原型《アーキタイプ》が単独ではうまく機能しないことを認めている。彼らは「王が持つ、次世代の価値観への意欲（generativity）と寛容さへの関心。戦士が持つ、決然として勇気ある行動をなす力。恋人が持つ、すべての物への確信と深遠さを備えた親密さ。そうしたものを魔術師と一つにする必要がある」と述べている。

　こうした原型《アーキタイプ》は個人の人格だけに応用するのが通常だが、世代に拡張することも可能だ。個人と同様、世代も幼児期に受ける養育と、成人する時に直面する試練によって形成される。外的人格《ペルソナ》を纏《まと》う場合を考えてみよう。世代は個人と同様に、役割についての限られた選択肢の中から外的人格《ペルソナ》を選ぶ。そしてその役割は、社会の集合的無意識が決めたものだ。ヒポクラテスは、健康な人間は四つの気質すべての間でバランスを取っているはずだと考えた。それは一方向に進む時間に浸りきり、四つの原型《アーキタイプ》すべてが次々と展開していく様を経験する。これは健全な現代社会も同様である。

　古代ギリシャにおける四つの気質（と関連する季節）の流れは、世代の原型《アーキタイプ》がそれぞれ中年期に到達する際の歴史上の順序と対応している。たとえば中年期は、各世代が社会の方向性を決める際に、最大の力を発揮する時期である。英雄が中年期に到達する時は、世紀の春を迎えている時である。芸術家の場合は夏（覚醒）、預言者は秋、遊牧民は冬（**危機**）だ。気質、原型《アーキタイプ》、一年の季節、サエクル

気質と原型

古典的気質	サンギュイネウス（外向的、楽観的）	コレリカス（感情表現が豊か）	メランコリカス（内向的、悲観的）	フレグマティカス（感情を抑制）
関連する神	プロメテウス	ディオニューソス	アポロ	エピメーテウス
関連する季節	春	夏	秋	冬
ヘラクレイトスの四位	湿気	灼熱	乾燥	寒冷
四元徳	節制	知慮	正義	勇気
アディッケスの世界観	伝統	不可知	教義	革新
シュプランガーの生の諸形式	理論的	美的	宗教的	経済的
クレッチマーの気質	麻痺	知覚過敏	鬱	躁
ユングの機能	思考	直観	感情	感覚
ＭＢＴＩ	直観的思考	感覚的知覚	直観的感情	感覚的判断
トンプソンの社会的機能	酋長（王）	道化（芸術家）	まじない師（僧侶）	狩人（兵士）
ムーア・ジレットの男性類型	王	恋人	魔術師	戦士
世代の原型	英雄	芸術家	預言者	遊牧民

ムの季節など、すべては一致するのだ。

原型と神話

驚くほどの卑しい出自や、幼い頃にみせる超人的な力と強さの証し、栄光の座への台頭、邪悪な力との戦いと勝利、傲慢、転落、裏切りの絶頂、または英雄的な犠牲、そして死。こうしたものは、ヘラクレスやスーパーマン、アルゴ探検隊の大冒険、そして硫黄島の戦いなどの物語に見て取れる。

ユングはこの英雄の神話を、自身の原型《アーキタイプ》の神話の中でも最も影響力の大きいものとしていた。なぜならそれらはさまざまな時代と文化において発生しているからだ。英雄の物語の中には、スーパーマンのように純粋な寓話もある。他のものは第二次世界大戦の帰還兵についての思い出のように、史実に基づいていたものもある。しかし時が経つと、寓話と事実の区別をつける詳細は薄れて、残ったものの大部分は神話、つまり原型《アーキタイプ》そのものを語ったものになることが多い。

多くの歴史学者は、神話の創出を目にするたびに非難する。そして学生が一九六〇年代や一九七〇年代について「知っている」ことの多くが『ＪＦＫ』や『ニクソン』、『フォレスト・ガンプ』といった映画から得たものだと嘆く。しかし意図的な神話創出は、歴史そのものと同じくらいに古いものだ。マーガレット・ミッチェルは南北戦争から、シェークスピアは薔薇戦争から、それぞれ神話をつくった。ホメーロスにいたっては、神話にならなければ忘れられていただろうダーダネル海峡付近での紛争から物語をつくっている。どんな時代でも神話の原型《アーキタイプ》は、人が自分が何者であり、何に向かって生きていかなければならないかを理解する手助けとなるものだ。事件を神話にすることで、混乱したり一方向に進むだけの歴史観を文化は超越できるからだ。そして本能的に、その文化は再現されるのだ。不朽の神話の利点、もしくは有害な点は、後の世代が自分の時代に昔と同じことが再現されて目撃することだ。

あらゆる神話の中でも最も広く知られているのが、英雄の神話である。しかしヘラクレスとオルペウスという対照的な物語からわかるように、英雄は世俗的にも超自然的にもなれる。それはユングが外向（extraverted）・内向（introverted）と呼んだ、どちらの行為も取り得るからだ。「行為には二種類ある」とジョーゼフ・キャンベルは『神話の力』（*The Power of Myth*）で述べている。「一つは物理的な行為で、英雄は戦いで勇敢な行動をとったり命を救ったりする。もう一つは精神的な行為だ。英雄は人間の精神的な生活における超自然的な部分を経験し、学び、メッセージと共に帰ってくる」という。

世俗的な英雄――王と精神的な英雄――と預言者が同じ神話に登場することも多い。しかし、そうした際の両者が同年齢であることは絶対にない――年齢が近いことすらない。両者は別々の人生の段階にいるのだ。若い英雄――王が危険に満ちた旅をする伝説で最初に出会うのは大抵の場合、ジョーゼフ・キャンベルが「保護者のような人物」（小柄な老婆や年老いた男性であることが多い）であり、「冒険者たちに、やがて出会う暴竜に対抗する御守りをくれる」のだ。預言者は儀礼を司る老人や、聖なる男、そしてキャンベルが「まじない師」と呼ぶ者であり、精神的に変身させる通過儀礼を受け、老境に達し、そうして得た力を振るって若者を助ける。老人は世俗の力はあまり持っていないが、超自然的な魔術の賜物を持ち、神々と触れ合うことができるのである。

西洋社会の古典的な、「若き英雄」と「老いた預言者」の組合せをすべて挙げてみよう。旧約聖書のヨシュアとモーセ、ギリシャ神話におけるアルゴナウテースたちとケンタウロス族のケイロン、ローマ神話でのアイネイアースとクマエの巫女、ケルト神話のアーサー王とマーリン、チュートン神話のジークフリートとヒルデブラント、ゲール神話のクー・フーリンとスカアハといったものだ。西洋以外でもこうした組合せは普通のものと言っていい。ヒンズー神話ではラーマ王子は老隠者アガスティヤと出会う。エジプト神話では、オシリスの息子であるホルスが、すべてを知る助言者のトートから教えを受ける。ナバホ族の神話では、若い太陽神たちが老いた蜘蛛女から重大な意味を持つ秘密を教わっている。今日のメディアですら時を超越したこうした物語が繰り返し語られている。ディズニーの弟子と魔法使い、トールキンのフロドとガンダルフ、『スター・ウォーズ』のルーク・スカイウォーカーとオビ＝ワン・ケノービ、『ライオン・キング』のシンバとラフィキである（ラフィキはエジプトのトートと同様に、賢いヒヒの形を取っている）。

若き英雄にとって、老いた預言者は必ずしも仲間ではない。彼（女性であることも多いが）は強大な敵にもなり得る。テーセウスにとっての魔女メディアや、『白雪姫』や『オズの魔法使い』における老魔女がそれに当たる。しかしジョーゼフ・キャンベルが書いているように、最後に成功するためには、若き英雄と老賢者の強い絆が欠かせないことのほうが多いのだ。マーリンのように、愛に満ちた教師となる場合もある。オビ＝ワン・ケノービのように、未知の宇宙のフォースを感じる者もある。ガンダルフのように、若き英雄を神秘の精神力で助けることもある。ミッキーマウスの魔法使いのように、傲慢の危険さを警告したりする。そして最後に年老いた預言者は、若き王が王朝を打ち立てる

（または救う）ための手助けをするのだ。

若き英雄や王と、年老いた預言者という組み合せの神話が世界中にある理由の一つは、勇気ある若者が知恵を持つ老人にたしなめられる話を聴くことを、人々が楽しみにしているからだ。しかしどんな時代の人々も、そんな神話のような若者と老人の協力は珍しいものであることを知っている。たとえば米国では、このような話はここ数十年起こっていない。英雄的な若者と老賢者がこの種の建設的な関係を最後に持ったのは、第二次世界大戦中のことだ。こういった若き英雄の神話がわれわれの文明にここまで刷り込まれている理由は、世俗的な世界（王の領域）が、それまでの認識を超えた形で再定義される時——つまり**危機**の時代——に、この神話が事件を説明してくれるからだ。

もう一つの人気があるタイプの神話——若き預言者と年老いた王——は、まったくの対極にあるものだ。こうした伝説が語るのは、王国の創建ではなく、宗教の創設だ。呼び覚まされる記憶は、恐ろしい危難に脅かされる世界ではなく、強力な王朝が過保護のあまり世界を窒息させ、魂を死なせるというものだ。こうした神話が語りかける対象は、若者の洞察（勇気ではない）と、老人の無分別（知恵ではない）である。

若き預言者の聖なる神話（ウルのアブラハム、エジプトのモーセ、ローマの政務官の前のキリスト）に出会ったときに抱く、四〇歳くらいの人に対する主なイメージを考えてみよう。それは、豊かな富と合理主義、そして、まばゆいまでの権力を持ちながらも価値観を見失っている人（ハンムラビやファラオ、ピラト）であることが多い。英雄の神話は豪壮な都市で終わりを迎えるが、預言者の神話はそこから始まる。仏教の神話では、若き釈迦が、王族である父のものである豪華な歓楽宮から逃れている。ペルシアの神話では、若いザラスシュトラはあまりに世俗的な酋長と僧侶を退けた。イスラム教の伝承では、若き日のムハンマドは、富裕な商人の家族の不品行を非難している。西洋の寓話では若いマーリンが強大なヴォーティガン王に抵抗し、若き日のバッカスがミダス王に黄金の呪いをかけている。笛吹き男は、子供たちを恩知らずのハーメルン市民から奪い去った。

こうした預言者の神話が示しているのは、ユングが「歳をとりつつある英雄という原型《アーキタイプ》がつくる影」と呼ぶものだ。英雄は自分自身の目ではなく、若き預言者の新鮮な視点から目撃される。王様は裸だと見て取ったのは、皇帝の取り巻きではなく、大胆に真実を語った子供だ。こうした神話では、若者が自分の見たものを口に出す手助けをする老人（女性であることも多い）を好意的に描くことがある。しかし、こうした神話のトーンが繰り返されると、世代の間のストレスと敵意につながる。若者の洞察（または自己中心）と老人の権力（または腐敗）についての教訓を教えることで、こうした若き預言者の神話は、**覚醒**の時代の風潮を述べているのだ。

遊牧民や芸術家を思い起こさせる神話は壮大なものではなく、個人についてのものである。その主な理由は、彼らが歴史の転換点に出会う時、その人生の段階があまり重要なものでないからだ。こうした原型が最初に転換点に出会う時は、そのほとんどが成人しておらず、子供として成長途上にあることが多い（遊牧民は**覚醒**に、芸術家は**危機**に出会う）。二度目の転換点に遭遇する時は、老人が持つ権力の絶頂期に到達するのではなく、中年期に達しているだけだ（遊牧民は**危機**に、芸術家は**覚醒**に出会う）。

英雄と預言者の神話と較べると、遊牧民や芸術家の物語は、王朝や宗教の興亡より、人間関係について語るものとなる。しかしその物語も、互いに相手を逆さまに映し出して、人生の循環の影を具現化している。遊牧民は見捨てられ疎外された子供で、後に大人になると、社会環境をゆったりとした単純なものにして楽しくなるように励む。芸術家は保護された敏感な子供で、後に大人になると、社会環境を高速で複雑にして華々しくなるように励む。遊牧民は一人でやっていくように育てられ、期待という面で重荷を背負い込まずに済む。芸術家は他者と協力するように育てられ、重い期待を背負わされる。

遊牧民と芸術家に共通する物語のあらすじとしては、シンデレラのように「疎《うと》まれた子供」を主人公にしたものがある。嫌われるか無視されるような社会環境に置かれて生き残り、成功するには、その子供は競争本能を持たざるを得ない。同様の神話では、生きるのに懸命な若者が、才覚を使って殺害（『アラジン』）や食人（『ヘンゼルとグレーテル』）、奴隷化（『ピノキオ』）、もしくは溶かされる（『おもちゃの兵隊』）といった危機を逃れなければならない。両親はふつう不在で、敵は老人より無慈悲な虚栄心を持った人生の盛りにある者であることが多い。年上の人間が魔法使いの場合は友好的な協力者であり、魔法使いというより妖精のようである。その力はいかめしい知恵ではなく、気まぐれな優しさから生まれる。こうした神話では、**覚醒**の暗黒面の中で、遊牧民が年上の芸術家に養育される様が描かれる。

神話に中年期の遊牧民の原型《アーキタイプ》が出てくる場合、歳をとっていく冒険者について語る話になる。手練《てだ》れだが独りで動く冒険者だ。より年長の世代が出てくる場合、彼らは高齢の預言者であり、逆に若い英雄が出てくることはない。遊牧民は若き英雄ほど従順（またはナイーブ）ではないし、高齢の預言者ほど並外れて賢い（または意地悪い）こともない。遊牧民が経験できるのは、他者の偉大さに立ち会うことぐらいのものだ。『スター・ウォーズ』三部作でハン・ソロは、善良なルーク・スカイウォーカーとレイア姫を見下す。そしてその上には、賢者のオビ＝ワン・ケノービと邪悪なダース・ベイダーがいるのだ。これは**危機**の時の話で、遊牧民は大衆からの賞賛や報酬をあまり期待せずに、汚れ仕事をこなすことになる。

反対に子供が出ている神話は、真面目な大人が築いた保護的な環境に守られた中で生きる、敏感で従順な若者の物語だ。古典的な話として、巨大な堤防の決壊を防いだオランダの少年のささやかな献身の話が思い浮かぶ。また、擬人化された愛らしいほどひ弱な小動物（『バンビ』や『ピーター・コットンテール　幸せを運ぶウサギ』）や機械（『ちびっこきかんしゃだいじょうぶ』の童話もある。こうした神話が描くのは、彼らが行動しようがしまいが問題にはならないのに、閉鎖的な社会環境で役に立とうとする子供だ。時には大人が破られることのない保護の壁を周囲に築いていることもあり、その壁のせいで外界が見えなくなっているパターンもある（アンクルレムスや、『くまのプーさん』など）。ここでの世代の間の関係は協調的だ。若い遊牧民の物語が、感情の面で無愛想でぞっとするようなものであるのに対し、子供の物語は繊細で心温まるものだ。こうした神話が描くものは、年長の遊牧民に養育される、子供の芸術家だ。子供の目を通して注意深く観察することで、大人の世界が**危機**にある可能性（『くまのプーさん』の主人公となるクリストファー・ロビン）を認知できるのである（オランダの少年の話のように事実でないこともあるが）。

これら四つの原型《アーキタイプ》の神話では、正反対の気質の二つの組み合わせと逆さになった、人生の循環の二つの組み合わせがあることがわかる。複数の世代が神話になると、遊牧民は年下の英雄と年上の預言者の間に挟み込まれるのが普通だ。そして芸術家は、年下の預言者と年上の英雄の間に挟み込まれる。

こうして原型《アーキタイプ》は、常に同じ順番で繰り返し生まれてきた。これはほぼすべての時代と文化に共通する。それは何故か？　社会が事件（または物語）を神話に昇華させる時、人間が持つ不変の本性が明らかになるからだ。この順番が反映しているのは、それぞれの原型《アーキタイプ》のなかで抑圧されている影へのぼんやりとした理解だ。世代が何らかの異なった順番（たとえば、英雄から始まって預言者、芸術家、遊牧民）で登場することが可能なら、影が顕《あらわ》れるのははるかに難しくなるだろう。つまり社会が無意識による揺り戻しを起こして、文明が悪質な不品行を正すことが難しくなってしまうのだ。

ユングが個人を観察して得たものは、世代についても当てはまる。それぞれの原型《アーキタイプ》の影が一番よく顕現させるものは、人生の循環で正反対にあり、人生の段階が二つ分離れたところにあるものだ。あまりにも楽観的な英雄が歳をとっていくと、若き預言者の新鮮な洞察と対峙することになる。悲観的な預言者が歳をとると、若き英雄の勇気と対峙する。冷淡な遊牧民が年をとると、それは若き芸術家の感性と対峙し、そして癇癪《かんしゃく》持ちの芸術家は、若き遊牧民の生存技能と対峙することになる。

こうした原型《アーキタイプ》の連鎖がわかると、よく言われる「非常に高齢な世代と非常に若い世代の間の類似性」がよく説明できる。その理由は、両者の時間の上での立ち位置が、循環全体一つ分離れたところにあるためだ。一つの世代の影が人生の段階二つ分年長（または年少）のところにあるなら、ある世代の原型《アーキタイプ》に一致するものは、人生の段階四つ分年長（または年少）のところにあることになる。「すぐ上の世代よりはるかに隔たった世代のほうに親しさを感じることが多いのは……自然なことだ」と、イーゴリ・ストラヴィンスキーはかつて述べている。祖父母と孫の間の類似性は、世界中で民衆の知恵となっている。家族の世代がそれぞれ人生の段階二つ分の世代とほぼ同じとするなら——両親が子供の影になり、祖父母と子供が一致するなら——この民衆の知恵は、原型《アーキタイプ》の連なりを直接反映していることになる。

米国史上最大の神話の一つである『風と共に去りぬ』で、マーガレット・ミッチェルは六〇年以上の時を隔てて生まれた原型《アーキタイプ》との間に類似点があることを、自分がつくったキャラクターに認めさせている。物語の中で主人公の一人であるレット・バトラーは、スカーレット・オハラに次のように語っている。

君が違っているとしたら、それは孤立だ。同い年の人間からだけでなく、自分の親や子供の世代からも孤立している。彼らが君のことを理解することは絶対にない。君が何をしようと、彼らは衝撃を受ける。でも君の祖父母は、おそらく君のことを誇りに思って言ってくれるだろう。「私たちにそっくりだ」と。君の孫たちは羨《うらや》んで溜息をついて言うだろう。「お婆ちゃんはすっごくヤバかったんだろうなぁ！」と。そして君の真似をしようとするだろうね。

自分の「海賊のような」祖父について述べながら、レット・バトラーは「祖父のことを崇拝してて、真似しようとしてたね、父を真似するよりはるかに。父は穏やかな紳士で、品行方正にして信心深いことわざばかり言う人だったから——どうなったかわかるだろう？」と言っている。バトラーはスカーレットの子供が「強烈な性格をもつ人間の子供の常として、人当たりの良い、神経質な子になるだろう――だから君は孫から認められないといけない」と予言している。マーガレット・ミッチェルの書いた物語で、バトラーとスカーレットは（遊牧民の）富裕世代を代表している。彼らの両親は（芸術家の）「妥協の世代」である。二人の子供は（芸術家の）「革新主義者の世代」になる。孫はおそらく（遊牧民の）「喪失の世代」だ。

これこそが、こうした現代の神話が解き明かすものだ。自分の世代は、自分たちを形づくった世代とは違う。しかし「自分たちを形づくった世代」とは非常に似ている。原型《アーキタイプ》は自分と似た原型《アーキタイプ》を造り出さない。その代わり、自分たちと似た原型《アーキタイプ》の影を造り出すのだ。

原型の循環

こうした神話は、ある論理的必然性を示している。世代間で違いが生まれるならば、正反対の極をなす原型《アーキタイプ》が四つあるということだ。そうでなければ何故、若き英雄が生まれることができるのか？　それは、自分のことに夢中になっている年上の預言者が、俗世では大切にされていることへの反応ではないのか？　なぜ若き預言者が生まれるのか？　年上の英雄は自惚《うぬぼ》れ上がり、その精神が自己満足に堕していることへの反応ではないのか？　つまりどの世代も、人生の段階で自分たちより二つ分若い人々を形成する上で、強い影響を及ぼさざるを得ないのだ。

こうした人生の循環を横断する重要な関係は、大部分の社会でまさに見受けられるものだ。こうしたことが起こる理由は、新たな子供の世代が世界に関する第一印象をかき集める時に、新たに中年期に達した世代が子供をとりまく仕組みを支配するようになるからである。子供と血のつながった両親が子供より前の二世代の中でほぼ均等に散らばっていたとしても（世代の長さは平均で約二一年だ）、より年長の親の集団が支配的な役割を担うことになる。ベビーブーマー世代の親は、兵士の世代と沈黙の世代だが、兵士の世代のほうが一九五〇年代にははるかに大きな力を持っていた。学校やＰＴＡ活動や小児科診察、テレビ、映画は、兵士の世代が仕切っていたからだ。一九九〇年代も同様である。ベビーブーマー世代と第一三代の世代がミレニアル世代である子供を誕生させたが、その気風を決めたのはウィリアム・ベネットやヒラリー・クリントン、スティーブン・スピルバーグ、ビル・ゲイツと同じベビーブーマー世代だった。同じように喪失の世代であるノーマン・ロックウェルたちは、沈黙の世代の、そして沈黙の世代であるビル・コスビーたちは、第一三代の世代の方向性を決定した。同様に第一三代の世代であるジョディ・フォスターたちが、二一世紀初頭に生まれる子供たちの気風を決めるはずだ。

一つ上の人生の段階でも、このパターンの繰り返しである。子供の世代が成人すると、その年長の世代が老年期に到達して、若き成人の世界を取り巻く仕組みを支配するようになる。若い世代が軍務につく年齢になると、人生の循環において対極にある影の世代が、宣戦布告のために持つ権力が最大になる。たとえば国家指導層において一つの世代が持つ支配力について、米国の歴史で考えてみよう。この支配力は通常、その世代の最初の集団が六五歳になった時にピークに達する――そして歩兵は平均して約四二歳（人生の段階二つ分）若いことになる。兵士の世代は（伝道師の世代が宣戦布告した）第二次世界大戦を戦い、沈黙の世代は（喪失の世代が宣戦布告した）朝鮮戦争を戦った。ベビーブーマー世代は（兵士の世代が宣戦布告した）ベトナム戦争を戦い、第一三代の世代は（沈黙の世代が宣戦布告した）湾岸戦争を戦った。

こうした人生の循環を横断した関係は、米国の歴史を通じても事実であることが認められる。ベンジャミン・フランクリン（預言者）の「覚醒の世代」が、トーマス・ジェファーソン（英雄）の「共和主義者の世代」が持つ方向性を決めた。つぎに「民主共和派の世代」が、エイブラハム・リンカーン（預言者）の「超絶主義の世代」について決定した。その間にジョージ・ワシントン（遊牧民）の「自由の世代」は、ダニエル・ウェブスター（芸術家）の「妥協の世代」が持つ方向性を決定した。そして「妥協の世代」は後に、ユリシーズ・グラント（遊牧民）の「富裕の世代」に同じことをしたのだ。

それぞれの原型《アーキタイプ》が影に示す反応は、友好的なものにも、敵対的なものにもなり得る。ルーク・スカイウォーカーと父との関係が二重性を持っていたように、何らかの形で両側面があるのが普通である。大部分の両親は中年期に達すると、新たな世代を育てようとする。その時に意図しようとしまいと、新たな世代が集団として持つ外的人格《ペルソナ》が、親たちのものを真似るのではなく、それを補完するように育てる。しかし後に、そうした養育の結果は驚くべきものになることが多い。兵士の世代である小児科医のスポック博士は、第二次世界大戦直後に、「理想的な子供が必要だ」と宣言し、その言葉に従って同世代人はベビーブーマー世代を育てた。しかし多くの者は後に、ナルシストになった子供に怒りの声を上げげた。沈黙の世代の作家ジュディー・ブルームは、意識革命の真っ只中に、「子供を常に保護しなければならないという考え方は嫌いです」と書いている。そして同世代の人々は、その言葉

人生の季節と時間

時代	〇〜二〇歳	二一〜四一歳	四二〜六二歳	六三〜八三歳	八四歳〜？
		（危機）		（覚醒）	
老年期に到達（六三〜八三歳）	芸術家	預言者	遊牧民	英雄	芸術家
中年期に到達（四二〜六二歳）	預言者	遊牧民	英雄	芸術家	預言者
成人期に到達（二一〜四一歳）	遊牧民	英雄	芸術家	預言者	遊牧民
幼年期に到達（〇〜二〇歳）	英雄	芸術家	預言者	遊牧民	英雄

に従って第一三代の世代を育てた。しかし多くの者は後に、冷淡になった子供に苦痛の声を上げたのである。

こうした人生の循環を横断する影の関係が主にもたらすものは、サエクルムの核心にあって、何度も繰り返されるパターンだ。それは、過保護と保護不足の揺り返しである。**危機**の際に遊牧民に率いられた家族は、芸術家である子供を過剰に保護してしまう。**覚醒**の際に芸術家に率いられた家族は、遊牧民である子供への保護が不足してしまう。**危機**の後で英雄に率いられた家族は、預言者である子供の自由を拡大する。**覚醒**の後で預言者に率いられた家族は、英雄である子供から自由を奪う。

こうした人生の循環にまたがる強力な現象によって、なぜ神話が特定の固定された順番で原型《アーキタイプ》を描くようになるのかが説明できる。これこそが時間の季節において、唯一あり得る順番だからだ。英雄から芸術家、預言者、遊牧民へと変わっていく、このパターンが繰り返されることで、四つの原型《アーキタイプ》から四つの世代が出現し得るようになるのだ。

前ページの表を、斜めの方向から見てほしい。すると、それぞれの原型《アーキタイプ》の間にある時代を超えた関係性と、歴史における人生の循環の立ち位置に気がつくだろう。たとえば英雄は、常に**覚醒**のあとに子供として登場し、**危機**の時に成人する。預言者は常に**危機**のあとに子供として登場し、**覚醒**の時に成人する。

ここで現代米国史における、過去の世代をもう一度眺めてみよう。ここでは各世代に原型《アーキタイプ》を割り当てた上で、ある年齢層の人間が、他者から同時代にどのように見られていたかを属性として記した。

それを示した次ページの表も、同じように斜めの方向から見てほしい。すると、おなじみとなった人生の循環の中での外的人格《ペルソナ》を、今日の世代が持っていることが見て取れる。集団というのは、時間と年齢を斜めに突っ切るように出現している。こうした対角線は、世代が持つ原型《アーキタイプ》のつながりとして読み取れる。それぞれの原型《アーキタイプ》が二つ先の原型《アーキタイプ》の影となっているとともに、四つ先のものとは一致することがわかる。「革新主義者の世代」から四つ先に行って初めて、同時代に「新たな革新主義者」と呼ばれた世代、つまりマイケル・デュカキスやゲイリー・ハートがいる「沈黙の世代」が出てくる。「伝道師の世代」から四つ先に行って初めて、同時代に「学生過激派」「不正追及者」というレッテル

最近の世代と原型

時代	主要な事件	老年期に到達（六三～八三歳）	中年期に到達（四二～六二歳）	成人期に到達（二一～四一歳）	幼年期に到達（〇～二〇歳）
一九〇八～一九二九年	四つの自由 第一次世界大戦 禁酒法 進化論裁判	革新主義者（芸術家） 共感	伝道師（預言者） 道徳主義	喪失（遊牧民） 疎外	兵士（英雄） 被保護
一九二九～一九四六年（危機）	大恐慌 ニュー・ディール政策 真珠湾攻撃 Dデイ	伝道師（預言者） 賢明	喪失（遊牧民） プラグマティズム	兵士（英雄） 英雄的	沈黙（芸術家） 閉塞
一九四六～一九六四年	マッカーシズム レヴィットタウン 豊かな社会 リトルロック高校事件	喪失（遊牧民） 強壮	兵士（英雄） 傲慢	沈黙（芸術家） 繊細	ベビーブーマー（預言者） 耽溺
一九六四～一九八四年（覚醒）	ケント州立大銃撃事件 ウッドストック ウォーターゲート事件 納税者の反乱	兵士（英雄） 強力	沈黙（芸術家） 優柔不断	ベビーブーマー（預言者） ナルシスト	第一三代（遊牧民） 遺棄
一九八四年～？	ペレストロイカ 国家債務 文化戦争 O・J・シンプソン裁判	沈黙（芸術家） 共感	ベビーブーマー（預言者） 道徳主義	第一三代（遊牧民） 疎外	二〇〇〇年代（英雄） 被保護

を貼られた世代（若き日のベビーブーマー）が出てくるのだ。「喪失の世代」から四つ先に行くと、メディアがたびたび「新たな喪失の世代」と呼ぶ第一三代の世代と出くわす。

それぞれの原型《アーキタイプ》が歳をとると、その外的人格《ペルソナ》は重大かつ特有の変化を起こす。すべての生ける物は最初に自分自身を表していた形態に反する運命に向かって進んでいくという、古代ギリシャの教理が繰り返されるのだ。

しかし同時にどの原型《アーキタイプ》も、変わることのない根本的なアイデンティティを持っている。「価値観がもつ方向性は、ある世代の一生の間に大きくは変わらない」と書いたのは、社会学者のJ・ズビ・ネイマンワースだ。「一つの世代の人々は、そのほとんどが若い頃に受け継いだ価値観を、墓場まで持ち込む」と彼は指摘している。ある世代が中年期における指導的役割をいったん完全に占領してしまえば、自分たちの方向性を反映するように社会環境を変えることは容易だ。同時に知ってか知らずか、影となる新たな世代の子供を育てることになる。そしてその影たちは、親の世代を支配する精神構造に挑戦するようになる。親の世代が老年期に達し、影を理解できなくなると、子供の世代が成人し、影として出現する。そして高齢者による不品行と考えるものに反抗するようになる。

このリズムにあらゆる種類の歴史上の事例を当てはめると、四種類の世代の循環が明らかになる。以下に預言者の原型《アーキタイプ》——世紀の春に生まれた者たち——から始まるリストを挙げておく。

●預言者の世代は、快楽への耽溺《たんでき》を深めていく**危機**後の子供として成長する。彼らはナルシストで、**覚醒**の若き推進者として成人する。次に道徳主義的な中年として原則を定める。そして次の**危機**では先導役の賢明な高齢者となる。

●遊牧民の世代は、**覚醒**に際してあまり保護されない子供として成長し、**覚醒**後の世界で疎外された若者として成人する。次にプラグマティストの中年として成熟し、**危機**に際して指導者となる。そして**危機**後の強壮な高齢者になる。

●英雄の世代は、強い保護を受ける**覚醒**後の子供として成長し、**危機**における英雄的なチームの一員として成人する。次に活動的な中年として傲慢さをみせる。そして次の**覚醒**で、攻撃される強力な高齢者となる。

●芸術家の世代は、**危機**に際して過保護な子供として成長し、**危機**後の世界で繊細な若者として成人する。**覚醒**の際には、優柔不断な中年の指導者として自由になる。そして**覚醒**後は、情感あふれる高齢者となる。

この四種類の循環に気がついた者はいただろうか？　もちろんである。なぜならそれは、一〇〇〇年の間に何回も繰り返し起こってきたことだからだ。

原型と歴史

ソロモン王の治世に、ユダヤ人が聖なる歴史を記述し始めた。その集団としての記憶の中で、エジプトからの脱出と、パレスチナでの定住ほど大きく新鮮なものはない。この事件と、彼らが歴史の記述を始めた時の隔たりは、現在のわれわれとメイフラワー号の間にあるものとほぼ同じである。今日でさえ、この二つの事件は旧約聖書二四巻のうち六巻を占めている。

エジプトからの脱出は、基本的には四つの世代の物語だ。

一．モーセの聖なる仲間たち。若い成人として、彼らはユダヤ人を神の魂に気づかせた。俗世の特権を拒み、ファラオに治められたエジプトに反抗する。その後の人生で彼らはユダヤ人を率いて奇跡に満ちた旅に出た。その旅は紅海をわたり、約束の地であるカナンの辺境にある荒野にまで至るものであった。

二．黄金の子牛への崇拝。神がユダヤ人をさらなる艱難辛苦《かんなんしんく》で罰したのは、こうした彷徨える者と「無信心の者」が犯した罪のせいだった。彼らは若すぎて、モーセによるファラオへの挑戦には参加できなかった。しかしエジプトにおける魅惑的な豪奢《ごうしゃ》な暮らしを覚えているくらいには歳を取っていた。

三．ヨシュアの従順な兵士たち。彼らはエジプトからの脱出後に誕生し、勝ち戦を起こしながら成人した。そして長老となったモーセによって指導者に任ぜられた。カナンに入境すると（彼らより年長者は入境を許されなかった）、団結心と武人としての統制によって原住民を征服し、モーセの夢を実現した。

四．最初の審判の世代。彼らはヨシュアの戦いの影に隠れた、若い「後継者」だった。瀕死のヨシュアによって、自分たちが享受している「土地は汝らが耕したものではなく、街は汝らが建設したものではない」ことに気がついた。彼らによる力の行使の特徴は、政治的分裂と文化的洗練、そして未来への不安にあった。

旧約聖書では一つの人生の段階の長さを二〇年としている――これは男性ならば、「戦争に行ける」

年齢である。このように、旧約聖書では八〇年にわたる人生の循環を、（もしモーセとヨシュアの伝えられている享年が誇張だったとするなら）四つの世代と四つの人生の段階を包含したものとして捉えることができる。モーセが率いたエジプト脱出と、ヨシュアが率いたカナン侵攻の間に、ちょうど四〇年が経過している。ユダヤ人がジェリコの決戦に勝利した時、モーセは高齢者であり、黄金の子牛を拝む彷徨える者は中年期にあり、兵士であるヨシュアたちは若き英雄だった。そして審判の世代は、後継者である子供たちとして姿を現しつつあった。さらに四〇年経つと、ユダヤ人による征服は確固としたものになった。ヨシュアたちの統制された世代は高齢者となり、審判の世代がやっと指導者となった。そして「新たな世代が続いた。彼らは神も、神がイスラエルのためにしてくれたことも知らなかった」のだ。

この物語を通して脈打っているものは、八〇年にわたるサエクルムのリズムである。**覚醒**とともに始まり、**危機**とその後の楽観的な時代に及んでいる。世紀のリズムを推し進めたのは四つの原型《アーキタイプ》で、それぞれが歴史の中で期待された特定の立ち位置を持っていた。モーセの世代は預言者、黄金の子牛の世代は遊牧民、ヨシュアの世代は英雄、そして審判の世代は芸術家だった。

聖書に書かれた事件の順番は、カナン占領の直後から混乱に陥っているので、新たなサエクルムがそれ以前のものが終わった時期から始まったかどうかはわからない。学者が示唆するところでは、後継の世代は四段階からなる循環を繰り返していったという。それは自己満足、預言、処罰、そして解放の四段階である。事件、特に悪いことが起こると、旧約聖書はその結果（普通は呪いと処罰）が「四世代先まで」届くが、それ以上には及ばないと警告することが多い。しかし古代ユダヤ人はその後、モーセのものに見合うような宗教上の啓示や、ヨシュアのものに見合うような世俗的な大勝利を得ることはなかった。世代の循環がかつては存在したとしても、それが消失してしまったからである。「伝道の書」に記されているように、「一つの世代が立ち去り、新たな世代が来たる。しかし地は永遠に変わらぬまま」である。

エジプト脱出の物語は、紀元前一三世紀に起こったと考えられている。その頃、新たな世代の神話が古代エーゲ海世界で花開いたと言われている。ホメーロスは、旧約聖書の著者と同様に、世代交代のリズムを自然に感じ取っていた。彼は『イーリアス』(*The Iliad*)に「葉が世代を重ねるように、人もまた」と書いている。「風が一時葉を揺らして地上に落としたとしても、木々は花を咲かせ、生命を産み出し春という季節が巡ってくる。人の世代も同じことで、代わるがわる立ち現れ、立ち去っていく」というのだ。

『イーリアス』と『オデュッセイア』(*Odyssey*)における四人の主要な登場人物たちは、四つの世代の原型《アーキタイプ》を、神話上の人になぞらえたものだ。ネストール(預言者)、アガメムノーン(遊牧民)、オデュッセウス(英雄)、テーレマコス(芸術家)である。彼らの人生の循環は、年代順に展開していく。時はトロイア戦争の約一世代前のことだ。中年期のネストールは信心深さで有名で、ピュロスの支配者だった。アガメムノーンは子供の頃の家族による凶行を生き延び、莫大な富を持つ若い王子である。オデュッセウスはイタケーで猪を狩る若者だった。テーレマコスはまだ生まれていなかった。

戦争中、ネストールは「白髪の」賢人とともにアカイア同盟を仕切っていた。血気盛んな戦士の歳ではなくなったが、呪われつつも抜け目ないプラグマティストであるアガメムノーンは、若い兵士を率いていた。戦争によって、オデュッセウス、アキレス、アイアース、ディオメーデースは、偉大なる勝者となった。一方オデュッセウスの妻であるペーネロペーは、テーレマコスを育てていた。テーレマコスは繊細な子供で、大人の忠告に従っていた。二〇年後に戦争は終わり、ネストールは無事に故郷へ戻った――アガメムノーンも帰郷したが、自分が犯した多くの罪のせいで殺されてしまった。オデュッセウスはイタケーに帰り、そこで中年期の英雄として王国を救った。テーレマコスは成人し、従順に父の助けを受けていた。そして平和の時に王の座を継ぐことを楽しみにしていた。

　神話は、サエクルムの四分の三が過ぎ去った後に終わる。物語は**危機**をめぐるもので、**覚醒**については触れていない。ホメーロスはその次にどうなるかは述べていない。ユダヤ人と同じく社会の伝統が変わることなく繰り返されることで、世紀のリズムはここでも消えていったのだ。かつてはその伝統からリズムが生まれていたのに、循環は消え、暗黒時代が戻ってきたのであり、もはや時代を描く詩が生まれることもなくなったのだ。

　旧約聖書やホメーロスの叙事詩がそうであるように、古典文学は世代の循環についての刺激的な断片に満ちあふれている。昔の偉大な詩人と歴史家――ホメーロス、トゥキュディデス、ウェルギリウスそしてリヴィウス――は英雄の原型《アーキタイプ》が始める循環に焦点を当てるのが普通だった。一方で聖なる神話は、預言者の原型《アーキタイプ》が始める循環、つまりアブラハム、モーセ、老子、仏陀、キリスト、ムハンマドから始まるものに焦点を当てていた。

　古代社会は、世代の神話について二つの基本的なタイプがあることを明らかに知っていた。一つは武人のもの、つまり組織を創設する事件から始まる。もう一つは精神的なもの、つまり価値観を創始する事件から始まる。この二つの間に（単にどちらも神話というだけでなく）歴史的なつながりがあるかもしれないと誰かが直観的に悟るのは、時間の問題でしかなかった。

最初にこのつながりを見つけたのは、有名な政治哲学者のポリュビオスかもしれない。紀元前二世紀にポリュビオスは、ギリシャ・ローマの都市国家の歴史を研究し、政治体制の発達が繰り返されることに気がついた。それは王政から貴族政治、民主政、そして無政府状態に至るものであり。そしてそこから新たな王政が生まれるのだ。この発達自体は、とりわけ目新しいものではなかった。プラトンやアリストテレスもすでに同じことを述べている。しかしポリュビオスの考察は、さらに深いものだった。彼はこの発達を、世代の継承とはっきり結びつけたのだ。彼の見るところでは、都市国家の最初の王は強力で善良であるのが普通だ。しかしその子は虚弱で腐敗しており、結局は子供世代の間で貴族の反乱が起こる。創設された貴族政治の統治は良好なものだが、その次の世代は寡頭政治に陥《おちい》る。そして民主政を目指す反乱が、次の世代の間で起こる。一世代の後、民主政を始めた者たちの子供が暴徒に堕ちて暴民政治を始め、無政府状態に至る。そうした道筋を経て、新たな王が統制を取り、この循環が繰り返される。こうした連鎖が起こるのにどれだけの時間が必要か、ポリュビオスは述べていない。だが緩慢《かんまん》な場合は数世紀に渡り、急速な場合は一サエクルム（四世代）に渡るのは明らかである。

約一五〇〇年後、熱血漢の哲人政治家であるイブン・ハルドゥーンが、同様のパターンを中世イスラム世界の政治に見出した。彼は学術書の『歴史序説』（*Muqaddimah*）を書き、そこで中世イスラム王朝の「威光」は「四世代しか続かない」とした。最初の世代は、征服によって支配を確立し、その後は非の打ち所のない権威を持って統治する。第二世代は先代の偉業を目にして崇拝するが、弱々しい模倣しかできない。王朝がどのように創建されたかを直接知ることがない第三世代は、創始者の品格を欠いているだけでなく、それを無視してかかる。そして王朝はさらに衰退していく。分別のない保護者のもとで成人した第四世代は、王朝を蔑《さげす》みながら大人になる。そして王朝は崩壊するのだ。その混乱の中から、後の世代が新たな王と王朝を産み出し、循環が繰り返される。王朝の品格に関する循環は、全体で約一世紀にわたり、その軌跡と寿命を、ハルドゥーンは豊かな比喩を使って人生そのものの循環に結びつけている。

ポリュビオスとハルドゥーンが近代社会理論の先駆者と讃《たた》えられることが多いのは、二つの発見による。まず一つ目は、歴史は段階（環状のものか一方向にのみ進むものかという話は別として）を踏んで進んでいくということだ。二つ目は、親子間の緊張が原動力となって、社会を一つの段階から次へと推し進めていくということだ。フランス革命後、この二つの概念の影響は急速に高まった。一九世紀には教育を受けた人間の大部分が、「歴史は系統的に発達する段階に従って進んでいく」と考えていた。また世代の絶え間ない変化が、こうした動きの方向性を決める上で何らかの重要な役割を果たしているとも考えられていた。必然的に、この二つの考えは相互に影響を与え始めた。フランスの言語学者であるポール＝エミール・リトレが歴史――道徳から産業、科学、美意識に至るまで――は四段階の進歩を遂げるとした時、彼はその段階を、各世代が次々に続いていく様子にたとえた。ロシアの小説家のイワン・ツルゲーネフが『父と子』を出版した時、当時の読者たちはツルゲーネフが社会変化論を批判していると思った。

この相互影響という考え方を、学者のジュゼッペ・フェラーリほど真剣に受け取った者はいない。ナポレオン没落の頃に生まれ、一八四〇年代の若き過激派と共に成人したフェラーリは、西洋の歴史の中にハルドゥーンのものとまったく同じ循環を見出していた。生まれ故郷のピエモンテがオーストリア＝ハプスブルグ王家に支配されていた頃、フェラーリはイタリアの共和主義者だった。一八四八年の蜂起が失敗に終わると、彼は他のイタリア人知識人とともにパリに脱出した。彼はそこで、『政治的時代論』（*Teoria dei periodi politici*）を書いている。これは、「政治上の時代」が世代を原因として発生したことを研究した学術書である。彼は世代の変化こそがローマ帝国滅亡以降のすべての文明の進歩の裏にある唯一の原動力だと考えていた。彼の「論」（*Teoria*）は、何世紀にもわたる「世代」（Generazioni）を、幅広い知識によって列挙している。彼はそれを四タイプの循環に分類し、仏独伊露など、すべての国の歴史にある「栄枯盛衰の最大の要素」だと主張した。フェラーリによると、革命の世代は新たな理想を打ち出し、反動の世代はその理想と闘うという。さらに調和の世代は、その理想を使ってコミュニティをつくり、政治制度を打ち立てる。そして予備の世代がその調和を巧みに蝕《むしば》み、その後はこの循環が繰り返されるとした。

半世紀後には、歴史感覚の過剰摂取が新たに起こった。その頃に成人したヨーロッパの世代への、第一次世界大戦の影響である。これに触発されたドイツの歴史家であるエドゥアルト・ウェクスラーは、「世界観に関する苦闘」の連続としての「世代」について書くことになった。彼は「古代ギリシャまで遡《さかのぼ》る、あらゆる概念や思想、経験、理解に関する、四つの古典的基本」を特定した。彼によれば、この四つの基本は決まった順序でお互いの後に続いていくという。この四つの基本とは、物理的

―機械的、合理的―数理的、宇宙的―有機的、倫理的―個人的である。彼によれば、この基本には、それぞれ人生に関するほぼすべてのものに対する独自の考え方（*Denkform*）があるという。憎悪、愛、芸術への眼差し、神への考え等についてである。そして世代のそれぞれの種類に、思考の形式（科学、レトリック、神話、叙事詩）と、思考の幾何パターン（ピラミッド、円錐、円、らせん）を割り当てている。

第二次世界大戦の直後にアーノルド・トインビーは、自らが論じた戦争の循環の根底にある「自然的世代循環」（Physical Generation Cycle）を記した。これは実際のところ、世代の種類についての理論であった。彼は大戦争が周期的に発生する理由を、戦争が異なった年齢の人間にもたらす効果のせいだとしている。ある大戦争で兵士であった若者は、後に高齢の指導者として戦争を振り返り、新たな戦争の布告を慎む。そして最初の大戦争の記憶がまったくない者が、次の大戦争を布告するのだ。戦争を戦う者と布告するものの間に過渡期の世代を挿入すれば、トインビーの循環一つ分の間にまたがる、四種類の循環期ができる。

最近の意識革命によって、四種類の世代に関する理論が新たに二つ生まれた。一つはヨーロッパのもので、もう一つは米国のものだ。一九二〇年代にホセ・オルテガ・イ・ガセットが、すでにファシスト時代の前におけるヨーロッパの世代がとった「重要な軌跡」について詳細に書いていた。しかし彼はその理論を体係的にまとめてはいなかった。実際は、彼の死後に弟子たちがまとめた。ジュリアン・マリアスは師のアイデアを、当時奔放《ほんぽう》だった「一九六八年の世代」（米国のベビーブーマーの欧州版）の分析に適用した。マリアスは四つの部分からなる循環を特定した。最初の世代が創造と創始を担い、第二の世代は体制に順応した個性を産み出す。第三の世代は思案の末に理論化し、第四の世代は型にこだわる様式や慣習に異議を申し立てる。

米国ではほぼ同時期に、ハーバード大の政治学教授であるサミュエル・ハンティントンが、自分が世代間のギャップを受けとめる側にいることに気がついていた。そのギャップにより、自分たち兵士世代の教員は奔放なベビーブーマー世代を相手にしなければならなかったからである。それに対する彼の対応は、四つの部分からなり繰り返される、IvI 循環（制度と観念＝Institutions versus Ideals）を定義することだった。これは制度の成長と価値観の成長の時期が、一七七〇年代から一九六〇年代までの二世紀にわたり交互に続いてきたというものだった。ハンティントンの周期は、本書で提唱するサエクルムと一致する。彼は世代の形式論をはっきり特定していなかったが、彼が意図したものは明らかだ。最初の世代は制度をつくる。第二の世代は、その制度を完成させるとともに、自己の道義的失敗を知るようになる（ハンティントンが〝偽善〟と呼ぶ態度である）。第三の世代は、新たな観念を提議し、第四の世代は、その観念を試すとともに、実践での失敗を悟る（ハンティントンが〝冷笑〟と呼ぶ態度だ）。

さらに時代を下ると、ジョージ・モデルスキーが四つの部分からなる循環を発見している。彼の場合は、トインビーによる戦争と平和の長周期の循環を参考にしている。世界史、特に米国を見たモデルスキーは、規範の設定と目標の達成が周期的に交互に発生する様を描いている。「社会の変化は四つの段階を踏んで発生する」というタルコット・パーソンズの教えを受けて、社会は中間段階を経ずに規範設定から目標達成、そして新たな規範設定の段階には到達できないとモデルスキーは主張した。

四つの部分からなる世代循環

出典	預言者	遊牧民	英雄	芸術家
旧約聖書	モーセ（預言者）	黄金の子牛（無信心）	ヨシュア（英雄）	審判（経営者）
ホメーロス	ネストール（賢明）	アガメムノーン（呪縛）	オデュッセウス（傲慢）	テーレマコス（従順）
ポリュビオス	ポピュリスト	無政府状態	王政	貴族政治
ハルドゥーン	無視	蔑み	創建	崇拝
フェラーリ	革命	反動	調和	予備
ウェクスラー	有機的（神話、円）	個人的（叙事詩、らせん）	機械的（科学、ピラミッド）	数理的（レトリック、円錐）
トインビー	宣戦布告	高齢で戦えない	戦闘	若すぎて戦えない
マリアス	思案	慣習への異議	創始	体制順応
ハンティントン	道徳化	冷笑	制度化	偽善
モデルスキー	規範	競争	建設	順応

モデルスキーが「社会のメカニズム」と呼ぶのは、四つの部分からなる世紀の動きの根底にあるものだ。建設から順応、規範、そして競争の世代が、連続して成人していくのだ。

こうした理論すべてに反映されているパターンは、旧約聖書にまでさかのぼることができる。四つの部分からなる循環は、四〇〇〇年にわたり、複数の文化における想像しうるすべての政治・社会システムに見て取れる。名称はさまざまだが、原型《アーキタイプ》の順序（預言者、遊牧民、英雄、芸術家）は常に確認することができるし、それは常に同じなのだ。

古代社会では、**危機**が英雄の世代を産み出すか、**覚醒**が預言者の世代を産み出すと、この四つの原型の循環が必ず出現していた。ところがその後は伝統という惰性によってこの循環が弱まり、社会を決まり切った、変化のない、各自の人生の段階の役割へと押し戻してしまったのである。しかし近代が始まると、この世代の循環はまたしても出現した。しかも今度は伝統が退き、四つの原型《アーキタイプ》の循環が自力で継続していった。J・ズビ・ネイマンワースは、歴史のどんな問題であろうと「順序立てて完全に解決しようとすると、連続した四世代が丸々必要だ」と主張している。さらに彼は、われわれのような現代人にとって「こうした世代継承が、時の輪転を明確に描き出すかもしれない」と示唆している。

そして人類史上において、米国ほど世代の循環が時の輪転を強力に推し進めてきた実例が明示されている国はない。

第四章　歴史の循環

ラシュモア山の花崗岩に刻まれているのは、ジョージ・ワシントン、トーマス・ジェファーソン、セオドア・ルーズベルト、そしてエイブラハム・リンカーンという四人の偉大な米国の指導者のモニュメントである。彼らの生まれた年は一二六年も離れていて、四つの異なる世代（自由、民主共和派、革新主義者、そして超絶主義）を代表している。しかしラシュモア山には、それ以上の意味がある。それらは各原型《アーキタイプ》のうち、最も有名な大統領であることを永遠に証言するモニュメントだからだ。

ではそれらを左から右に眺めてみよう。それらが刻まれている順番は、年代順ではなく、世紀の順だ。遊牧民、英雄、芸術家、そして預言者である。ラシュモア山へ彫刻を施したガットスン・ボーグラムの狙いは、原型《アーキタイプ》の神話に再び力を与えることにあった。

数百万の米国人は、このモニュメントに自国の歴史が絶妙のバランスをもって表現されていることを感じ取ってきた。偉大な原則を守ったことで記憶される世代もあれば、偉大な組織制度を設立したことで記憶される世代もある。プラグマティズムと大胆さで記憶されることもあれば、学びと柔軟性で記憶されることもある。それぞれの原型《アーキタイプ》は独自の偉大さや、特別な美徳と能力を産み出してきた。成長と繁栄、そして歴史の衝撃を生き延びるために米国に必要だったのは、こうした原型《アーキタイプ》のうちの一つや二つだけではなかった。実際のところ、四つのすべてが必要だったのだ。
こうした四つの原型《アーキタイプ》が力を合わせたのは偶然ではない。それは、人類がある疑問を尋ね始めた時に生まれた、ダイナミックなバランスが映し出されている。その疑問とは、どうすれば社会を**より良いものにできるのか？**というものだ。

米国の循環が誕生した時

原型《アーキタイプ》の循環が本格的に回り始めたのは、世界が循環する時間や伝統と永遠に決別した、まさにその瞬間だった。これは一五世紀の最後の四半期に西ヨーロッパで最初に発生したものだ。

ルネッサンス――ジュール・ミシュレとヤーコプ・ブルクハルトの両方が「世界と、そして人間の再発見」と呼んだもの――は、西洋が本格的に近代史に踏み込んだことを示すものだった。ルネッサンスとは栄光に満ちた芸術と建築の時代であり、いまや「人間」が「あらゆる物の基準」であることをまさに表していた。独裁者による建国の時代であり、支配者は強大な権威を集中させた。そして大砲や砲艦、マスケット銃、歩兵の集団をもって、血塗られた新たな勢力均衡《バランス・オブ・パワー》をつくり出した。華やかな商業活動と持続的な人口増加のおかげで欧州に瞬《また》く間に世界帝国が台頭した、驚くべき海外探検の時代だったのだ。
しかし中国への海路と無数の宮殿を生み出したにもかかわらず、近代の誕生はまだ半分しか完成していなかった。最後の半分が完成したのは、それから四〇年から五〇年後の、近代の分身が宗教改革の白熱した精神の中に登場した時だった。そして宗教改革は、異端と改革、反動、迫害を伴っていた。宗教改革は、道徳について信念の探求を再定義した。個々人が認識できる原理という意味で、この探求に世の中の聖職者や支配者が興味を持つことはもうなかった。個人と神の間の媒介を取り除くことで、宗教改革は信心と良心についての完全に近代的な定義を誕生させた。ルネッサンスが中世の持っていた世俗的な秩序を粉砕して再び組み上げたのと同じことを、宗教改革は中世が持っていた宗教的な秩序に対して行ったのだ。ルネッサンスが歴史上の時間を幸福への俗世の進歩と再定義した一方、宗教改革はそれを「救済への精神の進歩」と再定義した。ルネッサンスと宗教改革が歩み始めると、西洋社会の歴史と未来への見方は激変せざるを得なくなった。

　こうした変化を活気づけたのは、ヨーロッパの注目すべき二つの世代だった。最初の世代は英雄の原型《アーキタイプ》を具現化し、一五世紀中盤の二〇年間に生まれた。その世代の中でも有名な者は、征服や合理主義、実用的な発明に共感していた。

　支配者として、豪華王ロレンツォ・デ・メディチやブルゴーニュのシャルル豪胆公、ロシアのイヴァン大帝、スペインのフェルナンド二世とイサベル一世がいた。芸術家としては、ボッティチェリやレオナルド・ダ・ヴィンチ、ドナト・ブラマンテ。探検家としては、クリストファー・コロンブス、アメリゴ・ベスプッチやバスコ・ダ・ガマである。もう一つの世代はそれから約四〇年後に生まれ、預言者の原型《アーキタイプ》を体現していた。欧州大陸で最もよく知られた者としては、マルティン・ルター、ジョン・カルヴァン、ウルリッヒ・ツヴィングリ、ウィリアム・ティンダル、スペインのカール五世、そしてイグナチオ・デ・ロヨラといった面々である——彼らが共感したものは、内なる熱情、自己陶酔、そして批判的な考え方などであった。

このように近代性は、世代の原型《アーキタイプ》同士の劇的な衝突から創りだされたのである。最初の英雄世代は人間の力が自然に対して華やかさの点で卓越したことを祝福していた。一方、二つ先の世代である預言者は、英雄世代の傲慢な誇示がもつ「悪臭を放つ」不道徳に憤っていた（マルティン・ルターは自分のイタリアへの成人旅行時にそれを語っている）。そして彼らは、神の力が持つ内なる火が人間に勝ることを讃《たた》えていた。この最初の循環に推し動かされ、他の循環も続いた。こうして近代の歴史のリズムが始まり、西洋社会は今日に至るまで世代間の違いに取り憑かれるようになったのだ。

近代における世代の循環は、西ヨーロッパで一四〇〇年代末に始まったと言える。一方、米国の世代の循環の起源は、かなり正確に特定できる。起源の地はブリテン諸島であり、英語を母語とする北米社会の発展を長らく支配した社会の故郷である。時は一四八五年、勇敢な若き貴族ヘンリー七世（Henry Tudor）の兵が、リチャード三世をマーケット・ボスワースの街の近くで打ち破って殺害した時だった。この事件で薔薇戦争に終止符が打たれ、英国は力強いテューダー朝を手に入れた。これにより、英国は政治上の正統性《レジティマシー》について近代的な原理をもつ国家へと変容した。その四九年後に、ヘンリー七世の息子は熱狂と興奮の中にいる国民の支持を得て、ローマ・カトリック教会から強力な宗教的（そして俗世の）権力を取り戻すための改革を行った。そうして彼は英国に、宗教上の正統性《レジテマシー》について近代的な原理を持つ「プロテスタント」のイングランド国教会をもたらした。

ヨーロッパの他地域と同じように、英国の中世からの離脱を推進したのは、歴史を変えた二つの世代だった。その二つは、互いに原型《アーキタイプ》で対《つい》の関係となっていた。最初のものはヘンリー七世とジョン・

カボットたちの、英雄であるアーサー王の世代だった。彼らが近代政治の基礎を築いたのだ。二番目のものはヘンリー八世とジョン・ノックスといった、預言者である宗教改革の世代だった。彼らは近代の宗教の基礎を築いたのだ。

その後の二世紀にわたって、英雄と預言者の世代が交互に続き、後のアメリカの文明をはぐくむ場となっていった。

●ウィリアム・シェークスピアのような「エリザベス朝の世代」が産み出した英雄たちによって、初の永続的な英国の入植地が大西洋沿岸に築かれた（一六〇〇年頃）。

●ジョン・ウィンスロップのような「清教徒の世代」が産み出した預言者たちは、米国への初の大型移民団を集めた（一六四〇年頃）。

●カーター一世（"King" Carter）のような「名誉革命の世代」が産み出した英雄たちによって、混乱の中にあった辺境の植民地が安定した地方社会に変身した（一六九〇年頃）。

●ジョナサン・エドワーズのような「大覚醒の世代」が産み出した預言者たちが、旧世界からの新世界の社会的・精神的独立を宣言した（一七四〇年頃）。

●トーマス・ジェファーソンのような「民主共和派の世代」が産み出した英雄たちが、アメリカ合衆国をつくりだした（一七九〇年頃）。

米国における世代循環の根源が英国にあるとすることは、当然のことながら「大部分の米国人にと

って の個人の根源が地球の片隅ただ一カ所に由来する」ということではない。二〇世紀の開始時――一九〇〇年――にさかのぼれば、米国では国民の半分が自分は英国人の子孫だと考えていたのだ。いまそう考えるのは、約五分の一しかいない。もちろん大多数はいまも自分たちのことを西ヨーロッパ人の子孫だと考えているが、そう考える者の割合は確実に減少し続けている。今日における数千万の米国人の家系を辿《たど》っていけば、その大部分は古代ローマ帝国の国境内に発生した国民国家とは無縁であろう。

ネイティブ・アメリカンにとって、こうした祖先の物語は三〇〇〇年前にまでさかのぼる。その頃に初のアジア人がベーリング海峡沿いの地峡を渡り、後退しつつあった氷河の跡に部族文明を築いていた。黒人の米国人にとっての祖先の物語では中央アフリカの王国から始まり、捕獲・拘束・売買、そして新世界への悲惨な奴隷航路について語らざるを得ない。後の時代に移民した無数の者にとっての物語は、地球中に広がっている――アイルランドのシャノン川沿いのジャガイモ農場から、中国の長江沿いの水田まで、ウクライナの人口が密集した地域社会からスウェーデンの田舎の荒れ地まで、メキシコの季節労働者からベトナムのボートピープルまでと、実にさまざまだ。

今日の米国における人種の多様性にもかかわらず、新世界における歴史の循環が英国からの移民に起源を持つことは、いまでも変わらない事実である。彼らこそが後に米国となった植民地における文化の発展を独占したからだ。ジェームズタウンとプリマスを創建してから二世紀以上の間、ネイティブ・アメリカンたちはほぼ完全に植民地の文明外に追いやられていた。周辺に散在していた開拓者や罠猟師を除けば、原住民たちと意味のある対話を行った植民者はほとんどいなかった。アフリカ系米国人は欧州の開拓者たちと同じ場に暮らしており、一七七六年には全人口の五分の一近くにまで増えていた。彼らの米国社会にもたらした影響が決定的に大きいことは疑いようのない事実だ。しかしその大部分は南部四州に住んでおり、その影響は奴隷制度によって厳しく制限されていた。

ネイティブ・アメリカンと黒人を除くと、米国の人種の多様性が生まれたのは比較的最近のことだ。白人入植者の中では、アングロサクソンの移民が長らく支配的だった。一七二〇年にはプリマス植民地からのサエクルムが丸一つ分過ぎていたが、自由な身分の植民者の九〇パーセントは英国、スコットランド、またはアルスター・スコットランド（Ulster Scot）に祖先を持っていたと推定されている。一八二〇年には二個目の「世紀」が経過したが、彼らの割合はまだ約八〇パーセントだった。ここで思い出して欲しいことは、その約半分がドイツ系かオランダ系――彼らの歴史は英国のものと絡み合っていた――だったことだ。一八三〇年代にもなると、米国で自由な身分の者はほぼすべて、北ヨーロッパ出身者でプロテスタントだった。「米国人」の政治議論は、主に英国での事例についてので、英語を使用することは英国本国よりも当然視されていた。

この情況が変わり始めたのは、一八四〇年代に「富裕の世代」の移民が大量に押し寄せてきた時だった。彼らを含む移民たちは、すでに歴史に対して大きな力を持っていたアングロサクソン系米国人の世代の循環を揺り動かした。新たな月が惑星軌道に捕らわれるように、こうした新たな移民の波は、すべての党派、つまり少数派である新たな移民や、多数派である既存の住民にもすべからく影響を与えた。

この循環の起源と直接の関係はないが、アフリカ系米国人と非アングロサクソン系移民の物語も、循環のリズムと密接なつながりがある。

一七三九年の「ストノの反乱」から一八三一年の「ナット・ターナーの反乱」、そしてW・E・B・デュボイスによる世紀転換期における黒人意識運動から、一九六〇年代の長く熱い夏に至るまで、米国における人種差別への最も激しい挑戦は、預言者の原型《アーキタイプ》が成人した時期と一致している。新たな人種の台頭（一八五〇年代のドイツ系・アイルランド系カソリック、一九一〇年代のユダヤ系、イタリア系・ポーランド系、今日のヒスパニックとアジア系）は通常、遊牧民の原型《アーキタイプ》が成人する時期と一致する。同じように、最悪の排外主義的な運動は、まだ幼い英雄の原型《アーキタイプ》の幼年期を守ろうとしたその親の世代の衝動によって繰り返し発生したものだった。

世界中の移民が愛する目的地としての米国の存在そのものが、歴史の構成物としての世代の出現に重要な役割を果たしてきた。英国を含む近代初期のヨーロッパでは、世代の中で影響力を持つ構成員はエリート——つまり伝統と決別し、人生のどの段階にいようと、その時の社会における役割を再定義できる者——に限られていた。しかしジェームズタウンとメイフラワー号の時代の後、新世界がこうした機会を渡航費用の工面がつく者全員に提供したのである。一七世紀から今日まで、世代とともに変化が約束されたことが、米国が世界中の移民志願者をここまで引きつけ続けた理由の一つである。いくつもの段階——宗教的寛容、国家独立、無産階級男子への選挙権、奴隷解放、そして女性と少数民族への完全な公民権——を踏んで、世代にともなう進歩という夢を完遂する機会を、米国は多くの人々に提供してきたのである。

社会における役割を再定義して、世代の循環を進めるチャンスというのは、今日まだ不利な立場に置かれていたり、米国に来たばかりであろうとも、誰もが得られると言っていいだろう。この地で最初期の移民が創りだした社会の性質もあるが、そこに引き寄せられた人々の性質もあいまって、米国は世代の循環が機能している、世界で最も明確な事例となっている。

米国史における原型

アーサー王の世代から今日のミレニアル世代の子供たちに至るまで、英国系米国人の系統には二四個の世代がある。最初の六個世代は、純粋な英国人のものだった。次の四個世代は植民地人だったが、まだ英国の社会と政治に強い影響を受けていた。一一番目の世代（大覚醒の世代、一七〇一〜一七二三年に出生）がようやく完全に米国のものと言える初めての世代となった。彼らの名前、生まれ年、外的人格《ペルソナ》は、初めて英国の人間と大きく枝分かれしたのである。「大覚醒の世代」は、米国で生まれた者が大部分を占める最初の世代でもある。そして国家としての米国と国旗を、晩年になって初めて知った世代でもある。そのような事情から今日のミレニアル世代の子供は、中世以降の系統全体の世代としては二四代目だが、米国の系統としては一四代目なのである。

英国系米国人のサエクルムを眺めると、この二四個の世代は、生まれ年を含むサエクルムで分類できる。一つのサエクルムには大きく分けて四つの世代があり、預言者の原型《アーキタイプ》に始まり、芸術家で終わっている。最初の預言者の生まれ年と、芸術家の最後のものは、サエクルムの境界の日付と肩を並べている。繰り返されるこうした四種類のパターンには、二つの例外がある。中世末期の最初の半サエクルム（その物語は英雄の原型で始まる）と南北戦争のサエクルム（唯一完全に変則的なもので、四つではなく三つの世代しか産み出さなかった）である。全体としては、この要約から、集団としての伝記を読み取れる。それは内側から語られた、つまり人生の循環という観点から見たものである。そしてそれは、膨大な通常の学術書にあるような歴史とは、まったく異なるものだ。

四つの原型《アーキタイプ》が相互に後に続き、連鎖を繰り返した様を見て欲しい。どの原型《アーキタイプ》も、人生の循環のいずれかの時点において、**覚醒**と**危機**の両方に一度は出会っている。そしてこうしたものに出会う時は必ず、まったく同じ人生の段階に立っているのだ。決まり切った手順で歴史における立ち位置が若い世代を形成し、同時に旧世代がその立ち位置を形成する様を見て欲しい。ここでも唯一の例外は南北戦争のサエクルムで発生しており、そこでは英雄の原型《アーキタイプ》を産み出していない。

こうした世代と歴史の関係を理解するには、四つの原型《アーキタイプ》の外的人格《ペルソナ》を考えなければならない。そして各原型《アーキタイプ》に属する、有名人の集団を思い起こす必要がある。

預言者について一番に思い出すのは、その若き日の情熱である。たとえばジョナサン・エドワーズやウィリアム・ロイド・ガリソン、ウィリアム・ジェニングス・ブライアンの興奮した演説がそれだ。また高齢期における道義に適った責務の念としては、バンカーヒルでのサミュエル・ラングドン、そしてゲティスバーグでのリンカーン大統領の誠実な演説、そしてフランクリン・デラノ・ルーズベルトの炉辺談話がある。子供の頃に甘やかされ過ぎたせいで、この世代は子供を大事にする親になる。その主な才能は、**洞察力**や**価値観**、**宗教**の分野にある。よく知られた指導者としては、ジョン・ウィンスロップとウィリアム・バークレー、サミュエル・アダムズとベンジャミン・フランクリン、ジェームズ・ポークとエイブラハム・リンカーン、ハーバート・フーヴァーとフランクリン・ルーズベルトがいる。彼らは主義主張を持った道徳家であり、自己犠牲を呼びかけ、正義の戦争を起こした。若い頃に軍服を着て戦闘に参加したことはなく、歳を取ってからは立派な行動よりも、むしろ人を鼓舞する言葉のために尊敬された。

遊牧民について一番に思い出すのは、成人の時期の火遊び好きだ。ネイティブ・アメリカンを殺した辺境住民であるパクストン・ボーイズ、南北戦争でゲリラ戦を行ったミズーリ・レイダースや、密輸酒輸送業者たちなどがそれだ。また中年期における「とにかくやってみよう」というスタイルのリーダーシップによっても知られており、フランシス・マリオン、ストーンウォール・ジャクソン、ジョージ・パットンがその典型だ。子供の頃はあまり保護されなかったせいで、この世代は過保護な親になる。その主な才能は、**自由**や**生存**、**名誉**の分野で発揮される。よく知られた指導者としては、ナサニエル・ベーコン、ウィリアム・ストートン、ジョージ・ワシントン、ジョン・アダムズ、ユリシーズ・グラント、グロバー・クリーブランド、ハリー・トルーマン、ドワイト・アイゼンハワーがいる。彼らは狡猾で騙されることがない現実主義者——問題と敵に一つ一つ対峙していく無口な戦士——である。その中には、人を絞首刑に処した経験のある唯二人の大統領（ワシントンとクリーブランド）や、魔女を処刑した総督（ストートン）がいる。また、兵を戦闘へと率いた指導者（ベーコン、ワシントン、グラント、トルーマン、アイゼンハワー）もいる。

英雄について一番に思い出すのは、若い頃に集団として大勝利（名誉革命、ヨークタウンの戦い、ノルマンディー上陸作戦）を得たことだ。また、傲慢な老年期における成果（ユトレヒト条約、奴隷法、ルイジアナ買収、蒸気船、アポロ月面着陸、州間高速道路）によっても知られている。子供の頃は過保護であったため、この世代は親になると子供を甘やかすようになる。才能を見せる行動は、**コミュニティ**や**富**、**技術**の分野にある。よく知られた指導者としては、ガードン・ソルトンストール、カーター一世、トーマス・ジェファーソン、ジェームズ・マディソン、ジョン・F・ケネディ、ロナルド・レーガンがいる。彼らは、活気と合理性をもった組織制度の建設者だ。中年期には全員が経済的繁栄と大衆の楽観主義を積極的に提唱している。また全員が晩年にいたるまで、その市民としての活気と力量の評判を損《そこ》なうことはなかった。

芸術家について一番に思い出すのは、成人期の静かな日々であり、一八〇〇年代におけるログハウスの定住者、一八八〇年代における大平原の農民、一九六〇年代の新たな郊外居住者たちにその傾向が見られる。また中年期には、柔軟で合意を形成していく指導者像を見せており、ホイッグ党による一八五〇年協定、革新主義者時代の素晴らしい政府改革、現在の予算編成と平和構築などがその典型だ。子供の頃は過保護に育ったため、この世代は大人になるとあまり子供を庇《かば》わない親になる。彼らが才能を見せるのは、**多様性**や**専門性**、**手順**の正当性といった分野にある。よく知られた指導者としては、ウィリアム・シャーリーとカドウォールーダー・コールデン、ジョン・クィンシー・アダムズとアンドリュー・ジャクソン、セオドア・ルーズベルトとウッドロー・ウイルソン、ウォルター・モンデールとコリン・パウエルがいる。こうした人々は社会についての繊細で複雑な専門家で、政治において公明正大さや寛容性を提唱してきた。アンドリュー・ジャクソンという唯一の例外を除けば、彼らは米国の政治指導者のなかで最も専門性を持ち、信頼された人々だと考えられている。

次ページの表にあるように、これら四つの原型《アーキタイプ》は、絶えることのない米国の物語に対して、バラン

歴史上の原型

原型	英雄	芸術家	預言者	遊牧民
世代	アーサー王 エリザベス朝 名誉革命 民主共和派 — 兵士 ミレニアル	人本主義 議会 啓蒙運動 妥協 革新主義者 沈黙	宗教改革 清教徒 大覚醒 超絶主義 伝道師 ベビーブーマー	報復 王党員 自由 富裕 喪失 第一三代
幼児期の評判	よい子	落ち着いている	元気	暴れん坊
成人	力を与える	物足りない	正当化する	疎外する
成人時の関心	外的世界	相互依存	内的世界	自己満足
若き成人	建設	改善	熟考	競争
中年期の変移	活気から傲慢	体制順応から実験的	超然から批判的	熱狂から疲弊
老年期における指導者スタイル	平等、包括	多様、優柔不断	正義、質素	孤高、プラグマティズム
老年期の評判	強力	繊細	賢明	強壮
老年期の扱い	報われる	好かれる	尊敬される	見捨てられる
育てられ方	締め付け	過保護	放任	保護の不足
育て方	放任	保護の不足	締め付け	過保護
プラスの評判	無私 合理的 有能	気遣い 広い心 専門家	ぶれない 決然 創造的	手練れ 実用的 洞察力

マイナスの評判	無思慮 機械的 無鉄砲	情緒的 面倒 優柔不断	ナルシスト 生意気 無慈悲	鈍感 無教養 不道徳
才能	コミュニティ、富、技術	多様性、専門性、手順の正当性	洞察力、価値観、宗教	自由、生存、名誉

スと自己修正を加えてきた。もしわれわれの父祖が持つ遺産の中にあるこうした四つの原型《アーキタイプ》のうちのどれかが実際より過大でも過小であったとしても、今日のわれわれの社会はもっと貧弱なものになっていただろう。

　各世代には、歴史にはないものがある。それは始まりと終わりであり、そしてその間の有限な時間だ。ホセ・オルテガ・イ・ガセットが言ったように、一つの世代は静止した物体ではなく、若者の希望と老人の記憶の間にある「活力に満ちた軌道」なのだ。つまり一つの世代が立っている位置よりも、それが進む方向性のほうが重要なのだ。

　ここで古代の知恵について、もう一度考えてみよう。あらゆる生命体は発達を通じて、どのようにして変わらないままであったり、正反対のものに変身しているのだろうか。全般的に言って、一つの世代は若い頃の外的人格《ペルソナ》をいつまでも保ち続けると言える。ところがその反対に、一つ次の人生の段階に進むと、まったく違う外的人格《ペルソナ》をあらわすとも言えるのだ。たとえば兵士の世代を見てみよう。この世代は、かつて未来への献身を誇ったが、現在は米国史上最大の消費者圧力団体を構成している。沈黙の世代を見てみよう。かつては「孤独な群衆」としてその体制順応的な姿勢を非難されたが、現在は「えり好み」するような、選択肢のあふれる豊かな個人主義のライフスタイルを謳歌している。ベビーブーマーの世代はかつて寛容と悦び、愛に満ちたペパー・ランドを夢見たが、いまは若者が不品行を働くと思えば厳しい態度で押さえつけている。初期の第一三代の世代は成人する頃にリスクの高い行動をとっていたが、いま家庭人となったばかりの彼らは公私の場でリスクを避け始めている。このようなリズムは続いていくのだ。

個々の世代に起こることは、全体像の一部でしかない。歴史にとって重要なことは、全世代に影響を与える出来事のほうだ。フランソア・メントレが「屋根瓦」と表現したやり方で、彼らの生きる時間は重複しつつ、目的への方向性は調整され、効果の面ではお互いに補い合うことになる。どの世代も歳を取ると一斉に社会のあらゆる面を変える、新たな原型《アーキタイプ》の組み合わせを生じさせる一因となるのであり、それは政府・経済から、文化や家庭生活に至るまで、あらゆる面に影響を及ぼすのだ。

循環が進むと、こうした組み合わせは、社会に明確に異なる結果をもたらすことになる。これから述べる二つの社会がどれほど異なる方向に向かうのかを考えて欲しい。

一つは包容力のある老人の英雄と、当てにならない中年の芸術家によって運営されている社会だ。二つの世代が力を合わせて行っている社会活動は、激しやすい若い預言者に攻撃され、その自由は、慌《あわ》ただしい子供である遊牧民に煩《わずら》わされている。

もう一つの社会は、批判的な老人である預言者と、プラグマティストである中年の遊牧民によって運営されているものだ。二つの世代が力を合わせて行っている社会活動は、チームプレーヤーである若い英雄に助けられ、その義務を穏やかな子供である芸術家が邪魔することはない。前者は二〇年前の意識革命の最中に起こったような、**覚醒**による組み合わせの社会である。後者は第二次世界大戦と、これから来ると思われる、**危機**による組み合わせの社会である。

原型と節目

節目《ターニング》（turning）とは特徴を持つ社会上のムードを備えた時代で、人々が自分自身と自国のことをどう感じているかについて新たな展開が起こる。それは世代の全体構成が歳を取ることによる結果だ。社会は約二〇年に一度、節目《ターニング》を迎える。その時に生きているすべての世代は、新たな人生の段階に入り始める。原型《アーキタイプ》や全体構造と同じく、節目《ターニング》は一つのサエクルムの中に四つあり、常に同じ順番でやってくる。

●最初の節目《ターニング》は**高揚**である。老人の預言者が消え、遊牧民が老年期に達する。英雄は中年になり、芸術家が若い成人期に達する。そして新たな世代である預言者が子供として誕生する。

●二番目の節目《ターニング》は**覚醒**である。老人の遊牧民が消え、英雄が老年期に達する。芸術家が中年になり、預言者は若い成人期に達する。そして新たな世代である遊牧民が子供として誕生する。

●三番目の節目《ターニング》は**分解**である。老人の英雄が消え、芸術家が老年期に達する。預言者が中年になり、遊牧民は若い成人期に達する。そして新たな世代である英雄が子供として誕生する。

●四番目の節目《ターニング》は**危機**である。老人の芸術家が消え、預言者が老年期に達する。遊牧民が中年になり、英雄は若い成人期に達する。そして新たな世代である芸術家が子供として誕生する。

自然の四季と同じく、歴史上の四つの節目《ターニング》は、どれもが同等に必要かつ重要である。**覚醒**と**危機**は、サエクルムの中の夏至と冬至であり、お互いが相手によって投げかけられた問題の解決策となっている。**高揚**と**分解**は世紀における春分と秋分であり、お互いが正反対の方向にある季節への経路を指し示している。社会が**覚醒**か**危機**に向けて動く時、社会が持つ方向性の突然な転換として、新たなムードが自らの登場を告げる。**覚醒**が始まるのは、事件が文化における革命の引き金を引く時で、**危機**は事件が一般の生活における反乱の引き金を引く時である。**高揚**や**覚醒**は、新たな方向性が突然まとまった時に、自らの登場を告げる。**高揚**が始まるのは、先の**危機**がもたらした基本的な問題が片付き、新たな社会体制が固まったと社会が思った時からである。**分解**が始まるのは、**覚醒**が解決され、新たな文化の考え方が定まったと思われるようになった時である。

新たな節目《ターニング》への入り口は、明確かつ劇的なもの（一九二九年の大恐慌など）にも、微妙で段階的なもの（一九八四年のロナルド・レーガンの選挙CMの「モーニング・イン・アメリカ」など）にもなり得る。そしてそれは、新世代の子供が生まれ始めてから二一～五年後に発生するのが普通である。節目《ターニング》への入り口と世代の境界線は緊密につながっているため、各原型《アーキタイプ》は人生の段階一つを完全に占めるようになる。そして昔の節目《ターニング》が陳腐なものになると、社会全体にそれを何か新たなものに置き換える機が熟したというムードが感じられるようになるのだ。

四つの節目《ターニング》は、成長、成熟、一様化、そして死（と再生）という四段階の社会の循環からなる。春のような**高揚**の時期に、社会は約束された時代として防備を固め、建設し、一つにまとまっていく。

夏のような**覚醒**の時期に、幸福感あふれる時代として、夢を見て遊び、勝ち誇る。秋のような**分解**の時期に、不安に悩む時代として、成果を回収して消費し、分裂していく。冬のような**危機**の時期には、生存を求める時代として、集中し、苦闘し、犠牲を払っていく。ゆえにサエクルムが動く時に社会は精神の上でも俗世のものとしても、極めて深い問題に向き合わざるを得ない。

二〇年から二五年に一度（俗な言い方をすれば一世代に一度）、人々は新たなサエクルムの節目《ターニング》の到来に驚くことになる。そしてこれは、春の終わりを告げる、初めての憂鬱な雨の日や、秋の終わりを知らせる、初のみぞれ混じりの突風に驚くのとまるで同じなのだ。われわれは、歴史が自然と同じく回り続けないといけないことを忘れがちだ。エイブラハム・リンカーンはこのことをよく理解していた。サムター要塞への砲撃のちょうど一八ヶ月前の群集への演説で、彼はアジアの君主の話に触れている。その君主は部下の賢者を指図して、「永遠を望み、あらゆる時と場合において誠実で相応しくありたい」という声明をつくらせていた。熟考の後、その賢者はこの原稿を「こうしたものも過ぎ去っていかざるを得ない」と書き換えたのである。

このように、近代はサエクルムをそれぞれを六回繰り返してきた。歴史が記録に残るようになってからならば、次に述べるような形式論を組み立てることができるだろう。

第一の節目

高揚の節目《ターニング》はコミュニティに再生をもたらす。新たな社会秩序が定まり、人々は**危機**を過去のものとして、皆で達成したことに満足したがる。**危機**が解決しなかったすべての社会問題は、そのまま残しておこうとする。

犠牲的献身は過去のものとなったが、依然として社会は秩序と総意を求め続ける。「集団が生き残れないかもしれない」といういままで感じていた恐怖は、投資や成長、強さへの欲求に変わる。それによって、その次には物質的な繁栄や、組織の結束、そして政治の安定に満ちた時代がつくり出される。大衆が大いに論じるのは手段についてであって、目的ではない。そしてここでは安全が最も求められるものになる。精神的な空虚さに不安を口にする一匹狼も多少いるが、思いやりに満ちた個人は、目的を持った社会に奉仕する。生活は穏やかで同質的になりがちだが、個人がリスクをとることは少なくなっていく。名誉を重んじる恥の意識は（義務や調和への報酬として）頂点に達する。男女間では性別によって物事につける差が最も大きくなる。子供の養育は甘くなっていく。戦争の可能性は低いが、それでも最近の**危機**の望まざる残響としてその可能性は残っている。

社会における生活はようやく完全に統制されたものになるが、そのムードは悲惨なまでに活気のないものとなる。社会においては何でも可能だという雰囲気が出てくるが、人々はそこに何も感じられないと悩むことになる。

第二次大戦後における米国の**高揚**は、国家のムードとしては歴史を通じて絶頂のものと位置づけられるかもしれない。産業化時代に向かって台頭した「富裕の世代」を支えたのは、米国史上類を見ないほどの資本形成の速度であった。その象徴は、フィラデルフィア万国博覧会の「機械館」に展示された、大型タービンだった。一九世紀初頭、ワシントンD．C．とノースウエスト準州の街区に刻まれた幾何学的な碁盤目には、「好感情の時代」で頂点に達した、秩序あるコミュニティのムードが反映されていた。それは米国大統領が発声投票で再選された、唯一の時代でもあった。上昇基調の一七一〇年代に、亜麻の出荷を歌った頌歌《しょうか》は（コットン・マザーの言葉を借りれば）「実用性」と「素晴らしい仕事」に夢中になっていた社会を思い起こさせた。

米国が一九六三年頃に抱いた、未来像を思い返してみよう。ケネディ政権については楽観主義があふれていた。それは、賢明な人たちが手がける巨大プロジェクトや「不可能な夢」が新たに達成されるという、活気に満ちた未来像だった。一〇年もあれば、月には手が届き、貧困は駆逐できるはずだった。ディズニーランドで描かれた『トゥモローランド』（Tomorrowland）は、心地よい未来だった。動く空中歩道、パステルカラーの幾何学的な形状、落ち着いたＢＧＭ、きちんとした家族。ディズニーのアトラクションであるカルーセル・オブ・プログレス（the Carousel of Progress）では、進歩のほうが固定されていて、回転する（動く）のは観客のほうだった。未来は特異で確かなものだが、切迫したものではなく、道徳的な方向性に欠けていた。

第二の節目

覚醒は、優しい理屈と同質性の高い組織という、**高揚**が前定条件とするものに対する劇的な挑戦とともにやってくる。そうなると外的世界は、内的世界に較べて些細なものに感じられるようになってしまう。

新しい精神的な課題と、社会の理想が爆発し、完全な自治によって完全な共同体の調和を求めるような、ユートピアの実験が探求されるようになる。**高揚**が持っていた繁栄と安全は、人々の心の中では当然のものとされているのに、表向きには見下されるようになる。社会は科学よりも魂を、物質よりも意義を求めるようになる。確立された制度が持つ秩序に、若者が攻撃を浴びせるようになる。こうした攻撃が損害をもたらすと、社会が共通の目的のもとに団結することは難しくなる。人々は、社会の進歩には社会の規律が必要だとは信じなくなる。集団全体の規律を必要とする試みに人々が挑もうとすると、必ず気が滅入るような論議にぶつかることになる。無様な戦争が起こり、それが悲惨な記憶として残る。精神が求めるものへの幸福感あふれる熱狂が、世俗の問題への関心をむしばみ、社会ではリスクに満ちたライフスタイルが容易に受け入れられるようになっていく。人々はそれまで恥を避けるためにしていたことに対して、むしろ罪の意識を持ち始める。公の秩序は崩れ、犯罪と薬物乱用が発生する。男女間では性別によって物事につける差は小さくなり、子供の養育環境は保護と仕組みの点で最低になる。

やがて熱狂は冷めて、昔の文化的慣習は完全に信頼を失う。内なる敵が定められ、礼節は破壊され、制度機関は正統性《レジティマシー》を失う。

多くの米国人は、大学のキャンパスや街にあった意識革命の時のムードを思い出すかもしれない。その前の世代も、実は同じようなムードを知っていた。一九〇〇年頃のグリニッジ・ヴィレッジや、一八四〇年頃のユートピア共同体、さらに一世紀近く前のコネチカット渓谷、メイフラワー号のあとの一〇年間における清教徒の新しいエルサレムなどがそれである。

一九八四年頃に米国が抱いていた未来像について思い出してみよう。『トゥモローランド』は『二〇〇一年宇宙の旅』、『スター・ウォーズ』、そして『未知との遭遇』へと進化した。人間の意識が機械に勝利する、精神的な未来の姿である。未来像は理想と災厄、愛を祝福するユートピアと、すべてを破壊するディストピアの間で揺れ動いた。われわれは依然として広範な組織制度が大した問題もなくまとまって機能し続けると考えつつも、自制よりは自己表現のほうが大事だと信じていたのだ。

第三の節目

分解が始まるのは、**覚醒**によって放たれた「自由をもたらす文化の力」を社会全体が信奉する時である。人々は思う存分に精神の復活や道徳の抵抗、実験的なライフスタイルなどに取り組み始める。個々人は新たな人間として生まれ変わった自分に満足し、精力的にプラグマティズムや自存、自由放任、国家（または自らの属する集団や民族）への自画自賛といった気風について、積極的に語るようになる。

個人的な満足感は高いが、バラバラになっていく社会的な信頼感、価値観をめぐる熾烈な議論、そして社会慣習の弱体化の中で、大衆の持つ信頼感は失われて行く。享楽を求めるライフスタイルが、異常な個人の振る舞いに対する社会の寛容度の低下と共存する。罪の意識（これは道義や個性への報酬となるが）は頂点に達する。性差は最も狭まり、家庭は安定し、子供には新たな保護が与えられる。道徳に関する議論が起こり、社会で大いに論じられるテーマは目的そのものであって、手段ではなくなる。決定的な働きをするような大衆行動は非常に難しくなり、コミュニティの問題は棚上げにされる。熱狂的な道義心によって戦争が起こるが、合意は得られず、それが完遂されることもない。

最後には冷笑的な疎外感が強まり、悲観主義が生まれる。**高揚**の時期では、善良な人々が目的を持った社会を目指して奉仕を始め、悪人すら社会にとって建設的な任務に受け入れられる。分解においては、善良な社会が目的を持った個人に奉仕し、善人すらコミュニティとの結びつきを見つけにくくなる。恐ろしい災厄が社会に近づいてくると、半サエクルム前には考えられなかった、麻痺と無力感が交わり合いながら現れてくる。そして人々は何かを感じ取ることはできても、皆でまとまって何か行動を起こすことはできなくなる。

現在（訳注：一九九七年当時）の「文化闘争」の時代のムードは、現在生きている米国人のほぼ全員にとって目新しいもののようだ。しかし歴史をみれば、実はそれほど新しいものではない。第一次世界大戦の頃の米国は、犯罪と酒、移民、政界の腐敗、見世物裁判のピークの最中に、改革と原理主義の嵐に浸っていた。一八五〇年代も同様で、道義的公正さや短気、そして「一匹狼」の増加で沸騰していた。歴史家のデイヴィッド・ドナルドは「米国にある政体の、すべての権威が最低点にあった一〇年間だった」としている。一七六〇年代には植民地が精神面では若返ったと感じていたが、暴力や暴徒反乱、そして蔓延《まんえん》する役人の腐敗などで動揺していた。

今日の米国人が未来をどう考えているか見てみよう。シンクタンクのスターたちは、歴史を転換するような情報化時代がもたらす変化に大喜びしているが、大衆は専門家を生暖かい目で見つめている。彼らは良いニュースを冷笑して無視し、否定的なものの見方に浸っている。ポップカルチャーは『トータル・リコール』の機能不全、『ロボコップ』の犯罪、『ターミネーター』の処罰、『インデペンデンス・デイ』の邪悪なものからの解放といった未来のイメージであふれている。

第四の節目

危機は、突然やってきた脅威に対応する形で発生する。そうした脅威は、それまでは無視されたり棚上げされたりしていたが、ここに来て深刻なものになったと受け取られるようになる。俗世における大危機のおかげで生活の中の混乱や複雑さは取り除かれ、たった一つの単純で避けられないものが残る。それは、この困難を克服すべきであるという事実だ。そしてそのためには、民衆の確固とした合意や、進取の気性に富んだ制度機関、そして個人の犠牲が必要になる。

人々は公権力を行使するための新たな試みを支持するようになる。公権力の行使が成功したと思われれば、そうした試みは即座にますます正当化されていく。政府が統治し、コミュニティの障害は取り除かれ、長年にわたり変化に抵抗していた法と慣習も即座に片付けられる。社会の危機についての恐怖に満ちた先入観は、宗教的な関心を衰えさせる。社会が緊急時におかれていると感じることで、悪しき行いや反社会的なライフスタイルが締め付けられるようになる。それまで罪を赦すためにしていたことに、人々は恥を感じ始める。社会秩序が厳しくなり、個人がリスクをとることは少なくなる。犯罪や薬物乱用は減少する。家族の絆は強くなり、男女間で性別によって物事につける差が広がる。子供の養育では、保護と仕組みが息苦しいものになる。若者は世俗のものごとをやり遂げるためにエネルギーを注ぎ、価値観については老人の手に託される。戦争は怒りで始まり、最大限の結果が求められるようになる。

最後には、ムードは疲弊、安心、そして楽観といったものに変わる。集団と権威の中に新たに生まれた信頼感に支えられ、リーダーは計画を立て、人々は希望を持ち、社会は善良でシンプルなものを切望するようになる。

いま高齢の米国人は、こうしたムードを大恐慌や第二次世界大戦のものと認識するだろう。しかし同じようなムードは、わが国の歴史における他のすべての転換点にも存在した。それは南北戦争や独立革命、そして植民地や英国史にさかのぼっても存在したのだ。

米国が直近の**危機**という暗黒の年月に抱いた未来像を思い返してみよう。『虹の彼方に』という歌から一九三九年のニューヨーク万国博覧会での光るアトラクションのフューチュラマに至るまで、人々は社会のあるべき未来について、希望と決意、そして堅い総意があることを感じていた。彼らは精神的に質素であること（家とアップルパイ）と、物質的な豊かさ（家とパイを大きく良質にすること）を同時に目指していた。こうしたものはすぐ手に届くところにあると思われたが、それには全員の団結と、多くの者の犠牲を必要とする大成功がその前提にあった。

＊＊＊

英国系米国人の七つの「世紀」にわたる、歴史の中で起こったすべての節目《ターニング》は歴史に対してそれぞれ独自の貢献をなしており、すべてが独自の解決策——時が経つと新たな問題と不安を産み出す——を提供してきた。このように、四つの節目《ターニング》は偉大な時の輪転を動かし続け、周期的に文明へ活力を新たに吹き込み、人類の冒険を推し進めてきたのだ。

次ページにあるまとめの表から、サエクルムの中の四つの季節で起こった、数多くの循環がわかる。

四つの節目のムード

	第一の節目（高揚）	第二の節目（覚醒）	第三の節目（破綻）	第四の節目（危機）
世代の到達段階：				
老年期	遊牧民	英雄	芸術家	預言者
中年期	英雄	芸術家	預言者	遊牧民
成人期	芸術家	預言者	遊牧民	英雄
幼年期	預言者	遊牧民	英雄	芸術家
家族	強固	弱化	虚弱	強化
子供の養育	放任化	保護不足	締め付け	過保護
男女間の役割差	最大	接近	最小	拡大
理想	確立	発見	議論	擁護
組織制度	強化	攻撃下	腐食	創立
文化	無垢	情熱	冷笑	実践
社会構造	統一	分化	多様	集中化
世界観	単純	複雑化	複雑	単純化
社会での優先	コミュニティ優先の頂点	個人主義の高まり	個人主義の頂点	コミュニティ優先の高まり
社会における動機	恥	良心	罪悪感	不名誉
最も必要なことの意識	役立つことの実行	内的世界の確定	正しいと感じたことの実行	外的世界の確定
未来観	有望	幸福感	暗黒化	喫緊
戦争	復興	毀誉褒貶	未確定	全面

ここで疑問が出てくる。もしサエクルムが存在しなければ、歴史はどのようなものになっていたのだろうか

混乱期の歴史には一定のパターンはない。そうしたパターンを行と列からなる表にしようとしても、どのようにもとれる――つまり何もわからない――行と列が書かれるだけだ。社会はあてもなくジグザグに進む。加速、停止、方向転換、そして目的地への到達は、いつ起こってもおかしくない。

一方向に進むだけの時間には節目《ターニング》はなく、一方通行の進歩にそった区切りがあるだけだ。二〇年ごとの区切りは、前の区切りがつくり出したすべてのモノを、より多くつくり出すだけだ。表ではどの行にあるどの枡目《ますめ》も、乗数が大きくなっている以外は、一つ前のものと同じようにしか読めない。二〇二〇年は一九九〇年の単なる延長に過ぎないだろう。ケーブルテレビのチャンネル数やホームページ、年金、そしてフリーランスの労働者が増えただけだ――それと銃による殺人、メディアの暴虐、分裂した文化、政治への冷笑、若者の疎外、卑劣な党派性、貧富の格差が増加している。絶頂も平等化も、軌道修正もない。結局、米国は奇妙な遠心力を受けたかのように制御不能に陥るのだ。

ところが循環する時間において、社会は必ず進歩する。その循環が進歩の螺旋《らせん》であることもあれば、没落の螺旋であることもある。人は必ず過去の過ちを改め、現在の不品行を正し、絶対に必要と思われるものをすべてもたらしてくれるような未来を求めて奮闘する。こうして文明は持続し、繁栄していくのだ。

歴史の中のリズム

一九六九年、大学キャンパスに咆哮が響き渡る中で、ピーター・ハリスという若い社会学者が二〇〇ページに及ぶ研究論文を「米国史概観」(Perspectives in American History)というハーバード大学の発行する専門誌において静かに発表した。そこでハリスは、明確な結論を出している。それは、三世紀にわたる米国史で、様々な社会的指標——出生率や結婚年齢、収入の伸び、社会流動性、政治行動におけるイデオロギー——が、約二二年ごとに必ず急転換してきたというのだ。大量の記録文書からわかったこうした執拗なパターンによって、ハリスは学問上の専門領域で標準的な考え方になっていた「時間は一方向に進み続ける」という思想を再考せざるを得なくなり、結局は自分の専門分野を変えてしまった。都市化や産業化、教育に対するそうした長期トレンドも、結局は歴史の原動力ではないと彼は考えたのかもしれない。もしくは、「米国史を長期にわたって見てみれば、驚くほどの一定の成長と変化のパターンが社会システムに見られる」と思ったのかもしれない。それはつまり、「人間生活における正確な循環システム」である。

こうした二二年間の時間を、ハリスは「成長サイクルの間隔」と呼び、節目《ターニング》の本質を特定した。「『国のムード』も、よく知られた間隔と深く結びついた揺れ、又は循環を通じて変わっていく」としたのである。徹頭徹尾、こうした循環は米国史の全体像における自然な基準として機能してきたというのだ。たとえば「イングランド内戦から一六八〇年代の植民地反乱(英本国では名誉革命)に至るまでの期間は、二つの成長循環とほぼ正確に一致する。一方、独立戦争は、それからおよそ四つの循環の後に発生した」と指摘している。この理論が一六八九年に未来予測に使われていれば、「循環的なタイミングを考えると、この時代における危機は一七七七年に起こるだろうと推理できた」としている。

ここ数十年にわたって多くの著名な学者が、ピーター・ハリスとともに、アーサー・シュレジンジャー・ジュニアが「人類史における反復、干満のパターン」と呼んだものを特定しようとしてきた。こうした循環のタイミングは一体どうなっているのか？　極めて多くの場合、その期間はサエクルム丸一つ分か、その半分になっている。サエクルム丸一つ分続く循環は、四つの季節的段階に分けられるのが普通である。サエクルム半分の循環（経済学者コンドラチェフの循環や、ハリス自身が唱えた成長の間隔など）は、二段階の循環であるのが普通である。それはサエクルム丸一つ分と緊密にかみ合い、二拍子の鼓動を奏でるのだ。ではこうした循環はなぜ起こるのだろう？　シュレジンジャー同様に多くの理論家は、それがどのように作用しているかを正確に言えないかもしれないが、それでも世代の変化を指摘している。ハリスによれば、各世代が持つ「個性の形態」が「社会を形成する環境が持つ循環的な変化によって変動する」からだという。

こうした循環を理論化しようとする試みは、あまり注目を集められていない。その主な理由は、学界の主流派が、新たに発見された循環一つ一つを独立した珍奇なものと評価するためかもしれない。学者の多くは循環を探求しないし、偶然見つけることになっても、その原因を考えない。そして専門家が関心を払わない限り、歴史の季節がどれほど執拗に雄弁に語りかけても、話題にさえならない。まるでエトルリア人の墓所に葬《ほうむ》られ、未解読の文字で記録されているかのように、サエクルムは省《かえり》みられないままだ。

循環的なトレンドの中には、「誰も正確に定量化できない」という事実によって不利を背負っているものもあり、これはまさに懐疑派がいつも指摘してくる弱点である。政治や家庭での力を持つ地位に向けて台頭する、若者世代の態度を考えてみよう。一九三五年から一九七五年の半サエクルムにわたって、この若者の態度が、一つの極から正反対に移り変わったことが調査データから確認できる。昔はこういった数値情報は存在しなかった。たとえばもし一六九〇年から一七四〇年の半サエクルムを観察しようとしても、一次資料や歴史家の記述から推測するしかなかった。市民保全部隊（CCC Youth Corps）とウィーラー・ランチ（Wheeler Ranch）のヒッピーの間にあった隔たりは、若き日のコットン・マザーが書いた『秩序ある家族』（*Family Well-Ordered*）の明解なエッセイと、若きジョン・ダベンポートによる熱狂的な焚書（vanity bonfires）の間のものと類似している等の言説から推測するしかないのだ。同じような想像力を使い、一七八〇年代に『ザ・フェデラリスト』（*The Federalist papers*）を論じた陽気な若き合理主義者（「プブリウス」という匿名を使っていた）と、一八三〇年代に「頭の中にナイフを持って生まれた若者」とラルフ・ワルド・エマーソンに言われた者を比較するしかない。後者はエマーソンに「狂った男女、あご髭の男、ダンカー派信徒、マグルトン派、急進的改革主義者、異言派（Groaners）、農地改革論者、セブンスデー・バプティスト、クェーカー教徒、奴隷廃止論者、カルヴァン主義者、ユニタリアン派、哲学者」と呼ばれ、理性や建設のためではなく、非難や祈り、説教や抵抗のために集合したとされていた。

しかし核心となるトレンドを直接観測できなくても、関連した指標を観測することは可能だ。若者の態度における前述の揺れが、大学のキャンパスの反乱にとってどういう意味を持っていたのかを自問してみよう。同じようなタイミングで起こった揺れを考えて欲しい。たとえばジョン・ウィンスロップと同じ年に生まれたトマス・ホッブス以降の記録をみて、答えを確認すればいい。彼は大学を、英国王に対する「反乱の中核である」と非難している。サエクルムごとには**覚醒**が先導役となって、社会的権威の象徴に対する大学生の反乱の件数と怒りの程度が劇的に高まることになる。記憶に残るピークとしては、一七四〇年代、一八三〇年代、一八八〇年代、そして一九六〇年代である。他の手がかりとなる指標は、米国でのユートピア共同体の創立である。このパターンは、圧倒的に**覚醒**の時期に集中している（特に一八四〇年や一九〇〇年、一九七〇年付近）ので、政治科学者のマイケル・バーカンは「ある程度予期できるようなリズムをもってユートピアが循環していることを強く示している」と指摘している。

歴史における循環を描くには、時期と重大性の比較が可能な、客観的な枠組みの中での解釈と定量化の、どちらもが必要だ。こうした注意を念頭に置いて、時間とサエクルムを調和させる他の循環に目を向けてみよう。

政治

米国政治における最も有名な循環理論を最初に示したのは、アーサー・シュレジンジャー・シニアだった。ヘンリー・アダムスの何気ない言葉から出発し、シュレジンジャーは独立戦争以来のリベラルと保守の時代の間に、やや不規則な振れ幅を見て取ったのだ。後にその理論をさらに完全なものに発展させたのは、息子のアーサー・シュレジンジャー・ジュニアであり、それらを「公的な活力」と「私的な関心の時代」と改称した。

シュレジンジャーの循環は、サエクルムと以下のように結びついている。「公的な活力の時代」は、**覚醒**と**危機**の節目《ターニング》、そして「私的な関心の時代」は、**高揚**と**分解**の節目《ターニング》と大きく重複している。これは特に驚くべきことではない。**危機**と**覚醒**のどちらも、社会の活力の劇的な復活が必要だからだ――前者は社会の生存に必要なものを満たすために、後者は社会の顕現のために必要なものを満たすためである。こうした必要性は、**高揚**と**分解**の時には現れない。

シュレジンジャーによる関連付けは正確なものではない。彼の循環（一つの時代は約一五年）がそれほど短くなければ、もっと精密なものになっていただろう。彼はこの短い周期性を正当化する上で、ホセ・オルテガ・イ・ガセットによる一五年という「世代」の期間を指摘している。しかもこれは、オルテガが歴史に対して実際には一度も検証しなかった仮定である。サエクルムという考え方をさっさと見捨てるために、一五年という周期に期待する者もいるかもしれない。しかし変則的な時代を特定することで、シュレジンジャーはこれまでその循環を、サエクルムのリズムとかなり密に結びつけてきた。しかし近年はそれがあまり当てはまらなくなってきている。シュレジンジャー流の考えを応用すると、米国は一九八八年には大きな政府というリベラリズムの新たな大波に乗る準備ができていたことになる。しかし、そうしたことは起こらなかった。そして四年後にビル・クリントンが大統領になった時にも、シュレジンジャーは再び、「大きな政府」という新たなリベラリズムの夜明けを予言した。またしても、そうしたことは起こらなかった。しかしタイミングは別にしても、米国政治の基本的なリズムに関して言えば、シュレジンジャーは正しい。専制的な政府は死んではいない。冬眠しているだけで、第四の節目《ターニング》での復活に備えて休息をとり、充電しているだけだからだ。

米国政治の循環理論として二番目に有名なものは、政党再編の循環である。これはサエクルムと完全に一致している。米国では約四〇年ごとに――かならず**危機**か**覚醒**の間に――新たな「再編選挙」によって、「新たな政党システム」が誕生する。ウォルター・ディーン・バーナムによれば、こうした選挙が行われたのは、一七八八年（連邦党―民主共和党）、一八二八年（ジャクソン派の民主党）、一八六〇年（リンカーンの共和党）、一八九六年（マッキンリーの共和党）、一九三二年（ニュー・ディール政策の民主党）、一九六八年・一九七二年・一九八〇年（ニクソン～レーガンの共和党）である。この考え方を土台として、バーナムは現在の米国が六番目の政党システムの中にいると見なしている。こうした再編の循環は自分のものと一致しないものの、シュレジンジャーはその規則性を認めている。「これまでの一世紀と四半世紀にわたり、すべての再編の循環は約四〇年間隔で起こってきた」と彼は述べている。こうした循環の原因はなにか？　政治科学者のポール・アレン・ベックは再編時代に成長した子供が成人すると、再編を避ける一方で、「普通の」の政治の時代に成長した子供は、成人すると再編を求めるようになると示唆している。結果として、人生の段階二つごとに再編が一回起こることになる。

シュレジンジャーとバーナムの循環は、どちらも二拍子で交互に反復し、半サエクルムにわたって続くものだ。故にどちらもサエクルム丸一つ分の四季の中で再解釈することで、さらに精緻化できる。**覚醒**における社会の活力は、**危機**の時のものとは同一にはできない。民主社会を目指す学生組織

（SDS）のような一九六〇年代の過激派は、ニュー・ディール政策の再演とは言えない。またこれは、リンカーンの国民統一党を思い起こさせる一九〇〇年頃の不正追及でもない。政府の権威をむしばむような種類の公的活力もあれば、それを築き上げるものもある。同様に、**高揚**の時における私的な関心も、**分解**の時のものと同一視できない。**高揚**において私的な関心は、機能していると思われる公的な組織制度との協力を求めるものだ。**分解**においては、人々は機能不全に陥っている思われる公的な組織制度から逃れたがるからだ。

サエクルムは、二拍子の再編循環をいくつかの面で改善するものだ。党派として団結の強化や投票率の高まり、そして節度のある選挙運動などは、通常の場合、**危機**の終末期に始まり、**高揚**の時期にわたって続く。逆に党が分裂し、投票率は低く、第三の政党が躍進し、選挙運動が激しいものになる。時期は、通常は**覚醒**の終末期に始まり、**分解**の間にわたって続く。一九七〇年から一九九〇年の間に起こった急激な投票率の低下は、一九〇〇年から一九二〇年の間の低下と似ている。一九九二年の選挙におけるロス・ペローの獲得票数は、第三党のものとしては一九一二年の進歩党以降で最大のものだった。その進歩党の票数は一八五六年の共和党以降では最大のものであり、これらすべては**分解**の時代に起こったことである。**覚醒**の時の有権者は不信感を募らせ、不要とする公的権威と縁を切りたいと思っている。その反対に、**危機**の時の有権者は、公的権威に対する信頼と要求を高め、その再建を求める。**覚醒**の時期に行われた選挙の大部分は、政党規律の弛緩が反映される点から「政党離れ」と呼べる。**危機**の時期に行われた選挙の大部分は、一党支配の確立または強化が反映されている点から、政党再編と呼べるのである。

外交

米国の外交政策の変更ほど行き当たりばったりのものはないと、多くの人が考えているかもしれない。結局のところ、どういうパターンを使えば戦争や政治といった国際社会での事件を説明し得るのだろう？　多くの外交史研究者も同じことを考えていた一九五二年に、学者のフランク・L・クリングバーグが発見したのは、米国の外交政策における「歴史におけるムードの反復」だった。彼は単なる一個の事件と、その事件への社会の反応の間にある明確な違いを説明しつつ、その挑発の性質に関係なく、米国の反応は主流となっている国民内のムードが「内側」に向かっているのか「外側」に進んでいるのかによって決まる、ということを示したのだ。

二拍子の反復がそれぞれ約四七年続くとしたクリングバーグの循環は、サエクルムと密に一致する。例外は南北戦争中と、その直後の期間だけだ。全般的にクリングバーグが述べる「内向きの時期」は**覚醒**と**危機**に重なり、「外向きの時期」は**高揚**と**分解**に重なる。**覚醒**や**危機**の間は内的な社会変化（真珠湾攻撃までのニュー・ディール政策の時期や、テト攻勢後にヒットしたアルバム『ジ・エイジ・オブ・アクエリアス』に代表される）に人々の意識が集中し、内向きな社会となる。**高揚**や**分解**の間は、境界線の外側に人々は関心の目を向け（砲艦外交やマニフェスト・ディスティニーの展開や国際的な同盟構築）、外向きの社会になる。南北戦争とその後の再建の時代になると、クリングバーグの循環は通常のサエクルムのリズムから完全に逸脱している。これは恐らく、南北戦争が凄惨な苦痛をもたらし、国外勢力に対する勝利がなかったためだろう。

クリングバーグは自分の循環を「世代の経験」を指摘しながら説明している。とりわけ、高齢になりつつある国家指導者が、中年期に犯した「失敗」をなかったものにして、「人格形成期」に主流であった政策スタイルに回帰したいという願望を持っていることを指摘している点は興味深い。彼は一九八〇年代初頭に、「内向きの時代は一九六七年に始まり、一九八七年まで続くだろう」と記している。彼の時計によれば、その後の外向きの時代は二〇一四年まで続くというのだ。

経済

一九三〇年、スターリンは経済学者のニコライ・コンドラチェフを逮捕してシベリア送りにした。その罪状とは、よりにもよって「時間は一方向に進む」というイデオロギーの最たるものであるマルクス主義を否定したことだった。コンドラチェフは、長期における市場経済の動きは循環的であると示唆したのである。強制労働収容所で死ぬとすぐ、コンドラチェフは世界中の経済史学者にとってカルト的な存在となった。今日、彼の名は二拍子の「コンドラチェフの波」と呼ばれるアイディアの由来として知られている。その「波」の中には一五世紀にまでさかのぼれるものもあり、すべては四〇年から五五年の期間を持っているとされている。

「コンドラチェフの波」は細かく見ると実にさまざまだが、大部分はサエクルムと密に一致している。たとえば**高揚**と**分解**の終わりに近づくと、その循環は頂点に達する。そして**覚醒**と**危機**の終わりに近づくと、それは谷底に達するのだ（ここから考えると、現在の米国は一九八〇年頃に始まった長期の波の上昇局面におり、それは二〇〇〇年の後もしばらく続くことになる）。ここでもまた、往復する振り子はサエクルムの季節性と一致しない。**高揚**の時期の間、賃金と生産性の伸びは順調で、非常に急速であるのが普通だ。**覚醒**の時期の間、急成長する経済は少なくとも一回は壮大なバブル崩壊を経験する（一九七〇年代中盤、一八九〇年代中盤、一八三〇年代末、一七三〇年代中盤）。そうした崩壊は、戦後成長の黄金時代が終息した証拠であるという暗い解釈をされる。**分解**の時期の間、経済活動は再び加速するが、成長はバランスが悪く、気まぐれなものになる。**危機**の時期の間、経済は一連のパニックや不振、インフレ、戦争、社会の組織化が組み合わさることで動揺する。**危機**が終わりに近づくと、健全な経済が再び誕生することになる。

経済における公的な権威の存在は、一つの節目《ターニング》から次の節目《ターニング》へかけて、徹底的に変化する。**高揚**の時期には、政府が計画策定と規制に走ることで邪魔な役割を演じる。一六一〇年代に王室が発行した「通商特許状」や、一八七〇年代の議会による公有地提供、一九五〇年代の「軍産複合体」の例を考えてみよう。ゲームのルールは貯蓄を奨励し、若者に好都合で、組織化された生産者（独占や企業合同、ギルド、労働組合）を保護するものだ。**覚醒**の時期には、こうした公的な役割の根底にある、一般の人々が持っていた総意が崩れ始める。**分解**の時期には、公的なものによる管理が衰える一方、起業やリスク選好、市場の創造的破壊などが勢いを増す。同時にゲームのルールは貯蓄の取り崩しを奨励し、老人に好都合で、個人消費者を保護する。**危機**の時期には、一般の人々の間で新たな総意《コンセンサス》が出現する。

同様のリズムが、収入や階級間の平等についてのトレンドも支配する。貧困率の低下の中でも計測可能で最も長く続いた二つのケース（一九四六～一九六七年と一八六五～一八九〇年）は、直近の二つの**高揚**の時期とほぼ一致している。しかし極端な収入の不平等と判断された歴史的瞬間（一九九〇年代末、一九二〇年代末、一八五〇年代末、一七六〇年代末）はすべて、**分解**の時期が終わりに近づいた頃に起こっている。**高揚**は収入と階級間の平等をもたらし、**覚醒**がそれを変える。**分解**は不平等をもたらし、**危機**がそれを変える。

家族と社会

ベティ・フリーダンが一九六三年に『新しい女性の創造』（*The Feminine Mystique*）を書いた時、女性の社会的な地位はどん底にあった。その時彼女は、「女性の権利の歴史はいくつもの津波が一つになって続いていくようなものだ」としていた。一回の津波が米国人の組織制度における暮らしを圧倒するが、その間隔はバラバラである。圧倒し尽くす前に、次の津波が激浪と渦巻きを連れてくる。こうした波のタイミングは、やはりサエクルムに従っている。人気のある社会運動のフェミニズムは、**覚醒**の期間において爆発する。**分解**の期間には、許容可能な性別による差異は最小になる。男らしい力強さの効力（そして女らしい品行）は、**危機**の期間において再び理想化される。**高揚**の期間には、許容可能な性別による差異が最大になり、その後はその循環を繰り返す。

節目《ターニング》について言えることは、原型《アーキタイプ》についても当てはまる。預言者の世代には、必ず情熱的な女性が表れる。その典型が、アン・ハッチンソンからスーザン・B・アンソニー、ヒラリー・クリントンである。彼女たちは同時代の男性たちと、社会的に同等と見なされている。英雄の世代には、模範的で道理をわきまえた指導者、つまりトーマス・ジェファーソンやジョン・F・ケネディのような人たちが好まれる。そうした指導者は、公私における性別による分業を重ねて主張する。若い遊牧民の女性は、何世紀にもわたって形を変えて、何らかの「ボーイッシュな」装いを見せてきた。それは性差を隠すものだった。一方、若い芸術家の女性は、贅をこらした髪型と衣装を誇示してきた。それは性差を強調するものだった。中年期においては、これら二つの原型《アーキタイプ》は方向転換に必死になる——遊牧民は性差を大きくしようとし、芸術家は小さくしようとする。フリーダンは暗黙のうちに、こうした季節的なリズムに気づかされていた。それは第二次世界大戦が終わると、若い女性が一般社会での職業から追い出され、家庭へ「戻された」のを見たときだった。それ以前の**高揚**の時期にも、同じような現象が人々によって観察されている。

　性別による役割の季節的な変化は、組織制度としての家族の役割の変化と関連している。**高揚**の時期に家族は安定を感じて、子供は放任的に育てられる。**分解**の時期になると、家族は危険を感じて、子供は大切に育てられる。「米国の高揚時代」に先立つ家族の黄金時代は、一八七〇年代であり、これは家族歴の研究者であるメアリー・ケイブルが「一九五〇年代におけるスポック博士」にたとえられるような時代である。現在の文化闘争の時代の前に家族への悲観主義が流行った時代は、一九二〇年代だった。そのころの家族の喪失に対する感情をむき出しにした、いわばヒステリーに匹敵《ひってき》するような社会の風潮は、いまに至るも存在していない。

　こうした家族のリズムと平行して起こるのは、米国人が社会全般に対する態度を表現するために使う、理想や隠喩の変化である。**高揚**の時期には、人々は所属を求め、**覚醒**の時期にはそれに対する抵抗を求める。**分解**の時期には分離を求め、**危機**の時期には集合を求める。人種・民族上の少数派において集団の発展を決める支配的な戦略を形成する際、こうした態度が非常に顕著《けんちょ》な役割を果たす。アポマトックス・コートハウスの戦いの後のサエクルムにおいて、有能な黒人指導者のイメージは、ブッカー・T・ワシントン（順応）からW・E・B・デュボイス（抵抗）やマーカス・ガーベイ（分離）へと進歩した。対日戦勝記念日に続くサエクルムでは、最先端のアフリカ系米国人の運動も、多くの同じ過程《プロセス》を再びたどっている。それは人種間の平等（順応）からブラックパンサー党（抵抗）、そしてネーション・オブ・イスラム（分離）という過程である。

　人々の集団の大きさがどのようなものであれ、男女ともに**高揚**の時期にはちゃんとした扱いを受けていると感じる可能性が高まる。恥を重く見る気風が、一体感と感謝の念を促進するからだ――一方、**分解**の時期には人々は犠牲にされていると感じる可能性が高まる。罪悪感を重く見る気風が、疎外意識と非難を促進するからである。個人が「自分はシステムの外に立っている」と見なすようになるときは、少数派としてであれ個人としてであれ、その目標は季節によって変わってくる。**高揚**の時期には、システムに参加できることを示したがる。**分解**の時期には、システムに参加する必要はないと示したがるのだ。

人口

　戦争が始まると出生率は低下し、平和が始まると出生率は上昇する。伝統的な社会では、この法則は生物学と経済学の鉄則だ。近代社会ではそれに、サエクルムのリズムが加勢する。とりわけそれは、**高揚**の時期における家庭生活への人気の復活と、性別による役割の差異の拡大のためだ。

五世紀にわたって、第四の節目《ターニング》では必ず出生率の低下が起こっている。「芸術家の世代」（直近では「沈黙の世代」）は普通、急激な出生率低下をもたらす世代である。一方で、ただ一つの例外を除くべての**高揚**の時期には、出生率の上昇が起こっている。ゆえに「預言者の世代」（直近では「ベビーブーマー世代」）は普通、ベビーブームをもたらす世代である。唯一の例外は「伝道師の世代」で、彼らは一八六〇年から一八八二年に出生した世代だ。しかしこの例外によって、一つのルールが立証される。南北戦争後の二〇年間は、一八二〇年代から一九三〇年代の間の他の時期に着実に出生率が低下していた中にあって、唯一の安定期だということだ。**覚醒**の時期（遊牧民の世代が出生）と**分解**の時期（英雄の世代が出生）には、それほど明確な出生率低下も上昇も見られない。最近の意識革命の時期には出生率が米国史上最低になったが、その時代が終わりに近づくと急速に跳ね上がっている。

米国への移民もサエクルムのリズムに従ってきた。移民は**覚醒**の時期には増加する傾向があり、**分解**の時期に頂点に達し、**危機**の時期には減少する。増加は社会流動性の加速や寛容さの拡大、多元主義を掲げる指導者、規制の緩和の登場と一致する。**分解**の時代における逆行の引き金をひくのは、国内優先主義者による急激な反動である（一八五〇年代、一九二〇年代、そして一九九〇年代）。その後の移民減少は、国を保護しようとする積極的な新しい努力と一致する。そして**危機**が訪れる頃には、移民はコミュニティから危険なものと見なされることが多い。そして、かつてなら移住したいと思った者にとっても、米国への移住は魅力がなくなるのだ。

数世紀にわたって、米国への移民の大部分は、到着した時は子供か成人だった。ゆえに**分解**の時期に成人する遊牧民の原型《アーキタイプ》には、比較的多数の移民が入るようになる。逆に言えば、**高揚**の時期に成人する芸術家の原型《アーキタイプ》に移民が占める割合には、急激な低下が見られる。たとえば沈黙の世代は米国史上、最も移民の割合が少ない世代である。一方、第一三代と（非常に高齢の）喪失の世代は、現在も生存する世代としては最も移民の割合が多い世代である。

社会的混乱

犯罪発生率と社会的混乱への懸念は、**覚醒**の時期に上昇し、**分解**の時期に頂点に達する。そして後の**危機**の時期に、急激に低下する。

「この街の善良な人々にとって、ちゃんとした武器を持たずに夜遅く外出するのは、いまや危険なことになったようだ」とニューヨーク・ガゼット紙が嘆いたのは、一七四九年のことだった。多くの人がこの不平を、その後の**分解**の時期に繰り返した。どの時期も、米国における凶悪犯罪の神話じみたイメージを誕生させた。これは一八四九年のゴールドラッシュに群がった荒々しい人々から、ギャングの街シカゴ、そしてニュー・ジャック・シティに到るまでのイメージである。どの場合でも、犯罪率の頂点は、それを抑止しようとする社会の必死の努力と一致している。「私刑」という言葉は一七六〇年代にまでさかのぼることができるし、自警団は一八五〇年代にまでさかのぼれる。Gメン（G-Man）は一九二〇年代、そして「三振即アウト」という標語は一九九〇年代である。結局のところ、社会の反応は狙った効果を生み出すものだ。**危機**が終わる頃には、暴力や社会的混乱を表す指標の大部分は、循環の中で低いものとなる。そして、その後の**高揚**の時期の大部分を通じて、低いまま安定する。

薬物乱用（とそれに関連した問題）は、こうした犯罪のトレンドを映し出すと同時に、それよりもやや先行して高まるものである。実際人口一人あたりのアルコール消費量は、驚くほど規則正しい循環の下にある。**高揚**の時期の末期に増加し、**覚醒**の終末が近くなると頂点に達する。そして**分解**の時期に減少し始め、社会から拒否されるようになっていく。米国史におけるアルコール消費量の最も急激な減少は、「第二次大覚醒」が終わりに近づいた時期に発生した。この時、一八三〇年の米国史上の頂点（一人あたり年四ガロン）から、南北戦争前夜における頂点の三分の一未満というレベルまで減少したのだ。二番目に急激な減少が起こったのは、一九〇〇年から一九一〇年の間である。この時は次の大覚醒の終わりが近づいており、その後には禁酒法によってさらに減少した。ここ数十年では一人あたりのアルコール消費量は一九六〇年頃に増加し始め、一九八〇年に頂点に達し、それ以降は減少している。アヘンや幻覚剤といった向精神薬のトレンドも同様だ。この八〇年間の循環について、エール大の医学史研究者のデビッド・マストは、「米国で一八九〇年代と一九七〇年代に育った人々は、薬物を使用する、薬物に寛容な社会で生きてきたというイメージで見られがちだ。一九四〇年代に育った人は――もしかすると二〇〇〇年代も――、麻薬を確固として拒否する国で生きてきたというイメージで見られる」としている。

若い頃というのは、人間なら誰しも犯罪や薬物を最も試したがる時期なので、こうしたトレンドは特別な痕跡を青年期に達する世代に残す。若い預言者が社会不適格者へと転落していく様を、気楽な高齢の英雄はただ眺めているだけだ。若い遊牧民は、子供の頃にこうした転落が見慣れたものになっているので、後に素行が悪すぎるという風評に悩まされることになる。若い英雄はこうした悪いトレンドを反転させて、道徳を好む高齢の預言者から喝采を受ける。若い芸術家は、子供の頃にこうした反転が見慣れたものになっているので、後に素行が良すぎるという評判を得ることになる。

文化

観念の領域では、サエクルムは精神への注目（**覚醒**の時期）と、世界への注目（**危機**の時期）の間を規則正しく揺れ動く。優れた歴史家たちはいずれもこのパターンに気がついていた。エドモンド・モーガンは、「一七四〇年代における米国の一流の知識人は聖職者であり、彼らは神学について考えていた。一七九〇年の知識人は政治家であり、彼らは政治について考えていた」と述べたのは、その一例だ。この隠喩は、内的なものから外的なものへの変化を意味している。一九三〇年代は外的なものが注目された時代だった。社会的イベントの最高潮である一九三九年のニューヨーク万国博覧会は、科学と環境を形づくる人類の力を讃える祝祭だった。対照的に、一九七〇年代は内的なものに注目が集まった時代だった。これはマリリン・ファーガソンが米国の「内的世界への旅路」と呼んだものであり、これは「高次の意識」への第一歩だった。

こうした内的・外的な観念の循環とともに動くことで、サエクルムは社会が定期的に若返り、文化を充電する様を明らかにしている。**危機**は、思考と感覚を表現するために社会が持つ枠組みを、完全に変えてしまう。**高揚**の時期には、社会は成長しつつある社会秩序について退屈かもしれないが、楽観的な態度でその総意が反映される。新たな潮流《トレンド》は周縁部でのみ発生するが、そこから微妙かつ危険を感じさせない形で、それまでの社会秩序についての合意をむしばみ始める。**覚醒**の時期になると、社会秩序は安定したと感じられるようになり、新たな文化の出現が可能なほどに繁栄する。これはつまり、曹禺《そうぐう》の金言である「芸術のための芸術とは、裕福な者だけの考え方だ」に従うことになる。

新たな規範や流儀、方向性は、**危機**後の秩序をまず攻撃し、そしてその秩序の中にはっきりと組み込まれることになる。**覚醒**の時期には新たな文化が花開き、分裂して多様化していく。危機後の秩序が弱まると、支配的な文化のテーマは独自性を失い、パロディや剽窃《ひょうせつ》のようになっていく。新たな**危機**が訪れると、文化は浄化と検閲を受け、新たな社会の目標のために利用されるようになる。かつては社会の意思を乱すことを芸術は許されていたのに、いまや芸術の目的は社会の意志を強めることになる。その後、新たな秩序は新たな舞台を産み出す。それは優美で飾り立てられているが、破滅をもたらす目的のために文化活動が（再び）貢献できるようなものであり、新たな**覚醒**の未来像が即座に上陸できるような橋頭堡《きょうとうほ》を打ち立てるのだ。

あらゆる形の文化に、こうしたパターンが反映されている。過去三サエクルムの音楽スタイルをみてみよう。**覚醒**の時代に、黒人霊歌とゴスペルが現れた。次はラグタイムと初期のブルースだ。さらに時代を下ると、ソウルミュージック、ロックンロール、そしてプロテストソングが現れる。**分解**に入るとミンストレル・ショーが現れた。次はブルースとジャズ、さらに時代を下ると、カントリーミュージックやラップミュージック、そしてオルタナティブ・ロックが現れる。**危機**の時期にはキャンプファイア・ソングと行進曲が現れ、時代を下るとスイングミュージックとビッグバンドが現れる。**高揚**ではバラード、そしてミュージカルとバンドスタンドミュージック、そして時代を下ると、クルーナーとヴィンテージロックが現れる。

建築とファッションについても考えてみよう。**高揚**では、ゆったりとしているが機能的なスタイルが産み出される。その特徴はロマン主義の復古調にあり、自信にあふれた男らしさ（そして大規模な建築）と、従順な女らしさ（そして画一化）が一つになっている。**覚醒**の時期には、自然・霊的・田園・素朴といったテーマに立ち戻る。そして物事は伝統的な社会規律の緩和と、良心から発した（食品や衣服、言語、セックス、余暇に関する）ライフスタイル上のフェティシズムの出現から必ず始まるのだ。**覚醒**は最も折衷的な時代で、スタイルや時期、性別が、入念に混ぜ合わされる。第四の節目《ターニング》によって、道理と古典、素朴と抑制そして端正さといったものに、新たな関心がもたらされる——一方、性別と結びついたファッションが再び正しいものとされて、優雅さへと回帰していく。

節目《ターニング》はすべて文化面の革新を主張するが、中には特定の文化の分野では目立つが、他の分野ではそうでもないようなパターンもある。音楽にとって**覚醒**は、特別な創造の時代だった。文学にとっては、ウィリアム・シェークスピアとジョン・ミルトン以来、常に**高揚**と**分解**の時期が傑出してきた。過去三サエクルムにおいて米国文化は**分解**の時期に世界中に深い影響を与えてきたが、それは直近の**覚醒**の成果を輸出したからかもしれない。ヨーロッパでは一八五〇年代と一九二〇年代に米国人作家がまぶしいほどの名望を受けたが、これに見合う時代は確かにない。また、一九九〇年代には米国のさまざまな分野のポップカルチャー（書籍、雑誌、報道、映画、ソフトウェア、ＴＶゲーム）に世界中が熱中したが、これに見合う時代がないことも確かだ。

＊＊＊＊

ピーター・ハリスは「人生における循環システム」に関する研究論文を終えるに当たって、ある問いかけをした。それは論文が「未来について予見できるような、社会科学の発展への希望」をもたらすか否かというものだった。この希望は、大部分の米国人が持つ、「時間は一方向に進む」という気質に反するものだ。米国人は、自分が運命の絶対的な主人であると考えたがるものであり、あらゆる循環から自由で、いつでも自由に望んだままに選択できると思いがちだ。そして時には、それが正しいこともある。しかし、そういった自由は、われわれの願望が予見不可能であることを意味するのだろうか？　マーケッターや世論調査者は、そうは考えない。だからこそ大金を費やして、人々が特定の種類の商品を買おうとしたり、特定の種類の候補に投票したがるのは何時かということを予想する方法を調べるのだ。こうしたパターンが統計的に信頼できるものであったとしても、人間の自由が無に帰す訳ではない。

同じ原則が、サエクルムにも当てはまる。その原則は、誰かに何かをしろと強要する訳ではない。それはただ単に、大部分の人々が自分の人生を、他でもない、ある一つの方向に進めたがるのは何時なのかを説明するだけなのだ。

事故と異常事態

ところが歴史の循環が自由意志を侵犯しないとしても、やはり厄介な疑問は残る。それは、幸運や混沌、事故という名前で呼ばれるものだ。サエクルムはどうすれば、歴史における偶発的な出来事やトレンドと共存できるのだろうか？　誰が蒸気船や機関車の出現を予言できたというのか？　ブラック・チューズデーの大暴落は？　真珠湾への奇襲攻撃は？　ウォーターゲート事件の住居侵入は？　マイクロコンピュータの発明は？　どうやったら社会変化についての理論で、こうした物事を予言できるのだろうか？

答えは簡単だ。サエクルムは、そうした物事を予言もしないし、排除もしない。そう、歴史は常に事件を惜しみなく提供する。しかしサエクルムにとって一番大切なのは、事件そのものではなく、その事件に対する社会の反応のほうなのだ。その仕組みを理解するには、事件を一つ選び、他の時代に移し替えてみればいい。そして、その影響を再現してみるのだ。ウォーターゲートホテルへの住居侵入事件を四〇年前にさかのぼらせてみよう。一九三四年頃の米国は、圧倒的大差で当選したばかりの「伝道師の世代」の大統領を必死になって辞任に追い込もうとする兵士の世代の二人の記者を受け入れただろうか？　もちろん、そんなことはない。また大恐慌がその四〇年後に発生したとしよう。一九七四年頃のベビーブーマーの世代が経済崩壊に対応するために、喜んで制服を着て、準軍事的な公共事業計画に参加し、テネシー川流域にダムを建設しただろうか？　こちらも、ありそうにない。

今日の多くの専門家は、科学技術が自律的な力となり、勝手に主要な社会のトレンドの速度と方向を決定すると主張している。彼らは、テレビが米国人を無数のニッチなチャンネルに向かわせ、人々をプライベートの繭《まゆ》に包み込み、社会生活の絆を断ち切ったと主張する。コンピュータが個人を王様にして、社会の権威をむしばんだと言う。電脳空間の情報革命が政府を圧倒して、経済をグローバル化し、国境を無意味にしたと言うのだ。

こうした主張のすべてに、もちろん何らかの利点がある。しかし、こうしたトレンドは**分解**の時期には当たり前に起こるものなので、その先のことを考えてみるべきだろう。こうした新技術は、本当にわれわれを変えるのか、それとも欲しくなった時に、ただ単に欲しいものを与えてくれるだけなのか？　われわれがテレビと呼んでいるブラウン管技術は、四〇年前には均質化をもたらす道具だと広く考えられていた。ウォルター・クロンカイトやエド・サリバンによる総意的なメッセージを中心にして、それらは世論を型にはめる道具であると考えられていたのだ。ところがいまテレビがやっていることは、その正反対だ。われわれがコンピュータとして知っている組織化されたトランジスタ技術は、四〇年前には小説『一九八四』に出てくるビッグ・ブラザーの高圧的なイメージを思い起こさせた。この技術の全体像を示すイメージは、情報ピラミッドの頂点に立つ汎用機だった。いまコンピュータが象徴しているのは、その正反対だ。今日この技術の全体像を示すイメージは、分散化された個人用の端末であり、ネットワークに接続されている。

大概の場合、技術は自分自身を国のムードに合わせてくる。自動車や電話、ラジオがまだ目新しいものだった第一次世界大戦前夜、それらは米国人の生活を個人化してバラバラにする発明品だと見なされていた。金持ちを貧乏人から隔離し、プライバシーを促進し、人々がどこにでも旅して休暇を楽しめるようになる発明品と考えられていたのだ。そして実際そうなったが、それもほんのしばらくの間だけだった。その後、第二次世界大戦の車両部隊とプロパガンダ組織のせいで、こうした同じ技術が、社会的な目的を象徴するようになった。一九五〇年代には中流階級のライフスタイルを標準化するために役立った。さらに一九七〇年代になると、技術は非人間的な服従の象徴として攻撃されるようになった。今日こうした技術は、**分解**のムードに合うように、再び元のものへと変化している。T

Vゲームに出てくる逃走用の自動車や、携帯電話、小さなラジオ局の人気を見れば明白だ。

技術が一方向に進化するという価値観は、新たな節目《ターニング》がもたらし得る危険を理解できない。マイクロソフト社の創業者であるビル・ゲイツは、もうすぐ誰もがハイテクの携帯デバイスを通じて無限の選択肢を持つ世界に接続されると予言している。彼が言及していないのは、回路をいくつか逆転させるだけで、同じ技術で中央集権的な権威が個々人の行動を監視できるようになるという点だ。米国人が個人の選択と最近結びつけた他の技術の例——産児制限と遺伝子検査——を考えてみよう。そうした技術が同じような変化を経ることを想像して欲しい。一九三〇年代の強制不妊化や優生学の流行の再現を欲する米国人はほとんどいない。しかし、より高度な技術を持った米国が、同じ道へと迷い込むことは決してないと言い切るのは軽率だろう。

技術は徐々に姿を現すものだが、歴史における他のワイルド・カードは、破局的なまでに突然現れるのであり、しかもそれは名前と顔を持った人物として登場することが多い。時間を混沌と考える者にとって、こうしたパターンのない騒々しい偶然の巡り会いは、出鱈目《でたらめ》としか思えないペースで弾けまくっているだけだ。二〇世紀にとって、混沌に満ちた人物といえば、アドルフ・ヒトラーやホー・チ・ミン、リー・ハーベイ・オズワルド、ティモシー・マクベイのような者が思い起こされる。

しかしこうした歴史上の火花と、彼らへの国中の反応が、本当にサエクルムとは独立したものだったかを考えて欲しい。ヒトラーはどうだっただろう？　どんな時代であれ、彼のような人間は挑発して米国を戦争に引きずり込んだだろうと米国人は考えて喜ぶかもしれない——しかし**分解**の時代にある現在、彼は同じことをするだろうか？　しないかもしれない。ホー・チ・ミンは？　絶対にしない。

オズワルド？　もちろん狂ったような行動はいつだって起こり得るが、米国史における政治的な暗殺の試みの大部分は、**分解**の時期に起こっている。マクベイ？　一九六〇年代末に米国内では、過激派による爆弾事件の凶悪さについてほとんど話題になっていなかったことを思い出して欲しい。

歴史は常に火花の光を産み出す。しかし燃え上がったあと消えていく光もあれば、光そのものとは桁違《けたちが》いの爆発を引き起こすものもある。歴史は良しにつけ悪しにつけ、アイディアというものを生み出す。すぐに消え去るものもあれば、偉大な着想や、おぞましい災いをもたらすものもある。

クリングバーグが気づいたように、外国からの挑発に対する米国の対応の歴史は、こうした明暗に満ちている。たとえば第一次世界大戦と第二次世界大戦への米国の関与を較べてみよう。両戦争とも、外国による攻撃的な行動が先にあった（ルシタニア号の撃沈と真珠湾攻撃）。一方の場合、議会は二年間待って――さらなる挑発も我慢強く耐えて――それから政治的に強い反対を受けながら宣戦布告した。もう一方の場合は、その翌日には宣戦布告が行われ、反対はたった一票だった。一方の場合は、戦争が禁酒法や労働争議、煽動防止法裁判といった分断をもたらす問題を燃え上がらせた。もう一方の場合は、一切の迷いなく国家の動員が実行された。両戦争とも、米国の完全な勝利に終わっている。一方の場合、凱旋《がいせん》帰国した兵士たちは識者たちに道徳についてうるさく言われた。もう一方の場合は、紙テープが舞うパレードに迎えられた。両戦争とも、米国の海外への影響力を強めた。一方の場合は、その影響力はあっと言う間に浪費された。もう一方の場合は、その後二〇年間にわたって確固たるものとなった。

第四の節目《ターニング》では、世代の持つ力のおかげで、海外からもたらされた事件に対して国が一丸となって対応する傾向がある。アドルフ・ヒトラーや東條英機が世界に戦争を仕掛けた時、米国は決定的な行動をとる用意ができていた。預言者が権力の座につき、英雄が成人したため、原型《アーキタイプ》の秩序をもたらす者が権力の座につき、原型《アーキタイプ》の秩序を実践する者が戦場に赴《おもむ》いたからである。その結果、世代間の協力が最高のものへとなった。老年期にある預言者の指導者は対立を恐れない。実際、サミュエル・アダムズやジョン・ブラウン、フランクリン・デラノ・ルーズベルトは皆、「若者を駆り立てる」という明確な目的のために緊急事態をでっち上げた、という尤《もっと》もらしい批判を受けてきた。

サエクルム中盤になると、あらゆる戦争は**覚醒**によってもたらされる若者の情熱の奔流から逃れられない。ベトナム戦争中は、原型《アーキタイプ》の秩序を実践する者は高齢者であり、原型《アーキタイプ》の秩序をもたらす者が若者だった。若い預言者は、自分たちに命令する組織制度の中の、道徳の空白に挑戦する。一方、高齢の英雄は、あらゆる手を尽くして、事あるごとに犠牲は不要だと言い立てるものであり、しかもそのためには莫大な財力と技術力を使うこともある。その結果、世代間の動乱が最大化する。一九六〇年代末期、二つの世代は戦争を起こす際の自分の役割に居心地の悪さを覚えており、お互いの振る舞いに対して腹を立てていた。

英国系米国人の歴史における主な戦争はすべて、その当時台頭していた節目《ターニング》によって形成されてきた。次ページの表を見て欲しい。

高揚の時代はすべて、それに先立つ**危機**の名残りとして存在している。これは米英戦争（アメリカ独立革命の再確認である）から朝鮮戦争（戦後の国際秩序の再確認）にまで当てはまる。こうした戦争は、他のものから隔絶する傾向にある。人々の忍耐心は強く、熱狂の度合いは弱い。

戦争と節目

第一の節目（高揚）	第二の節目（覚醒）	第三の節目（分解）	第四の節目（危機）
アン女王戦争 米英戦争 朝鮮戦争	イングランド内戦 ジョージ王戦争 米西戦争 ベトナム戦争	フレンチ・インディアン戦争 米墨戦争 第一次世界大戦 湾岸戦争	薔薇戦争 対スペイン無敵艦隊勝利 フィリップ王戦争 ベイコンの反乱 ウィリアム王戦争 名誉革命 アメリカ独立革命 南北戦争 第二次世界大戦

覚醒の時代の戦争は、すべて若者の情熱に彩られている。一七四五年にルイブール要塞を攻撃した酔っぱらいの信仰復興論者から、一九七〇年の「怒りの日」で攻撃者となった学生たちまですべてそうだった。国内の動乱によって戦争が行われ、どの戦争もその時代に毀誉褒貶《きよほうへん》を巻き起こして、後世に悪名を残している。

分解の時代の戦争は、すべて速攻によって勝利を収め、その時は人気がある。これはエイブラハム平原の戦いから湾岸戦争にまで当てはまる。しかし最終的にはカタルシスをもたらさない。社会の基調となるムードを変えられないからだ。この時期の人々の熱狂度は高いが、忍耐心は少ない。

危機の時代の戦争はすべて、大規模で熾烈であり、決定的なものになる。国内の決意は高齢の指導者の展望と一致し、戦争の結果は王国や国家、帝国を完全につくり変えることになる。

サエクルムのリズムによって、大戦争は不可避になるのだろうか？　それはわからない。**覚醒**には戦争は不要だ。もしかすると**危機**もそうかもしれない。ただし一五世紀以降の第四の節目《ターニング》は、最後にはすべてが全面戦争につながっている。歴史が教えるのは、勃発した戦争はすべて当時の節目《ターニング》のムードを反映していたということだけだ。第四の節目《ターニング》における戦争は、ありとあらゆる名目が掲げられて戦われるが、いずれも曖昧《あいまい》な結果に終わる。ここからわかるのは、日本が真珠湾を攻撃しなかったとしても、合衆国はなにか他の挑発に目をつけて、枢軸国に全面戦争を布告していただろうということだ。もちろんそうすることで現実より悪い結果になったか、より良い勝利（たとえばヤルタでの譲歩をしなくて済んだとか）を収められたかどうかはわからない。サエクルムは結果の良し悪しを保証しないからだ。

しかしサエクルムはある程度、近代世界全域で作用していた。だから米国が**いつ、どのような**同盟国や敵国と出会うことになりそうかについて、何かしらの分析を導き出せるかもしれない。

独立革命の直後の発展途上にあったアメリカ共和国は、恐らく幸運だったのだろう。旧世界が自分自身の危機、自身の革命の時代に完全に没頭してくれていたからだ。同じことが一八六〇年代にも言える。米国が南北戦争を戦っていた時、ヨーロッパと日本は、自身の建国戦争に忙殺されていたからである。

第一次世界大戦は米国にはかすり傷程度にすぎなかったが、ヨーロッパには破滅をもたらした。この戦争は、**分解**の時代の紛争として、全参戦国に重要な痕跡を残しており、要領を得ないまま始まり、悪意に満ちた終わり方をした。そして――大量殺戮があったにもかかわらず――何も問題を解決しなかったのである。米国にとっての主な結果は、米軍がふたたび相見えることになる、全体主義的な指導者の新たな候補を（大西洋の両岸にいる戦争で荒んだ喪失の世代の中に）生み出したことだった。アドルフ・ヒトラーやベニート・ムッソリーニ、東條英機、フランシスコ・フランコらは、一九一四年八月時点で二一歳から三一歳だったのであり、これはホー・チ・ミンや毛沢東にも当てはまる。第四の節目《ターニング》の時期に第二次世界大戦の引き金が引かれたのは、単なる偶然ではない。ファシズムの台頭は、サエクルムがヨーロッパの歴史を支配していたことと大いに関係がある。

ヨーロッパ戦勝記念日（V-E Day）や対日戦勝記念日、鉄のカーテンは、世界の大部分にとって、第四の節目《ターニング》の基調をなす事件だった。ゆえにさまざまな社会におけるサエクルムのタイミングは、恐らくそれまでの近代史にくらべ、第二次世界大戦後になってシンクロが進んだのだろう。今日、世界中で原型《アーキタイプ》の発現は明解な類似性をみせているが、これはまさに第二次世界大戦のおかげなのだ。

いまでも世代の頂点にいるのは、誰もが社会における信頼と偉大な組織制度と結びつけて見がちな、高齢者たちだ。彼らの強引ともいえる豪腕な国の舵とりは国民に恐れられたが、そうした恐怖の真っ只中に彼らは権力の座を去ったばかりだ。米国における兵士の世代と同時代には、「長征の世代」（鄧小平）や、「電撃戦の世代（the Blitz）」（マーガレット・サッチャー）、「レジスタンスの世代」であるフランソワ・ミッテランとジュリオ・アンドレオッティ、「大祖国戦争の世代」であるレオニード・ブレジネフとユーリ・アンドロポフがいる。指導者として彼らに代わるのは、戦時下に子供で後に成長した「空襲の世代」だ。これはボリス・エリツィン、ヘルムート・コール、ジャック・シラク、ジャン・クレティエン、ロマーノ・プローディなどに代表される。彼らは昔の同盟が紆余曲折をたどり分裂している中で、グラスノスチや外交、交流、そして欧州共同市場を売り込むポストモダンの専門家たちである。

その次は若者の叛乱や、プラハの春、ヨーロッパの極左テロ、文化大革命の最中に成人した「グローバル化世代」だ。ヨーロッパでは、これが一九五〇年頃に生まれた、「一九六八年の世代」であり、（アレクサンドル・レベジ、レフ・ワレサ、ジェリー・アダムズ、チャールズ皇太子、トニー・ブレア、ホセ・マリア・アスナール）である。イスラエルではベンヤミン・ネタニエフに代表される「ポスト・エクソダスの世代」がいる。価値観にこだわり、西側のポップカルチャーに抵抗し、怒れる若者となったこのようなベビーブーマーの海外版となる彼らは、徐々に権力の座に就き始めたところだ。

第一三代と同じ世代は、世界的に当てはまるのが今日の若さあふれる「九〇年代の世代」（フランスの「どうでもいいさ」と言うＢｏｆ世代など）である。メディアに描かれた彼らは、快楽を愛する、根無し草でエコ好きな人々だ。起業家でプラグマティストであり、市場原理で動き、グローバルな経済を支持するが、社会では外国を嫌い、政治より金儲けに興味がある。

ロナルド・レーガンとマーガレット・サッチャーの特別な友情に始まり、いまはシアトルからミンスクまで世界中でウェブ・サーフィンをする大学生がいるが、今日のグローバルの世代によるこうした国境を越えた共感によって、米国がリーダーシップをとる時代がおそらく今後も続くことは間違いない。そして同じような気質を持った者の出現は、今後も二〇〜三〇年は続くだろう。こうしたことでサエクルムのリズムは強調され、四つのタイミングが強化されるかもしれない。**危機**がより荒々しいものとなり、それに続く**高揚**がより舞い上がったものになるかもしれないのだ。しかし同時に、何も起こらないこともありえる。それは誰にもわからないのだ。サエクルムは完全に安定した社会の脈動ではないし、それほど単純な理由によるものでもない。完全な安定などというものは、人間がつくるいかなるシステムでも不可能なのだ。

結局のところ、サエクルムは歴史における結末の質、つまりその善悪を決められない。こうした結末はすべて疑問にさらされ、すべてその世代の悪行と善行によって決められる（そして親の世代や、その世代が産み出した指導者の悪行善行にも左右される）。結末が疑問にさらされるので、サエクルムのタイミングと世代構成が持つ規則性も、同じように疑問をもたれることになる。その激しさによってすべての歴史における循環を終結できるような破局が可能であるなら、循環をワープしたり短縮したりするような、小さい悲劇も可能であると考えなければならない。おそらく近代社会は、そのほとんどがこうした変則的な循環を多かれ少なかれ経験してきたからだ。

英国系米国人の歴史において、南北戦争は唯一の顕著な変則的事態だった。南北戦争を含むサエクルムでは第一と第二の節目《ターニング》は普通のものだったが、第三と第四の節目《ターニング》は大幅に省略されている。この二つの節目《ターニング》は、合わせて二二年（一八四四年から一八六五年）しか続かず、その長さは通常なら一つの節目《ターニング》のものである。超絶主義の**覚醒**の絶頂期から南北戦争の絶頂期までは、たった三二年しかない。またこのサエクルムには、英雄タイプの世代が生まれていない。これは五世紀の間において四つの原型《アーキタイプ》の循環が中断した唯一の時代である。

一見すると、南北戦争の危機はサエクルムのスケジュール通りに見える。その頂点の年（一八六三年）は、先の**危機**の絶頂期の八〇年後だし、次の**危機**の絶頂期の八一年前である。しかし南北戦争の前のサエクルムはもっと長いものだった。その前の三つのサエクルムは長さの点で、ほぼ一〇〇年近くあったからだ（それぞれ一〇三年、一〇一年、九四年）。世代の長さが現在のものへと急速に短縮されたとは思えない。リズムがもっとゆっくり短くなっていたなら、このサエクルムの長さは九〇年から九五年だったのではないだろうか。つまり**危機**を含む南北戦争のサエクルムは、おそらく歴史のリズムが示すよりも、約一〇年から一五年前に絶頂に達し、終結していたのかもしれない。

それは何故か？ その理由は、その頃生きていた三つの成人世代（老年期の「妥協の世代」、中年期の「超絶主義の世代」、若き成人の「富裕の世代」）が持っていた、本能の最悪の部分が現れたからだ。ヘンリー・クレイ、ダニエル・ウェブスター、そしてジョン・カルフーンによる戦争回避の取り組みが失敗すると、老年期にあったジェームズ・ブキャナンを始めとする「妥協の世代」は、空白化した政治プロセスとした価値観の混乱を乗り越えられなかった。歳をとりつつあった「超絶主義の世代」は、自己完結し、地理的に離れた二つの社会に分裂した。その二つの社会は、開戦に（後には平和にも）抵抗できず、悲惨な結末を迎えた。若い成人の「富裕の世代」は、冒険者が持つ闘争への欲望や、傷つきやすい自尊心に打ち克つことができなかったのであり、最後には戦争が彼らの生活と未来への展望を破壊した。こうした三世代が一つになって、非常に危険な組み合せを形成したのだ。**危機**を加速して急速に絶頂に導き、この世の終わりを思わせる結果を産み出した。それは政治家や伝道師、将軍、エンジニアたちが一つにまとまって初めて可能としたことだった。

この第四の節目《ターニング》で実際に起こった大団円より盛り上がったものを米国史の他の第四の節目《ターニング》で挙げてみろと言われたら、歴史家は答えに窮《きゅう》するだろう。南北戦争がもたらした良い結果を思い浮かべることは簡単だ。たしかに国家の統合は保持され、奴隷は解放された。そして産業革命への束縛が完全になくなった。しかし、そのためにかかったコストは莫大なものだった。その後の一世紀にわたる地域間の憎悪によって南部は貧困のまま取り残され、政治的に流刑に処せられたのだ。再建の時代は、私刑と人種差別を正当化するジム・クロウ法へと崩壊していった。他のすべての社会的問題（労働争議から女性の人権まで）は、次の**覚醒**まで取り上げられなかった。これらの問題についてはようやく次の**覚醒**の時期になってから、実質的に一から手をつけられることになったのだ。この時代に生きていた者の政治上の反応からわかることがある。それは、多くの米国人が、第四の節目《ターニング》の異様な痛みを、歳をとりつつあった「超絶主義の世代」の悲惨なふるまいのせいだと思っていたことだ。南北戦争に続き一八六八年には、米国選挙史上最大の世代交代が起こっている。有権者は高齢の狂信者を捨てて、四〇代の「富裕の世代」を自分たちの代表として選んだのだ。

その後に続いた世代で、超絶主義者の展望を実現させるような社会の組織制度を建設する、普段の英雄の役割を担った者はなかった。その後には「革新主義者」（南北戦争前ですら保護されていた良い子の世代）が待機しており、彼らがこうした英雄になることも可能だった。しかし危機はあまりにも急速かつ荒々しい形で、動かしようのないものになった。そのため、この大人の皮をかぶった子供だった世代は、力を得るのではなく、傷を負って舞台に現れることになった。「革新主義者の世代」に属する多くの若者は、戦場で戦った兵士だったのに、戦後政治を「敵意を煽る」（bloody shirt）

「富裕の世代」の手に託したのだ。他の世代と同じように自信を主張することなく、「革新主義者の世代」は芸術家の原型《アーキタイプ》がもつ外的人格《ペルソナ》を身につけていった。原型《アーキタイプ》の空白を埋めるため、「富裕の世代」は遊牧民と英雄の混成物として歳をとっていった。尋常ではない文化の不毛をかかえた**高揚**の時期を仕切った後の**覚醒**によって、「富裕の世代」は米国史において前例のないほど駄目な老人として貶《けな》された。

南北戦争の変則性が明らかにしているものはいくつもある。それは、世代の組み合わせがいかに危険なものになり得るか、原型《アーキタイプ》が人生の循環におけるシナリオをいつもより積極的に演じるとどうなるか、**危機**が事前には想像もできないほど悲劇的に終わることもある、といったことだ。もう一つ確認できるのは、**危機**には特定のシナリオがないということだ。つまり、人々のとる行動（そして人々による政治上の選択）が歴史の進路を根本的に変えることさえありうる、ということだ。

南北戦争の変則性は、警告と同時に希望も提示している。たとえば、戦後には通常の形の節目《ターニング》が続いたことだ。戦争に苛まれ深い傷に苦しんだ社会は、均衡を保った形でサエクルムが持つ節目《ターニング》が続いていくように再建されたのだ。**危機**の最中でも、社会の権威は後に豊かさへと花開く種をまいていた。その一例が、大陸横断鉄道や家族経営農場、敷地確保を政府が支援するランドグラント・カレッジといったものである。独立国家としての新たな基礎も築かれた。南北戦争終結以前の合衆国という単語は、複数形だった。それが単数形になったのだ。そして新たな**高揚**の時期もあった。戦後世代が進歩への信頼を失うことはなかったし、失ったものを取り戻し、未来への大いなる投資を行った。**高揚**の世代による勤勉さと、投資先の賢明な選択、そして消費の抑制は、二〇世紀における米国の経済上の奇跡に大きく貢献している。

彼らの事例から学ぶことで、次の第四の節目《ターニング》で起こるはずの悲劇を回避できるなら、ヘンリー・クレイやエイブラハム・リンカーン、ユリシーズ・グラントらの世代に対して、われわれは本気で感謝すべきであろう。

第五章　老年の守護者

彼が再び来るのははるか先だ

一六八九年四月のある日の午後、米国植民地はイングランド王のジェームズ二世によって自由を奪われるという噂に沸き立っていた。王が選んだニューイングランド自治領総督であるエドマンド・アンドロスは、兵士たちをボストン街中で威圧的に行進させていた。その目的は、植民地が自ら統治を行うといういかなる考えもつぶすことだった。当時は、誰の目にもアメリカの未来は厳しいものに思えた。

まさにその時、どこからともなく「古代人の姿をした者」が街頭に現れた。それは、「指揮官の目、容貌、そして態度」をもった老人だった。その振る舞いは「指導者と聖人を合わせたもの」で、迫り来る英兵の進路に立ちはだかり、行進を止めるよう求めた。「その声は真摯《しんし》だが、勇猛な響きを持ったものだった。その響きは、戦場で大軍を指揮することにも、神に祈りを捧げることにも適ったもので、抗しがたかった。老人の言葉と伸ばした腕に対し、太鼓の連打は即座に静まり、行進は止まった」のである。

たった一人の男の挑戦に鼓舞されたボストンの民衆は、勇気をかき立てて行動を起こした。その日のうちに、エドマンド・アンドロスは追放されて投獄され、ボストンの自由は守られた。その街角は、植民地の名誉革命の場となったのだ。

ナサニエル・ホーソーンは著書『トワイス・トールド・テールズ』（Twice-Told Tales）のこのエピソードの終わり近くで、「この老年の守護者は一体誰だったのだろうか？」と問いかけている。もちろん誰にもわからないのだが、わかっているのは、彼がかつては熱い心を持った若き清教徒《ピューリタン》で、五〇年以上前に最初にニューイングランドに住み着いた人物だということだけだ。その晩に年老いた僧侶のような戦士が姿を消す直前、彼が八五歳のサイモン・ブラッドストリートを抱きしめていたのを街の人々は目撃している。ブラッドストリートは志を同じくした人間で、当時生き残っていた数少ない最初の清教徒《ピューリタン》の一人であった。

この老年の守護者《グレイ・ガーディアン》のような人物は、いつかまた現れるのだろうか？「私が聴いたのは、清教徒の末裔たちが祖先の魂を示そうとすれば、彼のような人物は再び姿を現すということだ」とホーソーンは付け加えている。

彼のような人物が現れるまで、アメリカ国民はしばらく待たなければならなかった。実際のところ、それには人の一生にあたる長い時間が必要だったのだ。「八〇年後に」とナサニエル・ホーソーンが書いたように、老年の守護者は再び姿を現した。それは一七七五年のアメリカ独立の夏だった。米国の老人たちはふたたび神に訴えかけ、若者に闘いと、憎き敵への銃撃を命じたのである。「わが父たちがバンカーヒルで胸壁をつくっていた時、老いた戦士たちは一晩中、歩き回っていた」とホーソーンは続ける。この老いた戦士――サミュエル・アダムズやベンジャミン・フランクリン、サミュエル・ラングドン（ハーバード大の学長でバンカーヒルの兵士たちに説教した）と同世代の老人たち――は**覚醒**の世代に属し、若い日には共和制の発展に身を献げ、老人となってからはその共和制を守護したのである。

ナサニエル・ホーソーンがこの感動的な伝説を書いたのは一八三七年であり、その時はまだ三三歳の若者だった。バンカーヒルの父たちはホーソーンの父親の世代で、エピソードが書かれた頃には、完全に老人になっていた。米国では新たな議論（奴隷制に関するもの）が起こり、新たな敵（メキシコ）が出現していた。しかし誰もその時代の老人――ジョン・マーシャルやジョン・ジェイコブ・アスターなどの生身の人間――が、以前の老年の守護者の役割を果たすとは思っていなかった。

「彼が再び来るのは、はるかはるか先のことだ！」とナサニエル・ホーソーンは予言した。「彼が来るのは暗黒と逆境、危機の時だ。しかし、国内で暴君が圧政を敷いたり、また侵略者が足を踏み入れて国土を汚せば、再び老年の守護者はやってくる」とホーソーンは論じたが、それがいつ訪れるかは言わなかった。しかし彼はあえて言明するべきだったのかもしれない。

若き日のナサニエル・ホーソーンがバンカーヒルの時点から八〇年から九〇年後を考えたらどうだったろう。米国の魂を震撼《しんかん》させた若き狂信者（ジョセフ・スミス・ジュニアやナット・ターナー、ウィリアム・ロイド・ガリソンなど）が老人となった時のことを考えてみたらどうだったろうか。もしそうしていれば、来たるべき老年の守護者は、ホーソーン自身が属する「超絶主義の世代」から出ることを予見できたかもしれない。若き日に神の手によって、ホーソーンの同世代の人間は、後の人生で「暗黒と逆境、危機」の時と直面するよう運命づけられていた。年老いた僧侶のような戦士は、ジョン・ブラウンの体を借りて復活し、不正の輩を壇上から非難した。

またこの戦士は、ジュリア・ウォード・ハウの体を借りて、『リパブリック賛歌』を書き、ウィリアム・シャーマンとして、ジョージアを「恐るべき神速の剣を振るい、宿命の稲妻を落として焦土と化し」(『リパブリック賛歌』の中の一句)、ロバート・E・リーとして、セメタリー・リッジで、数千の若者を指揮して死に追いやった。とりわけエイブラハム・リンカーンの体を借りて達成したことは格別だった。議会に「われわれが通り抜けようとしている猛烈な苦難。それによって最も若い世代が、われわれを誇りに思うか不名誉に思うかが決まるのだ」と告げたのだった。

ナサニエル・ホーソーンがさらにその八〇年後を考えたなら、新たな老年の守護者の登場を予測していただろう。その世代の幼年期は、ホーソーン自身の晩年にあった「猛烈な苦難」の直後に始まることになる。この世代が成人する時、老人が建設した世界を内なる火で焼く――そして半サエクルム後に、自らが宣言した運命との出会いを「第二次世界大戦の賢老人」として成し遂げるのだ。フランクリン・デラノ・ルーズベルトの「伝道師の世代」をその老年の守護者の再現に加えるなら、ホーソーンの物語は二回ではなく四回も繰り返されたことになる。

父祖の世代がこうした歴史の重大な関門を通り抜けた時の老年の守護者たちは、近年の騒がしい米国の年長の市民とはまったく違うタイプの老人だった。またナサニエル・ホーソーンがこの話を書いた一八三〇年代には存命だった、独立戦争を経験した年老いた「アンクル・サム」たちとも異なっていた。

この年老いた僧侶のような戦士たちとは一体何者だったのか？　それは「**預言者**の世代」を、昔風に表現したものだった。そして、この世代が老年期に達したということは、新たな世代の組み合わせの登場を予言していた。

歴史上の同じ瞬間に、他の原型《アーキタイプ》はどこにいたのだろうか？　一六八九年に中年期に達しつつあったのは誰だったのだろうか？　元海賊のベンジャミン・チャーチや、無謀なジェイコブ・ライスラーといった狡猾《こうかつ》な者たちがそれだ。また新世界への定住者集団の中で最も敵意（と残虐さ）を持った「王党員の世代」の指導者たちも、ここに入る。一七七五年は？「自由の世代」に属するジョージ・ワシントンがそうであり、歴史における過酷な任務を巧妙にこなしていた。一八六五年は？　義侠心に満ちた「富裕の世代」の軍人や、没落した農民、皮肉っぽい産業資本家、一匹狼の暗殺者たちがそうだった。一九四四年は？　第一次世界大戦の米軍兵（Doughboy）であった喪失の世代がそうだった。その世代に属する勇敢な将軍と控えめな政治家が困難な選択をする一方、戦争の若き英雄たちは喝采を受けた。彼らは**遊牧民**の原型《アーキタイプ》だ。

成人期に達しつつあったのは誰か？　コットン・マザーが属する、チームプレイヤーで楽天的な「名誉革命の世代」がそうだった。トーマス・ジェファーソンやジェームズ・マディソン、アレクサンダー・ハミルトンといった「民主共和派の世代」は米国史上、社会で最も偉大な業績を成し遂げた。「兵士の世代」はノルマンディー上陸作戦でポワン・デュ・オックの崖を登り、原子力の秘密を利用した。彼らは**英雄**の原型《アーキタイプ》だ。

子供だったのは誰か？「啓蒙運動の世代」の子供は、後にイェール大やウィリアム・アンド・メアリー大の初の学生となった。そしてさらに後になると、先人が築いた新たな植民地の組織制度の相続を辛抱強く待つ、礼儀正しい職業人になった。「妥協の世代」に属するジョン・クィンシー・アダムズは、バンカーヒルで父の友人たちが戦い死んでいく様を、遠くから見て泣いていた。「革新主義者の世代」であるセオドア・ルーズベルトは、親の肩に乗ってエイブラハム・リンカーンの葬送列車が通過するのを見ている。マイケル・デュカキスは、真珠湾攻撃の時八歳で、ノルマンディー上陸作戦のときは一〇歳だった。その時、両親が新たな政治・国際秩序の構築を話しているのを聴いたが、後に彼がその秩序の改善に挑戦することになる。彼らは**芸術家**の原型《アーキタイプ》だ。

こうした歴史の重大な変わり目のどの瞬間においても、八〇年から一〇〇年の時をおいて似たような世代のドラマが展開された。四つの原型《アーキタイプ》が同じ順番で――老年期の預言者、中年期の遊牧民、若い成人の英雄、子供の芸術家――が一つになって、わが国の歴史で最も揺るぎない伝説をつくり出したのだ。老年の守護者が出現する度に、「暗黒と逆境、危機」の時が刻まれた。それはサエクルムにおける、第四の節目《ターニング》の絶頂だった。

＊＊＊

自然では、次に来る季節は人々の記憶から一番先に薄れていた季節であると決まっている。同じことは、米国史の過去と現在についても言える。今日（一九九七年）の米国人のうち、ノルマンディー上陸作戦の時点で兵役（または勤労動員）に就いていた年齢の者は一〇パーセント未満になっている。このノルマンディー上陸作戦は、直近の第四の節目《ターニング》の絶頂期だった。一九二九年のブラックチューズデー時に成人していて、それを憶えている人は二パーセント未満だ。これは米国が最後にサエクルムの冬に入った時だ。その子供の中で、**分解**の時代のムードがどれほど急速にまったく異なると感じられるもの（実際にそうだったが）に変容したかを思い出せる者は、ほとんどいない。米国では新たな節目《ターニング》について、それが完全に姿を現すまでは気づかれないのだ。

われわれは自分たちのことを「自然の支配者」であったり、「歴史の季節を超越した、すべての変化と進歩をコントロールする者」であると思いたがる。

しかし、季節性を避け、それを無視しようとすればするほど、われわれの時間について――そして未来への――考え方は危険なものになっていく。今日、米国の大人の大部分が育ってきた社会は、永遠により良いものになっていくと市民が夢見ていられる社会であった。仕事はより充実したものになり、家計は豊かになっていく。政府は強くなり、文化は洗練されていく。家族は愛に満ちたものになり、子供は賢くなっていく。すべては進歩によって自然にもたらされる果実であった。

第三の節目《ターニング》に完全に入り込んだ今日（一九九七年）、こうした目標は徐々に失われていくように感じられることが多い。多くの者が時を元に戻せたらと思うのだが、それは実際には不可能であることも知っている。そして、子供や孫の世代のことを考えると恐ろしくなるのだ。

ある意味で、米国人は原始人に似ている。深まる秋のなかで乾燥した寒さを感じ、春を懐かしく思う。そして、暖かく湿った季節が再び巡ってくる様を、驚きとともに思い出している（または、本当に戻ってくるのか疑っている）。多くの米国人は、何とかサエクルムの春の部分だけを取り戻せないかと考えている。

しかし、季節はそのように動くものではない。自然と同じくサエクルムの秋は暖かくなるかもしれないし、寒くなるかもしれない。長くなるかもしれないし、短くなるかもしれない。確実にいえるのは、木の葉は落ちるということだけだ。サエクルムの冬の到来は早くなるかもしれないし、遅くなるかもしれない。しかし、歴史はそれが確実にわれわれに訪れることを警告している。

老年の守護者が再び訪れることをわれわれは望まないかもしれない——しかし彼は再訪せざるを得ないし、かならずやってくる。

第六章　第四の節目の予言

すでに第四の節目に突入している

二〇〇五年か、おそらくその前後の二・三年の間に、米国は第四の節目《ターニング》に突入するだろう。二〇〇〇年代中盤の米国は、前回の**危機**が発生した一九二〇年代とは極めて異なる社会になっているはずだ。豊かで健康的な暮らしを享受し、発達した科学技術を持っていて、人口は増加しつつ多様性を増し、強力な兵器も持っている。しかし他の**分解**の時代の社会と、その前の**分解**の時期のものとを比較しても、それと同じことは言える。そのような関係は、サエクルムにおいては例外ではなかったし、これからもそうなることはない。

火花が生じる瞬間から、新たなムードが始まる。今回も火花そのものが燃え上がるが、それもつかの間で、やがて消えるだろう。その最後の輝きは、**分解**の時代の思考様式を深く確認するものになる。しかし、その後に**危機**が巻き起こる。あとから振り返ってみれば、その火花は金融危機のように不気味なものに見えるかもしれない。もしくは国政選挙のように当たり前のものかもしれないし、茶会のように些細なものかもしれない。不気味なものや当たり前のもの、些細なものが入り交じった、小さな事件が短い間に次々と起こるものかもしれない。

危機が発生する際には、それに先だって八年から一〇年前に、明確に想像できるシナリオが出てくることを思い出してほしい。最近の**分解**の時代の傾向を土台にすると、来たるべき二〇〇五年前後のシナリオは説得力を持ってくるかもしれない。

■財政危機に悩まされたある州が、州民が連邦税として支払った金銭への権利を主張する。これを合衆国からの離脱行為だと宣言した大統領は、差止請求権を手にする。州知事は引き下がらない。連邦裁判所執行官は裁判所命令を執行する。同じような税収に対する叛乱《はんらん》が他州でもわき上がる。国債入札は延期される。民兵による暴動が発生する。サイバー・テロリストが国税庁のデータベースを破壊する。特殊部隊に出動待機命令が下る。新たな憲法制定会議を求める声が起こる。

■国際的なテロリスト集団が航空機を爆破し、持ち運び可能な核兵器を保有していると宣言する。米国と同盟国は先制攻撃をかける。テロリストは米国の都市に報復攻撃を仕掛けると脅迫する。議会はテロ組織に対して宣戦布告し、家屋への立ち入りを含む無制限捜査を認める。反対派は、大統領が政治的目的で危機をでっち上げていると非難する。全国規模のストライキが宣言される。海外資本は米国から逃避する。

■連邦予算は行き詰まり、膠着《こうちゃく》状態に陥る。大統領と議会は双方とも妥協せず、ほぼ全面的な政府機関閉鎖の引き金を引く。大統領は非常事態権限を宣言し、議会は大統領の権限を無効化する。ドルと国債は暴落する。大統領は社会保障給付小切手の発行を停止するという脅しをかける。議会は債務上限の引き上げを拒否する。債務不履行の影が忍び寄る。ウォール街はパニックに陥る。

■疾病予防管理センターが新たなウイルス感染症の流行を公表する。感染症は人口密集地帯に到達し、死者が何人か発生する。議会は強制的な隔離措置を法制化する。大統領は州兵に、リスクのある地域に防疫線を構築するよう命令する。市長たちは抵抗する。都市のギャングと郊外の民兵との間で戦闘が起こる。大統領に戒厳令を求める声が高まる。

■旧ソ連共和国全域での無政府状態が進み、ロシアは国境地帯で軍事演習を行う。リトアニアで内戦が勃発する。交渉は不調に終わる。米外交官が誘拐され、公の場で侮辱される。大統領は救出のために兵士を空路派遣するとともに、艦艇に黒海に入るよう命令する。イランがロシアとの同盟を宣言する。金と原油の価格が暴騰する。議会は徴兵制の再開を議論する。

こうしたシナリオが実際に発生する可能性は、極めて低い。しかしここで発生した事案が、基本的な**危機**の時代の原動力に沿って展開する可能性は高い。そうした原動力は、こうしたシナリオすべての根底にあるものだ。最初の火花が、激しい反応と更なる緊急事態の連鎖反応を引き起こす。これらシナリオの中核にある要素（債務、市民社会の劣化、国際的な混乱）は、シナリオの詳細よりも重要なものだ。**危機**の発生は未知の方法で、そうした要素を整列させた上で結びつけることになる。外国の社会も第四の節目《ターニング》に入るのであれば、それによって連鎖反応は加速される。

国内外でのこうした事件は、極端に不安定な時期にある市民社会の分裂を反映している。**分解**の時期にある米国は、このような問題のある分野に対して必要な行動をとることを無視、否定、または引き延ばすことになるだろう。社会のリスクが高まるにもかかわらず、「自分が犯した過ち」への怒りは、何かしらの行動を呼びかける声に置き換わる。このような事案の発生が、完全な破局へと悪化する可能性は低い。

なぜなら米国は最初の危機的状況を回避し、当面は情況を安定させる方法を見出す可能性が高いからだ。地域の叛乱は鎮静化され、テロリストは退けられる。財政危機は回避され、感染症は食い止められる。そして戦争への熱狂も冷めるだろう。しかし深刻な状況を当面は回避できたとしても、米国はすでにその時には第四の節目《ターニング》に突入しているのだ。

新たなムードと、動揺をもたらす新たな問題は、**分解**の時代における市民の信頼感の低落に当然とも言える終着点をもたらす。**危機**の前の時期では、社会契約の脆さについての恐れは、意識下にはありながら増大していた。そしていざ**危機**が発生すると、こうした恐れは表面へと吹き出し、刺々《とげとげ》しく露《あら》わなものになる。何かを信頼できなくなった個人は、生き残るためにさらに多くのものに不信感を持たなければならないと感じるようになる。こうした行動は、突然の悪循環へとつながっていく。社会における信頼の内部崩壊である。

もしそうなればこの内部崩壊は、金融市場、そしてそれに伴って、経済全体も直撃することになる。攻撃的な個人主義や組織制度の劣化、長期にわたる悲観主義が進むのも、人々が社会に一定レベルの信頼を持てる間だけだ。そうした信頼こそが、市場経済が必須とする労働の分担と長期間の保証を支えるために必要なものだからだ。**分解**の時期において、人々は「社会が複雑化する」という、困惑を招くかもしれないが興奮をもたらす傾向を好む（少なくとも甘受する）。しかし**危機**のムードがはっきりしてくると、人々は不愉快な現実と向き合うことになる。それは「自分たちが匿名の取引と紙の上だけの保証を通じた、不安定な仕組みに頼り切りになっている」という現実である。多くの米国人は、自分の預金がどこにあり、誰に雇われているかも知らない。年金はいくらなのか、政府がどのように機能しているかも知らない。

危機の時代は、金融業界を裁定と雁字搦《がんじがら》めの中に置き去りにするだろう。債務者は誰が債券を持っているかわからない。住宅所有者は、誰が抵当権を持っていて、株主は誰が会社を運用しているかわからない。そしてその逆も然りなのだ。

それとほぼ同時に、各世代が新たな人生の段階に近づくことで、経済への警告が大声で発せられるようになる。そして人々は**分解**時代の米国が、未来についてどれほど貧弱な準備しかできていなかったかを思い出すのだ。ベビーブーマーは老年期に入り、個人の貯蓄の少なさと、政府の社会保障の約束が持続不可能であるという事実に直面する。第一三代は、運命を左右する一番の稼ぎ時の年齢に達し、皆が平均収入の停滞の中で幸運な例外になれるわけではないと遂に実感することになる。ミレニアル世代は債務や税の重荷や二極化した賃金構造に向き合って成年になる。それらは年上の世代が決して許せないと断じたものだ。

こうしたすべての世代が**危機**の世代構成に入る時、皆の期待に応えるために政府を財政に過剰関与させたままの状態で、**分解**の時代は去って行く。そして政府の関与が過剰なため、**危機**の初期におけるこうした懸念への政府の反応は、信頼性を欠くものとなる。意識下の恐怖であったものが、喫緊《きっきん》の問題になる。払ったほどの年金をもらえないかもしれないという、**分解**の時代には見当違いだが忍従していたものが、新たに衝撃的な恐怖へと具現化する。国債から再抵当証券、そして投資信託まで、すべてがひたすら胡散《うさん》臭くなっていくという恐怖である。

米国の短期的な**危機**の心理は、どこかの時点で長期的な破綻後のファンダメンタルズに追いつく。その結果として大暴落（Great Devaluation）、つまり大部分の金融資産や不動産の市場価格が急落することになるかもしれない。この価格下落は短期的だが、恐ろしいパニックとなるかもしれない。市場価格が自由落下状態になり、買い手がつかなくなったり、事態が連続して悪い方へ一方的に進み、それが政治的事件に結びつくだろう。

その結果、かろうじて残っていた政治システムへの国民からの信頼感を土台とした支持も、地面へと叩きのめされることになる。資産価値が下落すると信頼度はさらに崩れて、それによって資産価値は更に下落するという悪循環が続く。資産価値や雇用、生産が落ち込むと、すべての世代が間違いなく警戒感を高めるようになる。貯蓄の価値が落ちると、新たに老年期に入った人間は政府への依存度を強める。そして政府はさらに福祉政策を実行できなくなる。税金が高くなると、新たに中年期に入った者は一番の稼ぎ時の収入の中で自由にできるものが少なくなってしまう。雇用機会が縮小することで、新たに成人した者が直面する未来への障壁はさらに高いものになる。

そうなると、さすが米国の古き社会秩序は修復しがたいほど荒廃したもののように感じられることになる。人々は磁石が社会のハードディスクドライブを撫《な》でたように感じる。社会における契約は無効となり、昔の取引はぬぐい取られる。人々がかつて自分は資格があると思っていた、莫大な約束を記した帳簿は支払不能のものとなり、清算される。経済は恐慌の始まりとも思えるような落ち込みに到達する。米国の弱点が新たに露《あら》わになると、海外でも懸念すべき事案が勃発するかもしれない。

こうした落ち込みや危機的状況の中から、新たな社会契約や社会秩序をつくろうとする動きが起こってくるはずだ。最初は混乱した状態の中で権利がなくても、国民が政府から得られるものなら何でも受け取れることが正当化されるようになる。こうした動きは争いにつながる。どこで、どのように、そして誰がこの正当な行為を実施するかを決めようとして人々は争うのだ。この争いは政治的なプロセスを含んだ平和なものになるかもしれないし、もしくは軍や民兵が加わった暴力的なものになるかもしれない。

社会は新しい構造を、緊急に必要とするようになる。古い政治の合従連衡《がっしょうれんこう》は崩れて、新たな秩序が形成される。個人の権利と義務のバランスを大きく変える法律についての議論が始まる。国家的な問題は、**分解**の時代の空騒ぎから解放され、米国民の日々の暮らしのありように明確かつ差し迫った影を投げかける。**分解**の時代における文化闘争の戦士は、国家機関を主に外部から攻撃していたが、そうしたこともなくなる。第四の節目《ターニング》が来れば、彼らが全面的に責任を負うことになるからだ。

危機が発生するとすぐに、国政選挙によって抜本的な政治再編が起こるだろう。一つの党派または連立が多数派となり、決定的な行動を求める社会の新たな声を利用できる地位を獲得する。共和党か民主党、または新たな政党が、長きにわたる党派間の主導権争いに決定的な勝利を収める。そして**覚醒**と**分解**の、四〇年間にわたった分裂統治の時代に終止符を打つのだ。勝者はより重要で場当たり的でない課題を遂行する権力を遂に手に入れる。彼が進める政治課題は勝者側が長年夢見ていたものであり、その政敵が陰気な警告を発して反対していたものだ。

新体制は、**危機**の期間中に権力の座に就く。そのイデオロギーに関係なく、新たな指導者は公的な権威を主張し、民間の犠牲を要求する。指導者はかつて社会的圧力を緩和しようとしていたのに、今度は圧力を強め、国中の関心を集めようとする。復興は確固として進んでいく。

外交における第四の節目《ターニング》における最初の反応として、米国は外国から目をそらして国内での新秩序の誕生に全力を注ぐことだろう。その後に外国からの挑発（現実か想像のものかは別にして）に刺激され、社会は新たに好戦的になる。米国は現在よりも孤立主義的な傾向を強め、他国と自国の問題を調整することを望まなくなる。しかし重要な国益について妥協すべきでないという主張については、孤立主義は弱まるだろう。**危機**のムードによって、「多国間外交と世界への民主主義拡大で世界から問題をなくせる」という期待はかすんでいく。紛争が始まる前ですら、人々は犠牲者の見通しについてあまり心配しなくなる。

過去のものとなった**分解**の時代における戦略（柔軟性、隠密性、エリート的な専門知識、遠隔攻撃そして限定的な目標設定）は、新たな**危機**の時代におけるもの（大量、威嚇、完全徴兵、正面攻撃そして全面勝利）にすべて置き換えられる。新たな戦略は、市民が生き残るために適切なものだからだ。その頃になると、人々は**分解**の時代を「米国が戦後から戦前へと変化していた時代」として思い返すことになるかもしれない。

いずれ経済は、初期の目眩《めまい》を起こすような天変地異から立ち直るだろう。**危機**の末期には信頼と希望、そして切迫感が急速に高まり、未曾有のレベルの効率性と生産を達成するかもしれない。しかしその頃には米国経済は根本的に変わってしまっているだろう。今日と較べると他国への依存は低下し、国境を越えた貿易や資本の移動は減少する。企業はカルテル化し、労働者の組合加入率は高まり、それらは政府による公然の指導の影の下で進むのかもしれない。そして収入の中からいまよりはるかに多い割合の額が、貯蓄と投資に振り向けられる。第四の節目《ターニング》の中の米国は、来たるべきサエクルムに必要となるインフラ網を準備し始めるだろう。それはハイテク版の有料道路や、鉄道、高速道路のようなものだ。政府の経済における役割は、生き残りや未来への約束（国防と公共事業）に対して、はるかに多額を支出するものに変わる。そして快適な環境や過去の約束（老人福祉や債務サービス）への支出は、大幅に減少する。企業や政府の組織は単純になり、中央集権的になる。管理職の階層は減少し、役職は少なくなる。取引される商品やサービスの種類も減る。

その一方で、米国人は**分解**の時代における社会と文化の分裂を、その時代が提供しなかった選択肢を求めることで正そうとする。選択という重荷を背負わずに済むという選択肢である。人々が組織制度の持つ権威を再び信頼し始めると、日々の暮らしにおける選択を、権威が単純なものにしてくれるよう期待するのだ。

店舗では標準化された商品を求め、テレビではチャンネルが少なくなって欲しいと思う。職場では単一の給与水準と、一括した福利厚生を求める。選挙ではただ一つの有力政党を望むようになる。組織制度はますます威張り散らしたものになり、個人の自由は制限される。悪しきマナーは罰され、文化は浄化される。強力な新しい市民組織は、個人の権利のうちでどれが尊敬に値するもので、どれが値しないものかを判断するようになる。司法や警察は素早く荒っぽいものになる。

危険に直面して自暴自棄になった社会を罪を背負わされることを恐れる者たちから守るために、無実の者は踏みにじられる。浮浪者は狩り立てられ、精神障害者は再び収容される。犯罪者の上告は退けられ、処刑が急がれるだろう。

時が過ぎてさらに一〇年も経つと、盛り上がったムードに後押しされた米国は、チャンスと危難を伴う第四の節目《ターニング》となる重大な瞬間――**危機**のピーク――に到達する。それはどのようなものだろう? 絶頂期は、その二五年前にはまったく予測不可能な形態を取るものだ。全国で（恐らく国際的に）発生する噴火のような爆発を想像してみよう。最初は**分解**の時代につくり出された災厄の道筋をたどり、そして**危機**の発生によって普及する。困窮の道筋から噴き出した爆発がどこに行くかを予見しようとするのは、地震を起こす断層を正確に予言しようとするようなものだ。前もってわかることは、絶頂期を構成する要素（それもドロドロに溶けてしまっているような状態のもの）に関する以下のような情報だけだ。

■経済的な災厄は、公的債務の不履行や福祉基金の破綻を伴うものになるだろう。貧困や失業者の増加、貿易戦争、金融市場の崩壊、そしてハイパーインフレ（またはデフレ）もありえる。

■社会面での災厄は、階級や人種、排他性、宗教に煽《あお》られた暴力を伴うだろう。武装ギャングや地下民兵、ゲーテッド・コミュニティに雇われた傭兵などが災厄をけしかけることもある。

■文化面での災厄は、目眩《めまい》を感じさせるような劣化に嵌まりこんだメディアを伴うことになる。そして国家による検閲を支持するような、道徳面での品行方正への揺り戻しが起こる。

■科学技術面での災厄は、暗号技術による無政府状態を伴うだろう。ハイテクによる寡頭政治と、バイオテクノロジーによる混乱も避けられない。
■環境面での災厄は、大気へのダメージや、エネルギー、もしくは水の不足、そして新たな疾病を伴うものとなる。
■政治面での災厄は、組織制度の崩壊を伴う。納税者の叛乱や、一党支配、大幅な改憲、地方の分離独立運動、独裁主義、そして国境線の変更などもありえる。
■軍事面での災厄は、大量破壊兵器を持ったテロリストや、外国との戦争を伴うものになる。

これからの第四の節目《ターニング》において、こうした絶頂期の構成要素の中には実際には大きな影響を及ぼさない（またはまったく何も起こらない）ものもあるだろう。まったく予期できないやり方で災厄の道筋を突き進み、膨張して分裂し、再び結びつくようなものもあるだろう。

最終的には米国のすべての小さな問題は、一つの巨大な問題にまとまることになる。まさに社会の存亡がかかっていると感じるようになると、指導者は導き、人々はそれに従うようになる。社会の問題は単純なものに改められて、簡単明快な「イエスかノーか」の図式に収まるようになる。人々は蛸《たこ》壺《つぼ》から出て、協力し合うチームに参加する。各チームは他のチームによる成果に依存する（そしてそれを信頼する）のだ。人々は同じような希望と犠牲を共有するようになる。そして「社会においてわれわれは平等だ」という新たな感覚も共有される。**分解**の時代における分裂志向や複雑さ、そして冷笑主義は、遠い昔の記憶でしかなくなる。このただ一つの大きな問題を修正できれば、新たな黄金時代が垣間見られるかもしれない。

決定的な事件が発生する。それは甚大かつ強力で特殊なものであるため、現在考え得る最も荒唐無稽な想定ですら及ばないはずだ。こうした事件は多くの言説を巻き起こし、新たな政治秩序の形成への展望が拓かれる。人々はこれまで想像もしなかったような、命を賭けて戦う能力を自分たちの中に見出し、公的な目的のために子供を死地に赴かせるのだ。「アメリカの精神」が帰ってくるが、それはその他に選択肢がないからだ。

こうして米国は偉大な古代神話、死と再生の瞬間を意味するエクピロシス（ekpyrosis）を再び演じる。われわれは、新たな運命との出会いを果たすのだ。

こうした**危機**の絶頂の出現は、大きなエントロピーの逆転であり、信頼が再誕生するという人類史における奇跡となる。第四の節目《ターニング》を通過すると、旧来の秩序は潰《つい》えるが、それは新たな社会秩序を孕《はら》んだ種を産みだした後のことだ。危険が最も高まった時にその種は植え付けられ、新たな社会契約が根を下ろす。わずかな間ではあるが、米国を覆う天空は、どのようにも変わり得るものとなる。それは、いままでの**分解**時代の思考様式を激しく動揺させるはずだ。ベンジャミン・ラッシュは、アメリカ独立革命の絶頂期に、「すべては新しく柔軟だ」と感動のあまり友に語った。そう、すべては繰り返される。

市民が偉大な業績（または崩壊）を成し遂げる可能性は高くなる。もちろん新たに地方が分離独立を求める動きが突然発生し、驚くべき速度で目標を達成するかもしれない。米国が統一を保ったとしても、その地理は根底から変化し、政党の構造は変化し、憲法と権利章典は見る影もないほどに改定されるかもしれない。歴史が示しているのは、それ以上に真摯な警告だ。武力衝突は通常、**危機**の絶頂期に発生する。衝突が起これば、戦争につながる可能性が高い。これはさまざまな種類の戦争が考えられる。それは階級間戦争や地域間戦争かもしれないし、国際的な無政府主義者《アナーキスト》やテロリスト相手の戦争かもしれないし、超大国間の戦争かもしれない。戦争が起これば、全面戦争になってしまう可能性が高い。敗者の側が無に帰するまで戦われるからだ。破壊を尽くし領土を奪い、指導者は捕縛される。そして全面戦争が起これば、使用可能な最も破壊的な兵器が使用される可能性が高い。

戦争があってもなくても、社会はいまと異なったものへと移り変わる。新たな社会は、合衆国憲法起草者たちの世代の展望を守りつつ、力強い新たな誇りを持った、より良い社会となるかもしれない。その逆に、もしかすると言葉にできないほど酷《ひど》い国家になるかもしれない。第四の節目《ターニング》は、栄光の時にも崩壊の時にもなりえるからだ。

危機の解決によって、政治や経済そして社会における組織制度が確立される。われわれの子供やその子孫は、その組織制度とともにその後の数十年にわたって暮らしていくことになる。歴史の圧力を受けてすぐの新たな社会秩序は、すべてのものを厳密にする。新たな権威、ルール、境界、条約、帝国そして同盟を厳しく決定するのだ。**危機**の絶頂期は、社会の記憶の中で薄れていく。ただし個人として思い起こすすべての者にとっては、胸を締め付けられるような記憶となる。絶頂期の後に生まれた者にとって、それは転換点であり、後の世代にとっては、神話や伝説の素材となる。そして良くも悪くも、生き残った者は**危機**の結果と共に生きていくことになる。

こうした事件を推し進めるものは何か？　サエクルムがめぐると現在生きているすべての世代が、新たな人生の段階に入る。そして老年期のベビーブーマー、中年期の第一三代、成人期のミレニアル、そして新たな沈黙の世代の子供たちが、**危機**の時代の世代構成をつくり出す。世代の移行はすべて、**分解**から**危機**へのムードの変化に貢献することになる。

　原型《アーキタイプ》それぞれが自分の新たな社会的役割を主張し、米国社会は可能性の頂点に達する。秩序をもたらす者としては老年の預言者がうってつけであり、秩序を受け入れるのは若い英雄だ。ボスとなるのは中年期の遊牧民が現実的で、感性豊かな人間は幼年期の芸術家だ。彼らに匹敵する求心力を持つ原型《アーキタイプ》の世代構成は、この世には存在しない。新たな社会の目的に対して人類の歴史が持つ自然な力を凝結《ぎょうけつ》させる力についても、それと同じことが言える。無数の議論や不安、冷笑、悲観をただ一つの黙示録を思わせる嵐に凝縮させる力の可能性においても、これに匹敵する世代構成は存在しない。

　現在の時点で知りえる、すべてのベビーブーマー、第一三代、ミレニアルの人々について考えてみよう。一〇年から三〇年ほど歳を取った彼らを想像し、前の第四の節目《ターニング》において昔の世代がたどった原型《アーキタイプ》の道筋を追ってみよう。これこそが次の**危機**の時代の世代構成であり、彼らが米国を歴史における次の関門へ推し進め、通過させることになるのだ。

第七章　第四の節目に備えて

これからやって来るサエクルムの冬が厳しいのであれば、誰もが「それにどのように対処すればいいのだろうか？」と考えるはずだ。

牧師曰く「あらゆるものに季節があり、この世で起こるすべてのことには、然《しか》るべきタイミングというものがある。人生と自然の四季、そのいずれにおいても、人にはすべきこととすべきでないことがある。やるべきことは一つだけではないし、生きていく上で、すべての年代の人に有効な処世訓《しょせいくん》というものは存在しない。人生の春には気楽にやっていけることもあるが、秋にはそうはいかない。同じように、土地についても種をまくべき時と収穫すべき時がある。すべてが育つ時もあれば、ほとんど何も育たない時もある。春にドングリが落ちてくることや、秋にチューリップが咲くことを期待すると、人々は欲求不満になり、自分を責めることになる」。

同じような季節の原則が、サエクルムにも当てはまる。循環する時間が教えてくれるのは、歴史のリズムを受け入れることだけではない。歴史のリズムを利用し、そのリズムの中で自分の役割を成し遂げるために最善を尽くすことを教えるのだ。それは宿命論への解毒剤だ。人生（または自然）からできる限り多くを得るべきであり、人間にはそうするだけの力はある。ただし、それには努力が必要となる。

あなたとあなたが生きる社会は歴史を変えることができるが、それにも努力は必要だ――そしてそのタイミングも常に合わせなければならないのである。近代に生きる人々に共通するのは、過酷な季節をすべて避けようとすることだ。老年期や冬に直面すると、多くの者は橋や壁、そして解決法を求める。一度決めた目的を達成させるためなら、到来する冬を阻止する手段は何でも構わない――それが一方向に進む時間の考え方の本質だ。もし時間が一直線に進むのであれば、その戦略も正しいのかもしれない。しかしそうでないとすると、季節が厳しくなった場合には悲惨な状況を招くだけだ。

「米国は間違った道を進んでいる」という最近の不安は、一方向に進む時間の考え方から生じる不安を映し出したものだ――つまりわれわれは、サエクルムの冬が近づいていることを直感的に感じているのだ。その直感は正しいのかもしれないが、それを解決する有効な処方箋《しょほうせん》や手がかりはまだ見つかっていない。それにはまったく新しい考え方が必要なのだろうか？　答えはむしろその反対だ。なぜなら第四の節目《ターニング》に備えるために米国に最も必要とされるのは、むしろ古い考え方だからだ。

人生でも、自然でも、サエクルムへの適切な方策は、それに寄り添っていくことであり、逆らうことではない。やるべきことは次のようなものだ。

●現在の節目《ターニング》を利用し、季節にあった活動に参加すること。

●季節に遅れた行動をとらないこと。前の節目《ターニング》では適切だった行為でも、現在の節目《ターニング》には相応《ふさわ》しくない場合は止めること。

●次の節目《ターニング》でのニーズやチャンスを予測して、季節を先取りした準備をすること。

季節とともに動く

季節に適った行動を取るため、米国は現在（一九九七年）の**分解**というタイミングを最大限に利用すべきだ。

人間は、人生のあらゆる段階で自分の課題に向き合い、程度の差はあれ、その喜びを感じることになる。中年期は、人生最高の時にも、失望の時にもなり得る。秋が賜物と美の時になることもあれば、浪費と衰亡の季節になることもある。中年期や秋に良いことも悪いことも経験しうるのと同様に、人（または社会）にとってパラダイムがシフトする時期というのは、良くも悪くもなり得るのだ。

今日の状況は、まさにこれに当てはまる。一九九〇年代の米国が抱える多様性と複雑性は、知的に考えればスリル満載だ。ポップカルチャーでも最高レベルのものは、驚くほど創造的《クリエイティブ》だ。個人向けの新たなテクノロジーは魅力的でエキサイティングであり、しかも値段も手ごろで、あらゆる人類の知恵や文化、経験の集合知へと、かつてないほど多くの人々を導いている。誰もがはるか遠くの場所へ比較的安全に旅することができるようになったし、才能とマーケティングのチャンスに恵まれた人間は、巨万の富を蓄《たくわ》えられるようになっている。経済の規模が大きくなったことにより、興味深いモノが大量に生み出されつつある。われわれはこのような恵まれた状態をいまのうちに最大限に味わっておくべきだ。なぜなら第四の節目《ターニング》になると、そうしたものの多くは手に入らなくなったり、仮に手に入れられたとしても、楽しく感じられなくなったりするはずだからだ。

さらに、警戒すべきことが沢山ある。人種の多様性は、人種間の新たな分裂を起こしつつあるからだ。ポップカルチャーでも最低レベルのものは、暴力的で価値のないものばかりだ。新たなテクノロジーは、伝統的な人間のつき合いや礼儀作法、そして社会的な義務といったものをむしばんでいく。貧富の格差も激化する。米国は生みだす以上に消費するため、かつてないほどの負債を抱える。われわれはいまこそこうした不品行を回避してコントロールすべきである。なぜなら第四の節目《ターニング》になれば、社会がこうした問題にさらに抜本的な対応をしなければならなくなるからだ。

現在の節目《ターニング》を素晴らしいサエクルムの秋にすることは可能だが、これを春に変えることはできない。まだ**分解**の時期にいるのに、**分解**の負の要素をすべて根絶しようとしても愚かなだけだ。結局のところ、それは不可能だからだ。

＊＊＊

季節遅れにならないようにするためには、米国は**覚醒**の時期に合った行動を止めなければならない。

中年期の人は、若さを手放すことを求められる。「年相応に振る舞え」という処世訓は中年期の人間にも当てはまるものだ。若者にとってふさわしい行動も、彼らには合わないからだ。向こう見ずで天真爛漫《てんしんらんまん》な様子というのは、二五歳の人間なら魅力的かもしれないが、その倍の歳の人間には当てはまらない。自然において、農民はトウモロコシを収穫するタイミングを逃してはならないのと同じだ。収穫期の後に来る雨はもはや恵みをもたらすものではなく、トウモロコシを腐らせるだけだからだ。

同じように**分解**時代の社会では、二〇年前ならともかく、いま現在は意味をなさないような古い習慣を捨て去らなければならない。

一九九七年という年は、一九七九年とは違う。一九九〇年代に流行ったジョークには、一九七〇年代に撮影された写真の中の人々がどれほど奇妙に見えるかを楽しむものがあった。衣服や髪型だけでなく、「意識革命の時代」以降の大多数の米国人は、生活様式を大幅に変化させている。もし親や大学教授、雇用者たちが、子供や学生、若い従業員たちを一九六〇年代のやり方で扱おうとしたら、風変わりな人間だと見なされるだけであり、こちらが意図していない反応を引き起こすだけだ。今日の議会が「偉大なる第八九回連邦議会」のように振る舞えば、大衆から嘲笑《ちょうしょう》の野次《やじ》を飛ばされるだけだろう。現在の大衆にとって「偉大」という単語は、プロ・スポーツのプレーオフ以外ではほとんど使われないからだ。

たとえば有名な人物が、一つ前の時代の節目《ターニング》を思い起こさせるような振る舞いをしても、それは必ず失敗するし、しかもその失敗は大きくなることが多い。**高揚**の時期にダグラス・マッカーサーは鴨緑江を渡り、朝鮮戦争を拡大したいと思ったのだが、大統領も民衆もそんなことはまったく望んでいなかった。全面戦争の時代は、すでに過ぎ去っていたからである。ジョセフ・マッカーシーは結局、一般市民に非難されることになった。その同じ市民は、たった一〇年前には裁判なしに日系人を勝手に敵と見なして収監することを許していたほどだ。

覚醒の時期にも、同じようなことが起こった。リンドン・ジョンソンがベトナム戦争でブレーンとして頼りにしていた者たちは、国際的な封じ込め戦略と選抜徴兵へ向けた政策を追求していた。そうしたものを**高揚**の時期の米国人は支持していたが、いまは拒絶している。一九五〇年代初期、政治家が不服従だと非難すれば、彼らは一般国民の人生を台無しにできた。しかし一九七〇年代初期になると、スピロ・アグニューが非協調を非難しても、非難されたほうが出世するだけであり、逆にアグニュー自身の破滅が早まっただけだ。ニクソン大統領を考えてみよう。常に「サイレント・マジョリティ」に訴えかけたことから、陰で汚い言葉を使っていたことや、背広姿で海岸を歩いている彼の有名な映像まで、彼はサエクルムの面で時代を完全に見誤っていた。彼は第二の節目《ターニング》にある国家を指導しようとした、第一の節目《ターニング》の人物だったのである。

分解の時期のいま、多くの人が、季節はずれの振る舞いのせいで酷い目に遭っている。ゲイリー・ハートの政治生命は不倫事件で潰されたが、それは一九六九年に起こったエドワード・ケネディのチャパキディック事件（同乗していた不倫相手の事故死）に較べれば、実に取るに足らないものだった。ケネディの政治生命が、この事件で潰《つい》えることはなかったのに。

覚醒の時期の振る舞いが暴露された時に、反対派が**分解**の時期の方法を使ったがために、ボブ・パックウッドは上院議員を辞任せざるを得なくなったのだ。ジョイセリン・エルダースはメディアに頻繁にリークされたコメントのせいで、公衆衛生局長官の職を辞することになったが、それは二〇年前ならば賞賛されるようなものだった。カルバン・クラインは若者の性を謳うジーンズの宣伝を取り下げるはめになったが、それは一九七〇年代なら退屈と思われるようなものだった。ビル・クリントンが一九九四年に提言した大規模な連邦健康保険組織の新設は、リンドン・ジョンソンが一九六四年に提言したメディケアとメディケイドに似ていた。ジョンソンの計画は季節に適《かな》っていたので無事に成立したが、クリントンのものは季節に遅れていたために頓挫《とんざ》したのだ。

季節遅れを避けたいのであれば、米国はいますぐ第四の節目《ターニング》に備えなければならない。五五歳をむかえた賢明な人々は、貯蓄をして、良い健康習慣を守る。老齢は避けられないが、彼らは、それを人生の素晴らしい時期に変えて、貧困と病気に苦しまずに済むようにできる限りのことをするのだ。賢い農民は、秋の段階から来る厳しい冬に早めに備える。彼らは収穫を守り、種を集め、燃料を蓄える。同様に、賢明な社会は、**分解**の時期から来たるべき**危機**がもたらす脅威に対する守りを固めるべきなのだ。

　人々が季節について頭で考えられなくても、時間の循環を本能的に感じることができれば、**危機**に先立って貴重な準備を進めることができる。前回の第三の節目《ターニング》では、一九一〇年代の複雑さと一九二〇年代の騒乱の中で、「伝道師の世代」が季節に先立つトレンドを生み出した。そのトレンドは、その後の大恐慌と第二次世界大戦の際に米国を大いに助けることになった。親や教師、ボーイスカウトの隊長たちは、子供たちの世界秩序を再建した。文化界の大立者は、ハリウッドと野球界を浄化した。さまざまな宗教界の伝道者たちは、都市の衰亡に対して同時に書状を発表し、地方政府は新たな社会計画を検証した。第一次世界大戦を別にすれば、連邦政府は新たな債務を増やすことを避けた。こうしたことはどれも、苦難の時のために意図的に備えられたものではない。しかし、それらは功を奏し、後の米国の優位の確立のために大きく貢献したのだ。

　南北戦争前の**分解**の時代は、社会が季節に先立った行動をとれない典型的な失敗例だ。一八四〇年代から一八五〇年代まで中年期にあった「超絶主義者の世代」による道徳についての説教は、一八三〇年代（いまで言うなら一九六〇年代に相当する）にまでさかのぼる古い議論を使って、家族を落ち着かせ、子供を守ることを狙ったものだったが、それは結果的にそれをはるかに超えたものだった。「超絶主義者の世代」の意見は、米国内を北部と南部に二極化し、共通議題があることさえ論じられなかった。

　奴隷制に関する議論がミズーリからカンザス、そして太平洋岸へと西に向って広がっていた時に政治家たちが追求していたのは、議事進行の駆け引きを、文字通り脇目も振らずに突き進めることだけだった。一方、心霊主義者はキリスト教的な直線的な任務を脇目も振らずに突き進み、キリストの再臨が近いことを熱心に訴えた。それは一八四四年に数十万のミラー派が昇天服（ascension robes）を着て、丘や屋根に上り、主を迎え入れようとしたのとまったく同じ行動であった。一八五〇年代末には歳を取った狂信者たちが、**覚醒**の時代が持つ情熱をますます終末論的な説教に込めていった。あらゆる過ちを正し、キリストの支配に備えた政治的・軍事的行動を実行した。季節遅れになった先の**覚醒**の旗印の下に走り出した南北戦争中の老年の守護者たちの行動は早急で激しいものであり、そして破滅的だった。

　季節に遅れることは役に立たないが、季節に先立つことは役に立つ。季節に先立って行動した人々を見ると、たしかに感心させられる。現実に米国で最も記憶に残っている大統領たちは、当選する前の行動や雄弁さでそれを示している。

　ジョージ・ワシントンやドワイト・アイゼンハワーが**危機**の時代に見せた不動の姿勢は、次の**高揚**の時代の前兆だった。そのおかげで、この二人の将軍は時代の仕切り役として選ばれる際に多大な支持を集めることにつながったのである。

物腰や道徳観という点で、ジョン・F・ケネディは意識革命の到来を予期していた。**覚醒**の時代の末期における神経質でヒステリックな喧噪《けんそう》の中で、自信にあふれ、意気揚々とした**分解**の時代のムードを感じていたのは、ロナルド・レーガンくらいのものだっただろう。そのムードは、後に彼自身が体現することになった。

米国で最も愛された二人の救国者は、どちらも第四の節目《ターニング》が到来する前にその兆しを見せていた——エイブラハム・リンカーンはスティーブン・A・ダグラスとの論争中、そしてフランクリン・デラノ・ルーズベルトはニューヨーク州知事を務めていた時にニュー・ディール政策の事前実験を行った際にそれを予兆しているのだ。

最近の米国人の多くは、米国が活気やインスピレーションを与えてくれる指導者を生み出せなくなったと絶望している。しかし、偉大な人物を権力の頂点にまで持ち上げることができるのは、節目《ターニング》であって国家ではない。エイブラハム・リンカーンとフランクリン・デラノ・ルーズベルトの大統領就任は、どちらもその典型的な事例だ。どちらも**危機**の訪れを待たなければならなかったからである。

分解の時代になると、知性や展望、高潔さをもった人物の大部分は、高位の公職を求めなくなる（ましてやほとんど当選できない）。さらには人々が指導者まかせで導かれることを望む時代でもない。実際に一九九〇年代の米国人は、指導者が誰であろうとあまり気にしない様子であったし、むしろ大事だったのは、あまり過激な方向へリードさせないことのほうだった。リンカーンのような気質を持った候補がいまのような時代に姿を現したら、米国民は奇妙で狂っていると感じるだろう。有権者は崇拝するかもしれないが、当選させるほど十分な票は得られない。**分解**の時代のメディアの脱構築の後では、人々はこのような人物を支持しないからだ。

今回も同じである。第四の節目《ターニング》の前にエイブラハム・リンカーンのような指導者が当選するなら、リンカーン自身の選挙で起こったような、不吉な前例に従うことになる。信念を持った道徳的人物が四つ巴の激しい選挙戦を経て、二〇〇〇年の大統領選になんとか勝利を収めたと考えてみよう。そうした事件が触媒となって**危機**の到来を早めることは充分あり得る。そうなると、ベビーブーマーと第一三代には、かつての「超絶主義の世代」と「富裕の世代」が演じたのと同じ、破壊をもたらす役割が割り振られることになる。しかし、第四の節目《ターニング》が到来した後は、リンカーンのような指導者が公職を求める可能性が大きくなる。そして米国は、リンカーンのような指導者こそを必要とし、そのような人物を求め、手に入れるかもしれないのである。

国民的娯楽である野球でも、同じような季節性に関する教訓を示している。過去の第四の節目《ターニング》では、常にずば抜けた選手が産み出されてきた。彼らのマナーは大いに賞賛されたが、季節に先立っていたために、人々は彼らをどのように評価すべきかわからなかったのだ。ルー・ゲーリッグは**危機**の時代の前に出てきた実例だ。ジョー・ディマジオは**高揚**の時代に先がけて、ジャッキー・ロビンソンは**覚醒**の時代の前に先がけて、レジー・ジャクソンは**分解**の時代の前に出てきた実例だ。そして現在の選手では、カル・リプケンがいる。リプケンが持つゲーリッグのような品格は、第四の節目《ターニング》に適ったものであることは明らかだ。しかし、多くの人から賞賛されている一方で、彼の行動は**分解**の時代に人気が出るものではない。一番人気があるのは、高慢で放埒で自由なタイプの選手なのだ。

＊＊＊

リーダーシップや英雄賞賛も、ただ一つのスタイルがすべての節目《ターニング》に適したスタイルがあるわけではない。同様に、今日おなじみになっている政治哲学でも、すべての節目《ターニング》に正解を提供してくれるものはない。特定の政策に賛成、または反対する人々の中で、サエクルムにおける変化への余裕を持っている人はほとんどいない。大きな政府を望む人もいれば、減税を望む人もいる。規制強化を求める人もいれば、緩和を求める人もいる。そうした人たちは、時代にお構いなしに自分の価値観を持つ傾向があり、まるで正しい処方箋《しょほうせん》が時を超えて存在しているかのようだ。政界やメディアのエリートたちは、そうした考え方を煽《あお》り立てる。リベラリズムと保守主義から、社会主義とリバタリアニズムにいたるまで、人気のあるイデオロギーは季節と無縁だ。発展が続くうちは、そうしたパラダイムは一方向に進むだけだ。そしてアメリカ例外主義の観念に沿ったパラダイムが形成されていくのである。

　しかし、こうしたイデオロギーの主張は非常に循環的なものだ。ほぼすべての政治哲学の興亡は、やはりサエクルムに伴っている。公的部門でのリベラリズムへの信頼は前の**危機**の時期に出現し、**高揚**の時期に増大する。そして**覚醒**の時期に頂点に達し、**分解**の時代に人気を失う。文化保守主義も同じパターンをたどっているが、節目《ターニング》は一つ分遅れる（**分解**の時期に出現し、**高揚**の時期に頂点に達する）。しかし利益集団の多元主義と、自由市場リバタリアニズムは、異なるパターンに従っている。

　こうした二つのイデオロギーは、どちらも義務より権利に重きを置く。そのため、両方とも前の**分解**の時期（一九二〇年代）に頂点に達し、前の**危機**の時期（一九三〇年代）に人気を失っている。その後の**高揚**の時期（一九五〇年代）に再登場し、**覚醒**の時期（一九七〇年代）に増大し、現在の**分解**の時期（一九九〇年代）に再び頂点に達しつつある。イデオロギーとして固まったものはほぼすべて、一サエクルムの中の一つの節目《ターニング》（そのイデオロギーが提供するものが季節を先取りしていてしかも有益な時）に発展する可能性が高い。そして次の節目《ターニング》（提供するものが季節遅れで有害になった時）に衰退する。

分解の時期にある（一九九七年当時の）現在、多元主義と自由市場のどちらも高い人気を誇っている。季節のリズムは、両者の人気がいま頂点に達しつつあることを示している。もし米国が**高揚**の時期に戻るなら、その季節に先立った考え方として、両者をさらに推し進めるべきことが良いことになる。しかし現時点から考えると、むしろ二つを抑える準備をすべきであることになる。なぜなら、第四の節目が来れば、米国では、自分たち最優先のロビイストや、個人最優先の代理人たちにとって心地よい場所ではなくなるからだ。もちろんサエクルムが一周すれば、彼らにとっての最高の日は再びやって来る。ただしそれは二一世紀中盤頃の話だ。

季節の存在を知らないがために、有名なただ一つの主張をずっと支持してきた者たちは、苦しむことになる。フェミニストであろうと生存権に重きを置く者だろうと、それは変わらない。アメリカ自由人権協会（ACLU）であろうと全米ライフル協会であろうと、サプライ・サイダーであろうとプロの公民権運動家であろうと同じことだ。

単一の争点で特定の主張を擁護する者は、頑固に決められた計画通りの目標に向け、一直線に進む発展を求めている。季節がある世界でそうした取り組みを続ければ、自己欺瞞と欲求不満は避けがたいものになる。もちろんこうした主張が社会の進歩に役立つことを認められる時代もある。しかしそうした進歩は、いずれは実現していたものだ。また、実際には何も過ちを犯していないのに、自分の主張が受け入れられなくなって絶望を感じる時代もある。

過去の三つのサエクルムを通して、解放を求める社会的主張（フェミニズムや公民権運動）の大部分は、**高揚**の時期に種が撒かれて、**覚醒**の時期に花開くというパターンになっている。そして、**分解**の時期に成熟し、**危機**の時期に朽ち果てるのだ。しかし、今日そうした主張を支持する者の多くは、季節遅れの目標に向かって苦闘を続けている。彼らは**分解**の冷笑が高まる時期の中にいるにもかかわらず、**覚醒**の時期が持つ情熱をさらに求めているのだ。まるで純然たる意志の力があれば、一二月の森の中でオニユリを咲かせることができると思い込んでいるようなものだ。

一方向に発展することしか想定しない考え方を脱するには、米国人は最近の節目《ターニング》についての感想を再評価する必要がある。多くの人は、良い思い出のない時代について恨《うら》みを持っているものだ。一九五〇年代がそうした時代である人もいれば、一九六〇年代の人もいる。また一九八〇年代が当てはまる人もいる。こうした嫌な思い出が反映しているものは、**高揚**や**覚醒**、または**分解**（のそれぞれ）に対する否定的な判断であり、彼らはその時代が始めから生じるべきでなかったと思っているのだ。こうした判断は見当違いなものだ。こうした節目《ターニング》（または時代）のどれもが必ずしも「嫌な時期」であったわけではなく、ただ単に米国が通過しなければならない歴史の一段階だったのだ。

一九六〇年代としてわれわれが憶えているものは、結果はどうであれ、別の物につくり上げることが可能だった。しかし、それが別の物になったとしても、良くも悪くも一九六〇年代を経験したことに変わりはない。なぜならそれは、一九五〇年代の繰り返しでも、一九八〇年代の先取りでもなかったからだ。米国における**高揚**の時期は、制度的な人種差別や性差別を必要としなかった。しかし、社会の停滞は不可避だった。意識革命には、ベトナム戦争もウォーターゲート事件も不要だった。しかし、若者の反乱と文化実験は必然だった。

分解の時代である現在には、扇動的なメディアや果てしない赤字予算は必要ではない。しかし、個人主義と組織制度の老朽化は避けられない。第四の節目《ターニング》は、不況も内戦も必要としない。しかし、社会の犠牲と政治における動乱は避けられない。

二大政党のどちらもまだ季節的な考え方をマスターできていない。初期の**覚醒**の時期に必要となるものを理解する点では共和党のほうが酷《ひど》かったし、初期の**分解**の時期の要件については民主党のほうが酷かった。第四の節目《ターニング》が約一〇年後に迫っているいま、両党とも物事を半分しか理解できていない。

民主党はサエクルムの秋に生まれる収穫を求める本能を把握しているし、共和党は削減と散財への本能を持っている。どちらの党にも自分たちの得意とする、季節を先取りした政策がある。民主党は貧富の差を縮め、中流階級の凋落を止め、子供のための計画の拡大を望んでいる一方で、共和党は時間を経てつくられた官僚政治を締め上げ、個人責任の倫理を建て直し、伝統的な美徳を奨励したがっている。

しかし、どちらの党も、季節に遅れているという点では有害だ。より大きな恩恵を求める際、民主党は「犠牲」という言葉を社会の語彙《ごい》から徹底的になくそうとする。彼らは中流階級全体を含む「犠牲者」全員に福利厚生を与えようとするが、こうした出費のすべてが持続的に保証できるものかは気にしていない。民主党がそうした方向に進めば、子供であるミレニアル世代には大規模な負債が残され、未来の増税が課せられることになる。共和党は個人主義をさらに推し進めることで、社会における権威の機能不全をさらに進めようとしている。政府の歳入部門をすべて締め上げて、主義主張のために連邦政府機関全部を閉鎖しようとする。共和党がそうした方向に進めば、ミレニアル世代は政府と前向きな関係を築けなくなる。そして、困窮を極めている子供には、福祉と教育のための社会資源は限定されてしまう。

両党とも口では子供であるミレニアル世代のことを考えていると言うが、どちらもサエクルムが自分たちの何を暴露するのかわかっていない。兵士の世代が戦時にみせた英雄としての姿を賞賛する民主党は、どのような犠牲を例示すれば新たな世代に**チームワーク**を浸透させられるかは考えていない。一方、兵士の世代の社会参加を賞賛する共和党は、どのような政府のイメージを強めれば若者に**市民精神**を浸透させられるかまでは考えていない。

分解の時期が終わるまで、両党がこれまでと同じ方向に突き進んだらどうなるだろうか？　その場合、民主党は政府の権威との結びつきを活用していくだろう。しかし、収穫からの分配にこだわるメンタリティーのおかげで、たとえ壮大な目的のためであっても、あらゆる犠牲の拠出を拒むことになる。民主党政権下で**危機**が起こり、一度は約束された支出を取り消すことになった場合、つまり有権者になにかを諦めさせることが急に必要になった場合を想像してみよう。危険にさらされた一般市民に命令する政党としては、民主党ほど場違いなものはない。一方、共和党は、既存の路線に従い、犠牲との結びつきを活用している。しかし、個人主義にまみれたメンタリティーのおかげで、いかなる目的であっても社会を効率的に動員することは拒んでいる。そうした共和党政権下で、突然の**危機**によって社会の権威をよみがえらせ、新たな国家的事業を達成することが急に必要になった場合、強力な政府を指揮する政党としては、これほど場違いなものはない。

第四の節目《ターニング》が来れば、米国には個人がはらう犠牲と社会が持つ権威の両方が必要となる。サエクルムが求めているのは、権威と犠牲の両方を併せ持つパラダイムへ、迅速かつ人々を納得させながら移行できる党だ。したがって、両党とも季節性という考え方を取り入れなければならない。民主党は魅力的な結果を制限する「社会的義務」という概念を、共和党は人々の散財を制限する「社会的権威」という概念を取り入れる必要がある。それができなくなると、第三の政党にチャンスが開かれることになり、その後は二大政党のどちらか、または両方が、消滅したホイッグ党の道をたどることになるだろう。

歴史が警告していることがある。それは、**危機**が起こった時、それまで支配的だった政党（または体制）が国家的危機につながったと思われる「過ち」のせいで、身もフタもない非難を受けるということだ。

第四の節目《ターニング》が訪れた時に与党であった政党は、不運な者の集団となるだろう。一四七〇年頃のランカスター朝、一五七〇年頃のローマカトリック教徒、一六八〇年頃のスチュアート朝、一七七〇年頃の保守党、一八六〇年頃の民主党、そして一九二九年頃の共和党といった集団がその典型だ。そうした政党は、一世代も下野を続けるかもしれない。そして下野の原因とされた主要人物は、誹謗《ひぼう》や汚名、嫌がらせ、破産、私刑、さらにはもっと酷い目に遭うかもしれない。

米国はどう備えるべきか

社会の品格が失われたという不満は、文明の始まりにまで遡ることができる。個人がコミュニティ（都市国家、王国、超大国となんであろうと）のために犠牲を払うという理想への解釈が噴出してくるのは、たいていの場合、人々がそうした理想が消えていくのを目の当たりにした時である。そうした事例は数多く知られている。ところがあまり知られていないのは、次のようなことだ。こうした愚痴のほぼすべてからわかるのは、そういった急激な喪失は、比較的最近始まったものだということだ。キケロや大カトーからエドマンド・バークやボリングブルック子爵にいたるまでの偉大な道徳家の著作を読めば、自分が生きている時代の社会で活躍していた偉人たちの記憶を思い起こしていたことがわかる。米国人は公共の精神が堕落していくことを嘆くが、それがダニエル・ウェブスターであろうと、ロス・ペローのような人であろうと、それを失われた模範を批判する者自身が子供だった頃よりも前の時代と結びつけることは絶対にない。

社会の品格がそれほど頻繁に失われるのなら、同じくらい頻繁に取り戻せるに違いない。これこそが第四の節目《ターニング》で起こることだ。**危機**のムードが社会を絶望的なものに一変させてしまう一方で、同時にそれが人々に力を与えるのだ。だからこそ、サエクルムの冬は、恐れられるのと同じくらい歓迎されるはずだ。今日の米国が未来に対してなすべきこととは、来たるべき季節の新たな社会で前向きな目標を達成させることにエネルギーを注ぐことだ。それは決して破壊的な目標であってはならない。みんなで力を合わせて備えるほど、**危機**を乗り越えられるだけでなく、この時代の熱狂を、善良で人間らしい目的に利用できる可能性が増すからだ。

第四の節目《ターニング》への準備のために、米国は季節性がもたらす教訓を応用できる。これから示すのは、国家が現在、つまり**分解**の時期にできることと、**危機**が引き起こされる前には不可能なことを区別したリストである。

価値観の準備：総意をつくり上げて文化を向上させる。ただし短期的な結果を期待してはいけない。

米国の文化の担い手たちがすべきことは、価値観が社会生活に戻ってくるかどうかを憂《うれ》うことではない。第四の節目《ターニング》には必ず戻ってくるのであり、しかもそれは度合いを増した形でやってくるからだ。演説は、公共の場における説教となる。学校は公教会に、そして芸術は熱意をかき立てるプロパガンダとなる。ここで誰もが持つ疑問は、「どの価値観が主導権をとるか」ということであり、米国の文化における総意は、充分に寛大で想像力に富んだものになるかということだ。もしそうでなければ、破滅的な分極化は不可避となり、国内で生存を賭けた戦いが起こるだろう。文化闘争に参加したすべての陣営は、プラグマティズムに基づき、相反する未来像を持つニッチ層を相手にした同盟関係を築かなければならなくなる。すべての世代の米国人は、倫理と文化の基準を向上させるために努力しなければならない。

われわれの現在の行動は、**分解**の時期の多くのお祭り騒ぎを終わらせられないかもしれない。しかし、二つの重要な長期的な目的には適うものだ。つまり、幼年期の世界を守り、社会の組織制度を再び神聖なものにつくり変えるのである。そうすることによって、そこに切望される社会の目的意識を注入するのだ。退廃や虚無に満ちた文化は、ファシズムの温床《おんしょう》となる。メディアや大衆活動が自制心を欠くようになると、将来的には何らかの外部の権威が独裁的な統制をしてくる可能性が増すからだ。

組織制度の準備：瓦礫を片付けて、役に立つ物を見つける。しかし、大がかりなものをつくろうとしてはいけない。

第四の節目《ターニング》は、政治的動乱の引き金を引くだろう。それは今日の米国人の想像を超えたものになる。新たな社会的権威は、早急かつ堅固に確立されなければならない。なぜなら旧体制によるルールや儀礼が信頼を失っているにもかかわらず、まだ大きな力を持っていると、新たな権威の確立が困難になるからだ。われわれは**危機**に先立って、連邦政府を縮小し、簡素化しなければならない。それは中核のインフラを危うくすることなく、政府の規模と活動領域を大幅に削減することで実現しなければならない。

同時に州政府などの地方自治体を、厄介な社会問題の解決策を検証する政策実験の場として競い合わせなければならない。**危機**が来れば、地方での実験が迅速な国家の行動のための経験のデータベースとなるからだ。すべてのレベルの政府は、組織制度の変化を阻む、法律・規制・専門分野における障害物を取り除かなければならない。また緊急措置を遅らせたり弱らせる、手続き上の要件を減らさなければならない。裁判所は、憲法を理由にして立法措置や執行命令に対する障害を設置することを避けるべきだ。こうしたことは、ムードが急を要するものになった時には邪魔なだけだ。現実には裁判所が効果的な行動を遅らせることで、独裁的な過剰反応を促すこともあり得るのである。

政治の準備：大胆に問題を設定し、権利より義務を強調せよ。しかし、すぐに達成できない改革を試みてはいけない。

第四の節目《ターニング》が起こると、多くの米国人は**分解**の時期にあまり国家的問題に対峙してこなかったことを悔やむだろう。**分解**の時期なら、時間も資源も潤沢《じゅんたく》だったからだ。同時に人々は、**分解**の時代の進歩については、それがどんなにささやかな物であったとしても感謝するだろう。社会がさらに朽ちていくのを防ぐために、政治家は国家が未来に直面する問題について、極めて率直に語らなければならない。そして、個人の権利より集団の義務に重きを置く社会の目的を説明するために、新たなレトリックをつくり出さなければならない。もちろんこうしたことを行う政治家は、冷笑やネガティブ・キャンペーン、無力感の雪崩《なだれ》を引き起こすだろう。また、彼らは若者の投票率を向上させ、メディアを使い、一般市民がわずかでも社会生活に関与するようにするのだ。**危機**が来れば、こうした政治家は責任を負う上で最高の位置に立ち、偉大な指導者になるだろう。ただし**分解**の時期には、彼らはあまり支持を得られない。

一方で、根本的な改革はすぐには不可能であることをわれわれは受け入れなければならない。**分解**の時期には、大規模な社会プロジェクトを試みてはいけない。そうした試みを求めたとしても、認められはしない。認められたとしても、機能しないだろう。それを一般市民に強要すれば、彼らの政治への軽蔑が増すだけだ。

社会の準備：コミュニティの協力によって地域問題を解決する。しかし、こうしたことを国家規模でやってはいけない。

第四の節目《ターニング》が来れば、国家の生き残りのためには、社会面での協力と個人の自己犠牲が必要になる。それは現在の米国人の貢献レベルよりもはるかに高いものだ。都市の落書きから郊外での迷惑施設反対運動（NIMBYism）まで、現在の反社会的な慣習は、今日のうちに少しずつなくしていかなければならない。さもなくば、明日やってくる歴史の波に流されてしまうだけだ。社会の機能不全には、それがどこで起ころうとも戦いを挑まなければならない。若者に奉仕を義務付けることが迫っている。いまは法律化できないが、それでも実験を始めなければならない。そのやり方は、若者が社会に対して奉公することについて、リベラルと保守が同意できて協力できるものでないといけない。あらゆる年代の人々の間で、地域レベルの良き市民精神を建て直さなければならない。コミュニティは自身の機能（学校、公共住宅、交通、治安、司法、社会サービス）を、自身の資源を使いながら改善しなければならない。他の誰にも資金を期待してはいけない。町や市は公共の空間をつくり出し、市民集会を開き、市民に参加を求めなければならない。人種の融和を促し、棲み分け（郊外の塀で囲まれた住宅地から単一人種しかいない大学寮まで）を防がなければならない。

危機において国家の生き残りは、さまざまな背景を持つ人々が集団的なコミュニティの新たな意義を、どれだけ上手くつくり出せるかにかかっているのかもしれない。

若者の準備：子供を国家の最優先事項として扱う。しかし、子供の仕事を横取りしてはならない。

第四の節目《ターニング》の結果は、その時に成人する世代の気質にかかってくるだろう。また、その世代が、チームワークへの力強い本能や、公的な活動との前向きな結びつき、そして未来への楽観的な感覚を、子供時代にいかに育《はぐく》めるかにかかっている。必要とされることなら何でも実行可能で喜んでやるような若者を正しく育てるためには、われわれはその出費を惜しんではならない。連邦政府は貧乏ではない老人から、困窮している若者に対して、いますぐ福祉予算の重心を移し始めなければならない。地方政府は、学校への寛大な支援について、地元のコミュニティの同意を取り付けなければならない。

規範を決めるような若者の集団や教会、教育委員会などと協力して、成績や行動に関する高い基準を定めるべきだ。コミュニティの価値観を教え、外見やマナーの規範《きはん》を推進する。高成績の者も低成績の者も仲間と一緒にまとめることで、学生全体に権限を委譲すべきだ。困窮している子供のための最低限の社会保障や、サービスの予算は増やすべきだが、その焦点はあくまでも子供の福祉である。無責任な親は、厳しく責任を問われなくてはならない。**分解**の時代における米国では、投資する際に最も重要な優先対象は二〇〇〇年代を生きる子供であり、彼らはそう扱われるべき存在だ。

老人の準備：未来の老人には、もっと自分の面倒を自分でみるようにいう必要がある。しかし、現在の老人への福祉を大きく切り詰めようとしてはならない。

第四の節目《ターニング》に入ればすぐに、社会保障やメディケアなどの高齢者福祉に関する今日の長期的な展望は歴史の波にのみ込まれてしまう。エコノミストたちがいま考えているほど、経済が順調に成長し続けることはないからだ。そして、政府は致命的な事件によって、予算の優先順位をすべて新たに組み替えざるを得なくなる。そうなったら、誰にも何の権利もなくなるだろう。貧乏人はわずかな資格を認めてもらえるだけだ。公人はいま働いている米国人たちに、彼らの脆弱《ぜいじゃく》さを警告すべきだ。彼らに対して、現在の収入をもっと貯蓄すべきだと呼びかけなければならない。連邦政府による福祉向けの税の一部を、未来の納税者の重荷にならないように、加入者に全額を資金拠出してもらえるような計画に移しかえるべきだ。従業員年金については、あらゆるレベルの政府（軍を含む）が、給付金を確定する計画から積立金を確定する計画へと変えなければならない。そうすることによって資金繰りが悪化している基金への積み立てを止めるのだ。公的福祉の中（特に健康保険）には、**危機**の到来前にでも縮小すべきものがあるだろう。兵士の世代にあたる高齢の市民の多くは、こうした削減の対象外とすべきだろう。しかし、それより若い人たち（引退前の「沈黙の世代」を含む）は、自助の度合いが高まった老年期を覚悟すべきだ。貧しく若い労働者から取れる税金は減るからだ。

経済の準備：根本から修正せよ。ただし、現在の運用を細かく調整しようとしてはならない。

危機における米国経済は、われわれの記憶にある内で、資産価値や生産、雇用、物価レベル、産業構造において、最も強烈な衝撃を経験するだろう。いずれかの時点で経済も限界点に達するかもしれない。それは国家を救うのに必要な道具をつくり出すためであり、後には次のサエクルムの基盤をなすインフラにもなる。**分解**の時期が終わるまで、ハイテクでのイノベーションと競争を促進して、いざという時のために備えなければならない。だが、いまはまだそうしたハイテクを活用する時ではないし、勝者と敗者をより分けるような産業政策を実施すべきでもない。

同時に、われわれは国民の貯蓄率を上昇させなければならない。現在の馬鹿げた過剰消費は、人口統計学者から「財政上の小春日和《インディアン・サマー》」だと言われている。そうした消費によって米国は現在、まさに**危機**が迫るという最悪の瞬間に、資金不足の退職者向け基金のせいで立ち往生する途を歩んでいる。民間の貯蓄を増やすために税収基盤を所得から消費に移し、すべての労働者個人のための、異なる職種間で通算可能な年金計画を義務付けなければならない。公的部門の内部留保増額のために、連邦政府の予算の均衡だけでなく、できる限り早期の財政収支の黒字化を目指す必要がある。第四の節目《ターニング》における恐慌のリスクを緩和する（または少なくとも被害を軽くする）ためには、第三の節目《ターニング》のうちから景気後退のリスクを取ることは、米国にとっても賢明なこととなるかもしれないからだ。

国防の準備：最悪の事態を予想し、動員の準備をしよう。しかし、いかなる反応に対しても始めからのめり込んではいけない。

社会が戦争の脅威に無頓着《むとんちゃく》になるのは、**分解**の時期ではごく自然なことだ。そして孤立や外交、大幅な優位性、単純な善意によって、社会（そして世界）が深刻なトラブルから逃れられると思い込むことも無理はない。現在の米国で主流となっている軍事ドクトリンを形成したのは、いわゆる「ベトナムの教訓」である。それらは上述のすべてを前提としている。しかし第四の節目《ターニング》が引き起こされる前に、米国は別のことに関心を払うべきだ。それは規模、費用、人的資源、軍備、犠牲者、そして銃後の被害という点で、現在の米国の忍耐をはるかに超えるレベルの戦争が起こり得るということだ。

　来たるべき試練では、国境を越えた官僚政治による支援はあまり受けられないが、われわれと根本的な利益を共有する同盟国からは強力な支援が得られるだろう。現在の外交努力（と海外支援）は、このようなシナリオを想定して方向付けられるべきだ。現在は曖昧《あいまい》にしか予見できない将来の危険を想定した研究開発へと重点的に投資し、多様な国防インフラを効率良く（必要になれば迅速に展開できるように）機能させられるよう整備すべきだ。そして余っている国内の土地と海外基地を、いざとなったら再軍備化できるような能力を保持しなければならない。人的資源を過剰に専門化すべきではないし、配備する兵器にも過剰投資してはならない（ロボット兵器や高額の情報技術など）。こうしたものは、**危機**が頂点に達する頃には、マジノ線のようにあっさりと時代遅れのものになってしまう。もし米国が一九二〇年代に強大な海空兵力を建設していたとすれば、こうした調達のおかげで、真珠湾攻撃後に最新かつ最高の軍備をつくる国家の能力は失なわれていたことだろう。そうなれば、戦争のための取り組みのすべてがリスクにさらされていたはずだ。

＊＊＊

　米国がまもなく直面する問題の大きさを考えれば、こうして示したことの中にはあまりにも物足りないと思えるものもあるかもしれない。しかし、現在の季節の中で可能なことは、実際のところ、これだけなのだ。**分解**の時期において、声高に国家的な行動を求めようとすることは的外れかもしれない（実際には逆効果ですらある）。こうした対策は一般的にはまったく受けないものだが、それでもいまはそうすべき季節なのだ。このために最善を尽くすことは、われわれ自身、そして子供のための義務である。もし実行を怠《おこた》れば、第四の節目《ターニング》の**危機**は、それだけ破滅的なものとなるだろう。

みなさんが「米国は国家として準備ができていない」と感じるなら、われわれ個人が自分だけでも準備することが一層大切になってくる。

どのように準備すべきか

凄まじい吹雪がやってきた時に、何が起こるかを考えてみよう。たとえば気象警報が出されたとしても、おそらくそれに基づいて行動することはできないだろう。空は暗くなる。そして、嵐が凄まじい威力で襲ってきて、空は吠え叫ぶ白い闇になる。機械文明との接続は、一つ一つ断たれていく。電気は点滅して消えてしまい、テレビは映らなくなる。電池は切れて、ラジオは聞こえなくなる。電話も通じなくなる。道は通れず、自動車は立ち往生する。食糧の供給は先細りになる。一日ごとに近代文明の名残り——ATM、投資信託、量販店、コンピュータ、人工衛星、飛行機、そして政府——はすべて役立たずになっていく。

吹雪によって何もかも奪われ、世界にはほんのわずかな数の単純な力（良きにつけ悪しきにつけ）しか残らなくなる。その中の悪いものとしては、自然という要素がある。良いものとしては、ようやく掻《か》き集めることのできるくらいの社会の絆のかけらだ。それは貴方自身の家族のためのサバイバル術から、協力を申し出てともに働いてくれる隣人たちまで、実にさまざまだ。その一例は、むかし困っている時に助けてくれたからと、除雪車を貸してくれるような隣の家族の存在である。

何年も続く荒れ狂う吹雪の中にいるあなた自身や、愛する人の姿を想像してみて欲しい。何が必要で、誰が助けてくれるのか、なぜあなたの運命が、あなた自身以外の誰かにとって重要になるのかを考えるのだ。それがサエクルムの冬に備えた計画の立て方だ。

第四の節目《ターニング》から逃げられると考えてはいけない。それはニュースや国政、払いたくないと思っている税金から距離を置いているようないまの方法で、何とかなるようなものではない。歴史が警告していることは、**危機**のおかげで、いまは当然だと思われている基本的な社会や経済の環境が組み換えられるということだ。第四の節目《ターニング》は社会秩序の死と再生を伴うのである。

それはすべての人にとっての究極の通過儀礼であり、最初に完全な混沌状態を必ず引き起こすものであり、その混沌の性質と長さを予測することはできない。その混沌にはさまざまな出来事が起こるはずであり、その一例が社会の混乱（そして強制的な移民）、全面的な動員（そして若者の徴兵）、経済の破綻（そして大規模な失業）、通信の途絶（そして家庭の孤立）、社会の崩壊（そして治安維持委員会の設置）などだ。一番可能性が高いのは、こうしたことがいくつも同時に起こるパターンだ。

吹雪の時と同じく、この季節には単純だが重要な真実がふたたび姿を現す。それは時を超えて伝えられてきた、伝説や神話である。これらが長く伝えられてきたのは、それが**危機**の時に必要になるからに他ならない。**分解**の時期には必ずしも割に合わない昔ながらの美徳（信頼や頼もしさ、根気、忍耐、倹約、無私などの特質）も、**危機**の時には貨幣と同じになる。歴史に季節がないのなら、こうした美徳はとうの昔に衰退して、人類には不要のものとして人々の記憶から消え去っていただろう。こうした美徳が伝統として残っている理由は、どのサエクルムでも、それらが一度は非常な栄光をもって認められてきたからだ。美徳を守った人間は報われ、守らなかった人間は罰された。社会の困難を描いた叙事詩は、『ベオウルフ』（*Beowulf*）から『第二次世界大戦全史』（*Victory at Sea*）に至るまで、誰が勝利を収め、どのような価値観を持っていたかが語られている。**危機**が来れば、こうした神話は見習うべきものとなり、人々に示すべき価値観となる。

第四の節目《ターニング》に備えるならば、次のような季節に関する教訓を巧みに使いこなすことが必要になる。

矯正：昔ながらの美徳に立ち戻る

来たるべき**危機**の時期において、頼りになる人間とならない人間の間には、明確な線引きがなされる。われわれは、自立自存と家族への献身、教養を持った慎しみ深さ、そして相互の信頼を重んじ、名誉と誠実さを持った人間を目指すべきであり、そういう人物として名望を確立しなければならない。良き市民となり、町内の良き隣人であり、職場の良き同僚とならなければならない。礼儀正しく振舞い、社会の行動規範を守るべきだ。コミュニティでの評判は、いま現在よりもはるかに物を言うようになると考えるべきだ。

第四の節目《ターニング》は根無し草タイプの人間（または企業）には優しくない。忠誠心を捨てたり、決着のついた取り決めを蒸し返したり、何でも利用しようとするタイプには厳しいことになる。大切にしているものが他者（そしてコミュニティ）のそれと強く結びついているほど、緊急の際にそうした他者（そしてコミュニティの公務員）は助けになってくれる。自分が属している集団の評判によって、あなたの扱われ方が決まると考えるべきだ。いま属している組織の立場には関係なく、あなたのやり方が強欲だと思われたらどうだろう？　他者に寄生するだけの仕事をしていると思われたら？　社会に不健全な影響を及ぼしていると思われたら？　そうなれば、あなたは個人としても大きなリスクを抱えることになる。

集束：新たに現れるコミュニティの規範に気をつける

第四の節目《ターニング》では、国家の中核となる意志のほうが、多様性よりも重要になる。チーム、ブランド、そしてスタンダードが、新たな標語となる。こうした標語で表現できない人間や物は、すべて除け者にされるか、さらに酷い目に遭《あ》うかもしれない。よって、コミュニティの問題に関与すべきだ。「関わらない」ことのせいで罰を受けることもあり得るからだ。すべてのレベルの政府が必要最小限の問題に対応するために何をしているかを知らないと、損をすることになる。

他者からどう思われるかも大切だ。司法は粗雑になるだろう。社会はさらに秩序を求めるが、それを実現するための資源と時間が少なくなるからだ。専門家の手が及ばなくなれば、無実の人が苦しむことになる。不当な判決を受けたくないならば、**危機**の時代の権威を挑発して罪人だと見なされるような行動をとるべきではない。もしあなたが人種や民族の点で少数派に属するなら、声の大きい（たぶん権威主義的な）多数派からの排外主義的な反発に備えるべきだ。**危機**の絶頂期には、国家レベルでコミュニティへの忠誠と、自分自身の集団への忠誠の間で、大きな選択を迫られるかもしれない。他の人種や民族の人たちと距離を置くことは危ないかもしれない。なぜなら緊急時には現在は付き合わずにいる人たちからの助けが必要になるかもしれないからだ。

絆：あらゆる種類の個人的関係を築く

危機が訪れた時、個人としてどのような人間かを周りに知られていないと、**分解**の時期の悪徳のようなイメージを持たれて恐れられるようになってしまう。個人としての直接的なつながりが、新たに評価されるようになる。手助けしてくれる人のことをよく知っておこう。第四の節目《ターニング》では、社会的に高い立場にいる友人は非常に重要だ。上層部での（組織ぐるみの）腐敗は減るかもしれないが、下層部での（個人による）取引は盛んになるかもしれない。人々が最低限の生活保障などのために地方の現場レベルの役人らを使おうとするからだ。市場も同じようなルールで動くようになるだろう。あらゆる人（隣人、上司、従業員、顧客、業者、融資元、融資先、役人、警官）との顔を合わせた付き合いが新たに重要になる。プライバシーの喪失は覚悟しなければならない。第四の節目《ターニング》は、自由な魂を持つ人々にとって、暗黒時代となるかもしれない。新たな権威が生まれることにより、ある部署の役人はあなたのためになることをしてくれるかもしれないが、同時に別の部署の役人が――急遽、代理に任命された判事など――あなたから何かを要求するようになるかもしれないからだ。

収集：あなた自身（とあなたの子供）にチームワークを身に付けさせる

第四の節目《ターニング》になると、権威を受け入れ、チーム内で真面目に働くという評判を持つ人が、大きな報酬を得るようになる。技能や労働、そして趣味を、他人と合わせるようにすべきだ。個人としての個性は強調せず、他者との共通点を強調するのだ。

職場では、チームや階層をまとめるような仕組みを推し進め、技術（コンピュータなど）を道具として使って、皆を一つにするのだ。子供には優れたチームワークができるように育てなければならない。子供を主流派から外れさせてはならない。公立学校が機能しているなら、子供の教育はそこに任せるべきだ。そうすれば、子供はさまざまな背景と能力を持った仲間のいる集団の中で生きるための技術を学ぶことができる。子供には政府との強いつながりを持たせるべきだ。あなたの子供は大人になれば、本当に危険な環境で生きるはめになるかもしれないからだ。これは確かに心配の種だが、若者にやる気があれば、そこから誇りと希望を生み出すこともできるのだ。

ルーツ：家族に助けを求める

第四の節目《ターニング》が到来した時、われわれが最後に頼れるのは家族である。祖父母や孫、義理の親子・兄弟の関係、遠い親戚など、広い意味での家族との信頼関係を保つべきだ。外部からの助けが弱くなったら、複数の世代がいて、老いも若きも互いの問題を気にかけ合える家庭が最も助けになる。**危機**の絶頂期に年若くして引退している（または他の家族と離れて暮らしている）と、新たな難題に直面することになる。裕福な老人は**分解**の時期の間に、できる限り多くの財産を相続人に譲り渡そうと考えるかもしれない。後になってそれらが相続税として没収されるリスクを避けるためだ。配偶者や子供がいないのなら、友人や隣人、同僚の間で、擬似家族的な支援ネットワークを代わりにつくるべきだ。第四の節目《ターニング》は、社会から孤立している、または孤立を感じる人にとって、良い時代ではない。

対応：公の支援メカニズムの弱体化・崩壊に備える

第四の節目《ターニング》になると、現在の政府による寛大な高齢者への福祉サービス（現金、医療、住宅そして社会サービス）は急激に劣化するかもしれない。年齢ではなく若さが、市民活動と報酬の対象になるだろう。家計調査をパスできるほど収入と資産が少ないと考えていない限り、「社会保障やメディケア・メディケイドを信頼していい」という合衆国政府の約束を真に受けてはいけない。公務員年金すら当てにできないかもしれないからだ。こうしたものはどれも、コンティネンタル紙幣（南部連合国のドル札）くらいの信頼しかなくなるかもしれない。

すぐに自分自身の財産を守ることを始めるべきだ。たとえ現在のライフスタイルを切り詰めることになっても、貯金をたくさんすべきだ。老人になった時に健康を維持する最善の方法は、いまから優れた健康習慣を実践することだ。医療ルールによる優先順位が変わることが考えられることから、**分解**の時代の悪習のツケを他人が払ってくれると思ってはいけない。公的な補助が使えなくなったら高齢者という重荷をどうやって負担するか、家族と話し合うべきだ。あなたの生（と死）が他者にとって将来どのような意味を持つかを考えて、第四の節目《ターニング》に直面するかもしれない困難な選択に向けた準備をするべきだ。

ヘッジ：やることすべてを分散させる

危機が一度引き起こされると、何が起こってもおかしくない。社会人になったばかりの人たちに覚えておいて欲しいことがある。それは、生き残りのノウハウを知っている「何でも屋」のほうが、被害を受けていない環境でしか役に立たない技術をもった「専門家」に勝るということだ。できる限り多くの言語や文化、技術に精通することだ。勤めている会社は、市場の急激な変化に直面するかもしれない。公的な補助金がなくなり、規制をめぐる情況が激変し、新たな貿易障壁が生まれることを想定すべきだ。レバレッジを使った投資や、長期ローンは避けるべきだ。高額な学生ローンもこれに含まれる。あらゆるセーフティーネット（年金、社会保障、メディケア）が完全に破綻することを考えておくべきだ。残りの**分解**の時期の間に積極的に株式投資して、可能な内に利益を稼がなければならない。

ただし世間のムードには注意しておくことだ。第四の節目《ターニング》に近づくほど、凄まじい通貨安のリスクが高まることを想定しておかなければならない。資産ポートフォリオにヘッジをかけ、サエクルムのリズムが米国のそれと一致しないと思われる外国市場の資産をそれに含めておくべきだ。**危機**に突入した時、充分な現金と分散化した貯蓄、そして何らかの流動資産を持っておくべきだ。どこに自分の資産があるか、ちゃんと把握しておくこと。あらゆる過酷な結末（インフレ、デフレ、市場崩壊、銀行パニック、国家債務の不履行）でも資産のすべてが台無しにならないようにしておくべきだ。

＊＊＊

これらの教訓を実行すれば、あなたのリスクを少なくすることができる。幸運にも**危機**があなた個人にはあまり影響しなかったとしよう。**危機**に備えておくことで、あなたは確かに何らかの短期的な収入や娯楽を失ったかもしれないが、長期的に影響を受けることはないのだ。その反対に、あまり幸運でなかった場合、準備がなければ多くのものをリスクにさらすことになる。

歴史は、サエクルムの冬は誰にとっても試練の時になることを警告している。特にそれはまったくそのような事態を想定していなかった者にとっては厳しいものになる。年齢、性別、収入、人種、家族の状況、そして職種がどのようなものであれ、今日から賢明な選択をしておけば、第四の節目《ターニング》における絶望的な状況を避けることができるのだ。

世代のシナリオ

古代ローマでは、大部分の人間は一生のうちに一度は「百年祭」を観られると理解されていた。それを老年期（senectus）に観る者もいれば、成年期（virilitas）や壮年期（iuventus）、さらに幼年期（pueritia）に観る者もいた。「百年祭」を体験する人生の段階によって、その人のローマ史における立ち位置が永遠に決まるのだ。

同じことが世代についても言える。すべての原型《アーキタイプ》はサエクルムの中の四つの季節を通り抜けていく。その道筋は、自然の四季を通り過ぎていく一年間の旅路と似ている。冬がやってきた時、原型《アーキタイプ》はそれぞれ異なる人生の段階にいる。故に原型《アーキタイプ》それぞれの人生の周期におけるドラマの中で、冬はさまざまな形でその中に入り込んでいく。結果として、第四の節目《ターニング》は原型《アーキタイプ》それぞれに独自のシナリオを与えるのだ。

こうしたシナリオの中で、それぞれの原型《アーキタイプ》は**危機**の時代にその影と対立する――そして皆、自分自身が子供の頃に経験した節目《ターニング》に欠けていると感じた特性を、自らが社会にもたらす立ち位置にいることに気づくのだ。預言者の世代は**高揚**の時期に生まれ、展望を求める。遊牧民の世代は**覚醒**の時期に生まれ、現実主義を求める。英雄の世代は**分解**の時期に生まれ、権力を求める。そして芸術家の世代は（前または現在の）**危機**の時期に生まれ、共感を求めるのである。

次の第四の節目《ターニング》の間に、米国の世代の組み合わせは劇的に変化するだろう。いま生きている世代の人口動態における重大な変化は、二〇〇五年から二〇二六年の間に起こると考えられる。兵士の世代はほとんどが世を去り、純粋に祖先としての役割が与えられる。この世に生まれた兵士の世代の中で、生き残って危機の発動をみることになるのは八人に一人だけだ。またその中の二五〇人に一人（全員が一〇〇歳以上だ）しか**危機**の終息を目撃できない。沈黙の世代は、欲求不満をつのらせる役割を担う。大人として経験する、時代を画する事件を完全には目撃できないからだ。この世に生まれた沈黙の世代全体の中で、五人に三人だけが生き残って、第四の節目《ターニング》の開始を見ることになる。終結を見るのは五人に一人だけだ。ベビーブーマーの世代は六人中五人が第四の節目《ターニング》の発動を見て、三人に二人がその終息を見ることになる。第一三代の世代は、圧倒的多数が第四の節目《ターニング》の結末を目撃する。この世代は人口で米国最大の世代として**危機**に突入するが、**危機**が終わる頃には他の二つの世代のほうが多くなる。**危機**が終わる頃にはミレニアル世代が、有権者としては最大の世代になるだろう。

今日の世代が歴史のパターンに従うなら、未来の国家指導者には大きな変化が起こるはずだ。**危機**が発動する時、沈黙の世代は権威を持つ地位から外れ、ベビーブーマーの世代はその権力の絶頂期に近い。第一三代の世代は急速に高い地位へと昇っていき、ミレニアル世代はまだ駆け出しの有権者であり、兵士となっている。**危機**が終息する時、沈黙の世代は権力を失っており、ベビーブーマーの世代は急速に零落する寸前にいる。第一三代の世代は絶頂の寸前にあり、ミレニアル世代は急速に高い地位へと昇っていこうとしている。そしてちょうどその頃、新たな沈黙の世代が有権者となり、軍隊に入る。

個人としてわれわれの大多数は、米国が未来の**危機**を乗りきるための助力にはならない。しかし、世代の一員としては、われわれの力ははるかに大きいものになる。サエクルムの主要な動きを思い出してみよう。歴史が世代を形づくり、世代が歴史を形づくるのだ。

兵士の世代のシナリオ

英雄の世代は、**分解**の時代に生きるのが苦手だ。かつて自分たちが築いた社会秩序が崩壊していくのを目の当たりにすることになるからだ。数多くの問題が悪化しているのに、若い世代がそれを立て直せないのを見ることは、英雄の世代にとって、晩年に受ける屈辱である。次の**危機**はどのようなものか、そしてどうやって終息するのか。英雄の世代は、それを自分たちが知ることはないかもしれないという事実を受け入れざるを得ない。しかし、彼らは、英雄の影（預言者）が社会を非常時に陥れる時に**危機**が起こることに、慰めを見い出すかもしれない。かつてそうした時に、自分たち英雄の世代が勢いを得ていったことを思い出すからだ。しかし、英雄の世代がこれを喜ぶことはない。若い預言者の世代の気質があまりにも自己中心的なので、こうした気質がその子供に当たる英雄の世代（この世代の力と品格は、いつの日か、自分たちのものに匹敵するかもしれないのに）を育てる上でなぜ必要なのかを理解できないのだ。

兵士の世代のシナリオは、昔の**覚醒**の時代におけるベビーブーマーの世代との争いの残滓《ざんし》を乗り越えることを彼らに求める。兵士の世代はベビーブーマーの世代に父祖の魂を見出さなければならない――そしてミレニアル世代には自分たち自身の子供として、ボーイスカウトのような品格を見出さなければならない。兵士の世代は、子供を育てるためにはベビーブーマーの世代のやり方が必要であることを認め、歓迎しなければならない。その子供たちはいつか、兵士の世代が第二次世界大戦を戦ったのと同じように、**危機**を戦うことになるからだ。しかしそのためには、兵士の世代は、ベビーブーマーの世代がミレニアルの子供のために社会生活の中に居場所を確保することを許すべきだ。次に兵士の世代は、ミレニアル世代のための福祉（兵士の世代のためではない）が、**分解**の時代においては政府の最優先事項となることを受け入れなければならない。

大人となっている原型《アーキタイプ》の中で唯一兵士の世代だけが、米国が第四の節目《ターニング》で大勝利をおさめるために必要となる市民としての品格を持っている。社会の犠牲がどれほど必要かを、誰よりもよく知っているのが彼らだからだ。しかし、彼らは**覚醒**の時代の後にベビーブーマーの世代が主導した文化と距離を置いていたため、無私という兵士の世代の評判は消え去っており、若い頃の勇敢さを国民は忘れかけており、それは義務と犠牲という彼らの考え方を思い起こすための口実にしかなっていない。米国が第四の節目《ターニング》に備えるために、兵士の世代は若い世代の間に、自らの名望を復活させなければならない。そして、かつて大恐慌時代にあった市民の高潔さ（コミュニティ最優先）の本質に立ち戻り、晩年になって変わり果てた姿（自分が一番大事という態度）を拒否するのだ。若い世代が兵士の世代に、英雄としての報酬を無理矢理捨てさせるようなことはない。しかし、報酬のうち不要なものを捨てることに同意すれば、兵士の世代は高齢者から長老へと変身できる。若い世代に対し、新たな権威をもって、「現在のような市民としての振る舞いの衰退を阻止しなければならない」と語れるのだ。

　兵士の世代がこのシナリオを演じられないなら、彼らがかつて救った米国は弱体化するだろう。資源と社会による養育を得られなかったミレニアル世代の子供は、第四の節目《ターニング》に大勝利をおさめるために必要となる、伝説的な「正しい資質」を充分に持たないまま育っていくのかもしれない。対日戦勝記念日に剣を石に刺して封印した兵士の世代は、その剣をもう一度引き抜いてくれる子供の到来を四世代にわたり待っていたのだ。そしてその時が近づいている。兵士の世代がこうしたことを理解し、シナリオを上手く演じれば、トマス・マロリーがアーサー王について書いたように、信念をもって死んでいける。「アーサー王、ここに眠る。彼はかつて王であり、そして再び王となるだろう」。

沈黙の世代のシナリオ

　一つ前の**危機**を、不安に満ちた子供として目撃した芸術家の世代は、次の**危機**に不安に満ちた高齢者として直面することになる。彼らは**危機**のきっかけを目撃し、ムードの変化を感じるが、その展開を知る前におそらく世を去るだろう。ゆえに芸術家の世代は、第四の節目《ターニング》で他の原型《アーキタイプ》がやるべきことをやる時に、距離を置いて干渉しないようにする必要がある。**分解**の時期に老人である芸術家の世代は、自分たちが持っている共感という資質を、遊牧民の世代にあまり見出せない。芸術家の世代が恐れる遊牧民の世代というのは、何も考えずに芸術家の世代が成し遂げたものを叩きつぶすからだ。さらに芸術家の世代は、優雅さや感性が自分たちと一緒に死を迎えると思い悩む。彼らは新たな芸術家の原型《アーキタイプ》が間もなく第四の節目《ターニング》の間に再誕することを知らない。新たな芸術家たちは、遊牧民の世代に育てられ、古き芸術家の世代が守りたいと思った特性を完全に持つようになるのだ。

第四の節目《ターニング》において、沈黙の世代は権力の座から退いていく。そのため、他者の行動に対しては、自らの行動を起こすより、拒否権を投じる（または、いつもの通りに混乱させる）機会のほうが多いだろう。こうした衰退した勢力は、おもに法廷に生息する。彼らが新たなニュー・ディール政策を阻止するなら、沈黙の世代の法律家たちは、一八五〇年代のロジャー・トーニーや一九三〇年代の「ナイン・オールドメン」といった、**危機**を悪化させたサエクルムの足跡をたどるだろう。ベビーブーマーの世代の議員による立法の倫理面での判断に、彼らは立ち入るべきではない。社会の権威の再建を妨げようと、細かいことや面倒なことを言って引き延ばしを図ってはいけない。**危機**の時代の対立は鎮《しず》まりにくく、敵対した者は仲裁を拒むからだ。物事の方針は、新たに手続きを積み重ねることでは改善されず、緊急事態の発生はさらなる研究を待ってくれない。時には専門家も完全に間違えてしまい、プロのエリートが簡単な選択につまずき、善意は必ずしも良き結果に結びつかない。そうした第一三代の考えに、沈黙の世代は従うべきだ。危機が深まると、第一三代の世代の生存第一主義が、沈黙の世代の順守的な民主主義を毎回打ち負かすことになる。

しかし、**分解**の時期が終わるまでは、沈黙の世代は米国を待ち受ける挑戦への準備に大きく貢献できる。革新主義者の世代であるエラ・ウィーラー・ウィルコックスが言った「他人にただ優しくあること」は、沈黙の世代が大いに得意とするところだ。慎重な抑制とバランス感覚によって、沈黙の世代は、ベビーブーマーの世代の怒りを巧みに逸《そ》らし、第一三代の世代の無気力さを批判できる。こうすることによって、第四の節目《ターニング》の到来の前に、これら二つの世代が迂闊《うかつ》にも米国を急激に危険な状態に落とし込むことを防げるのだ。二〇〇〇年代が来ると、他者への感情移入に優れた沈黙の世代の大統領の政権が**分解**の時代を超えて続いていくかもしれない。そうなれば、ベビーブーマーの世代と第一三代の世代がさらに成熟するまで、両者が本能のままに最悪の振る舞いをしないように押さえ込める。しかし、**危機**がいったん起こると、沈黙の世代がリードする時間は終わりを告げる。

沈黙の世代は、若者の教育には熱心だが、彼らが心しておかなければならないことがある。それはミレニアル世代は第一三代の世代や、さらにはベビーブーマーの世代とすら異なる存在だということだ。この台頭中の世代は、個人主義と内省を拡大しようとは思わない。彼らが欲するものは逆であり、それはチームワークと建設なのだ。子供の世界はいままさに回復しつつある。それは沈黙の世代の親、教育者、そしてポップカルチャーの指導者たちが、改革の名の下に**覚醒**の時代に達成したことからの回復だ。ミレニアル世代の成長は、この変化を継続できるかどうかにかかっている。沈黙の世代がミレニアル世代のためにできる一番愛情に満ちたことは、彼らに対する協力者でいることだ。沈黙の世代は、人口が小さいことを利用して、兵士の世代のような高齢者への報酬を受け取って、人知れず逃げ切れるかもしれない。しかし、晩年における社会からの報酬の一部を放棄するという求めに気高く応じれば、善良な意図が違いを産み出すことになり、「良き人々は歴史を変えられる」ということを沈黙の世代は証明することができるかもしれないのだ。

沈黙の世代がシナリオを上手く演じきれないと、その人生はダニエル・ウェブスターやヘンリー・

クレイ、ジョン・カルフーンのように終わることになる。彼らが子供の頃に大人たちが上昇させた国家の偉大さを、自分たちとともに葬り去るのだ。しかしシナリオの中で巧みに演じれば、歴史における素晴らしい夜を迎えられる。大恐慌の最中に八〇歳代に達した、ルイス・ブランダイスやジョン・デューイといった古き革新主義者たちがまさにそうだった。彼らは（デューイの言葉によれば）、「不朽であると同時に柔軟性を持ちながら、一つの目的に関与」し続けたのだ。

預言者の世代のシナリオ

第四の節目《ターニング》は、預言者の世代に特別な意味をもたらす。その理由は、サエクルムの季節が彼ら自身の人生の循環における季節と正確に一致するからだ。春から冬にわたる歴史の季節は、彼らの人生のパターンと同じだ。預言者の影（英雄）が若い頃に最大の試練を迎えるのに対し、預言者はそれを高齢期に迎える。預言者は晩年の栄光を達成するため、年老いた英雄の世代（預言者の世代は彼らに報酬を与えるが、栄誉は与えない）と、まだ子供である英雄の世代（預言者の世代がその気質を育てているが、理解はしていない）が持つ、社会への義務感と技術を利用しなければならない。しかし、**分解**の時期において、預言者の世代は、年老いた英雄の世代が築いた社会文化に被害を与えている。そのため、まだ子供である英雄の世代は、勢いを得て自らの運命を追い求めることが難しくなっている。次の世代に対峙し、年老いた英雄の世代に尊敬と共に報酬を払い、年老いた英雄の品格を自分たちの子供に教え込む。それが預言者の世代に与えられた課題なのだ。

預言者であるベビーブーマーの世代は、次の老年の守護者として、危険が最大となる時代——同時にチャンスも最大になる時代――に指導者となる。ベビーブーマーの世代は、これから自制という不慣れな挑戦に直面する。彼らは、いざ問題が起これば兵士の世代がいつでも介入して何でも正してくれると感じながら成長してきた。そのため、彼らは無頓着に自らの政治運動にかまけていられた。ところが第四の節目《ターニング》になると、もう兵士の世代は後ろ盾として守ってくれない。若いミレニアル世代は、老年の守護者を追って崖から飛び込みかねない。ベビーブーマーの世代が誤った選択をすれば、歴史は厳しいものになるのだ。

ベビーブーマーの世代が成熟し続けることは、**危機**を大勝利で終わらせるために重要だ。かつては若さを賞賛した彼らが、それを完全に捨てきらなければならない。そうしなければミレニアル世代に社会の美徳を求められなくなる。そうした美徳をベビーブーマーの世代自身は**覚醒**の時代に体現しなかったのだ。そうするためには、人によっては偽善に見えるような誠実さが必要だろう。しかし、その誠実さは預言者の世代が人生の循環のなかで身につける外的人格《ペルソナ》の自然な発達に他ならない。**危機**が出現した時、ベビーブーマーの世代は文化闘争を即座に鎮めなければならない。中絶権利擁護派の世俗主義者と、中絶反対派の福音主義者は、老人となった伝道師の世代が大恐慌と第二次世界大戦の間にかつてそうしたように、**分解**の時代の諍《いさか》いを乗り越えて、国家の生存という目的の下に団結しなければならない。

ベビーブーマーの世代は、彼らにまったく縁がないと思われている寛容さも見せなければならない。もともと彼らは私的生活ではいつも利己的な傾向がある。しかし同じことを社会生活でもやって、大幅に公的福祉を求めれば、子供たちの世代は財政破綻し、道徳的にも崩壊するだろう。沈黙の世代と違い、彼らはこっそりと逃げ切ることができない。さらに悪いのは、ベビーブーマーの世代が無意味に議論を好むようになり、その価値観のせいで追い詰められる場合だ。いまトークショーで大げさに言い立てている「敵の殲滅《せんめつ》」という台詞《せりふ》は、終末兵器の使用命令を本当に意味することになるかもしれないのだ。

危機が来れば、ベビーブーマーの世代は、社会の権威と個人の犠牲の時代を仕切るという、まったくヤッピーらしくない任務に直面することになる。この世代は頑迷な道徳主義が子供や国家、そして全世界にまで及ぼす脅威に対し、真摯《しんし》に向き合わなければならない。歴史家のデイビッド・マクレランドは、「『殺し合うのでなく愛し合おう』というスローガンを繰り返す時、他者への愛が戦争になれば終わるだけの行為を始めることが多いことを理解しておかなければならない」と警告している。しかし、歳を取りつつあるベビーブーマーの世代がその集団としての外的人格《ペルソナ》の暗黒面を制御できれば、年老いたベンジャミン・フランクリンがしたように、第四の節目《ターニング》における自分の役割を振り返ることができるだろう。合衆国の国璽《こくじ》には、どんなイメージが託《たく》されているかと訊かれたフランクリンは「モーセの感動的なイメージだ。腕を天に伸ばし、人々のために海を割るイメージだ」と答えている。

遊牧民の世代のシナリオ

第四の節目《ターニング》で社会が最も必要とするのは、サバイバル技術である。そしてこれこそが、最も批判を受ける原型《アーキタイプ》——遊牧民——が豊富に持っているものである。サエクルムが持つ自然の矯正力によって、遊牧民の世代は正にこの能力を身につけるように育てられた。それは、社会が本当に危険な時に中年期にある彼らに、歴史が求める能力だ。ここでの課題は、この能力をさまざまな目的の追求のために分散させるのを止めて、単独の大きな目的のために集中させることだ。**分解**の時期なら、遊牧民の世代は社会生活から身を引くことができるかもしれない。だが**危機**が来れば、それは不可能になる。社会がどのような選択をしても、それを狙い通りに機能させるのが彼らの務めだ。社会生活において、遊牧民の世代は彼らの前の世代、つまり、年老いた芸術家の世代がかつて建設した、無気力を誘う残滓のなかを切り拓いていかなければならない。個人生活のレベルでは、年老いた芸術家の世代が放棄した、家庭とコミュニティの儀式を再建しなければならない。そうすることで遊牧民の世代は、新たな子供となる芸術家の世代を育てるのだ。

第四の節目《ターニング》が来る時、生存中のほとんどの世代の者は、「過去の人」か「駆け出し」かのどちらかだ。しかし、第一三代の世代の人々にとっては「真っ盛りの時」、つまり成人期のまさに中間点にあり、サエクルムにおける復興の世代として前進しなければならない。彼らは他者が残した混乱を正し、瓦礫《がれき》を片付ける役目を押しつけられるのだ。第一三代の世代が子供として鍛えられた頃や、個人主義者の若者だった時に手に入れた道具は、そのすべてが最大限に試される。第一三代の世代がこうした道具をコミュニティの目的のために使えば、**覚醒**の時代における自身の幼年期の病毒——離婚や父権からの解放、公的債務や文化の衰退まで——への解毒剤となるだろう。

第一三代の世代の第四の節目《ターニング》における最大の任務は、社会にとって最重要であり、季節に先行して準備することだ。新たな**高揚**の時代、つまり希望と繁栄の新たな黄金時代を確実にするのだ。**危機**をちゃんと終わらせるために、第一三代の世代は、ベビーブーマーの世代による無意味な破壊を阻止しなければならない。またミレニアル世代が、老人のつくった旗印の下に無思慮な行進をしないよう止めなければならない。自分たちのことを現実よりはるかに賢明だと思い込む老人世代を抑制することは、けして容易なことではない。また、自分たちのことを現実よりはるかに賞賛に価すると思い込む若い世代を抑制することも容易ではない。このため、第一三代の世代には、鋭い目と巧みな手際、そして若い頃にはおなじみだった、無謀なリスクを拒否することが求められる。

いまから第四の節目《ターニング》の終わりまで、第一三代の世代は次々と権力の座に昇っていくだろう。一九九八年から**危機**の絶頂期あたりまで、彼らは世代として米国最大の有権者層となる可能性がある。歳月が経つほど、彼らの社会への貢献は国家の生き残りにとってますます重要なものになる。ベビーブーマーの世代が持つ熱狂を抑え込みたいなら、第一三代の世代は、投票と政治参加を拡大しなければならない。チャンスはある。**危機**が発動する頃に、彼らの投票で選ばれた政治家が議会に入り、ベビーブーマーの世代をその絶頂から退出させるのだ。そして**危機**が終息する頃には、彼らはベビーブーマーの世代を完全に支配しているだろう。

歴史と一対一で対峙する時に、第一三代の世代が憶えておかなければならないことがある。それは、必要とあればどんな苦労も厭《いと》わないことを覚悟するということだ。第一三代の世代がシナリオを上手く演じられなければ、年老いたベビーブーマーの世代が恐ろしい災厄を引き起こしかねない。また、第一三代の世代のデマゴーグが、気の滅入る独裁体制を敷くかもしれないし、さらにはその両方が起こるかもしれないからだ。しかし、第一三代の世代がシナリオを賢明かつ手がたく演じることができれば、新たな黄金時代が彼らにとっての貴重な報酬となるだろう。年を取っていく時に第一三代の世代は、アーネスト・ヘミングウェイの言葉を思い出すべきだ。「老人というのは年を取って賢明になる訳ではない。慎重になるのだ」。

英雄の世代のシナリオ

若い英雄の世代にとって、第四の節目《ターニング》は、成年になった時の大きな挑戦となる。**危機**が成功裏に終わるか失敗に終わるかは、その大部分が英雄の世代のチームワークと力量、そして勇気にかかっている。第四の節目《ターニング》は、勇敢さと栄光の名誉を永遠に確立すれば、一生にわたって偉大な社会の功績に貢献するように、英雄の世代に活気を与える。

現在のミレニアル世代の子供は、大人の希望を満身に受けて、前向きな姿勢を保ち、周囲にある**分解**の時代の冷笑を拒まなければならない。無垢さを保ちつつ、極めて早急な成長は避けなければならない。ささやかな善行をなしつつ、いつの日か偉大なことをやってのけることを夢見なければならないのだ。同調圧力を建設的な目的のために使いながら、米国の青春期が本来持つべきであったポジティブな名声を再び獲得できるだろう。古い世代の人々に、子供のころに学べなかった（そして、大人の世界でもまだ当然のものにはなっていない）伝統的な価値観を説教されても、ミレニアル世代はそうした偽善を無視してやり過ごすだろう――そして、その教訓だけは心に留めておくのだ。現在の子供が自分たちの美徳を巧《たく》みに示すのが早くなれば、大人の世代は彼らを寛大に扱う可能性が高まる（学校税を払い、高齢者への報酬を放棄してくれる）。そうすれば、彼らは来たるべき試練への備えを手助けしてくれるはずだ。

大恐慌が始まった時にフーバー大統領が求めたものは、米国の若者への「公平なチャンス」だった。「五体満足で生まれ、訓練と教育を受けた健康な子供たちさえいれば、他の数多くの、政府が抱えた問題は消えてなくなる」と彼は予言している。その後の成り行き――そして若い兵士の世代――を見れば、彼が正しかったことがわかる。ミレニアル世代の時代が近づいている。彼らがシナリオの中で自分の役割をちゃんと演じれば、若き愛国者たちが一七七六年にしたように彼らが声をそろえて歌う日がやってくる。「未来の世界は、われらを今後一〇〇〇年にわたって歌い上げる／そしてわれらのなした驚くべきことを、子々孫々に語り継ぐ」というように。

＊＊＊

こうした原型《アーキタイプ》のシナリオは、古代の聖約書を思い出させるものであり、ラシュモア山の彫刻でも見ることができる。社会を一番よく守るものは、適切なバランスに保たれた、四つの気質なのである。

歴史の大きな断絶は、大事故のようなものではないし、四つの異なった個性の偶然の衝突でもない。むしろそれは、原型《アーキタイプ》がそれぞれ次の世代と向き合いながら独自の貢献をするようなものであり、サエクルムの冬も、自然とそれを補うものを生み出すのである。そうすることで、第四の節目《ターニング》は社会の生存本能を復活させるのだ。原型《アーキタイプ》がもつすべての力を最大限に利用するよう促し、これによって下手をすれば破滅を招きかねない問題を切り抜けることができるようになるのだ。

第四の節目《ターニング》で原型《アーキタイプ》すべてが祖先の伝説と神話を再演する時、社会は子孫に伝えて教育するための、新たな伝説と神話を創り出すことができる。

第八章　永劫回帰

円形のテントの土間の上で、ナバホ族のアーチストは、色の着いた砂で自然と時間の四季を表した絵を描く。彼らの祖先は何世紀にもわたってこの伝統を受けついできている。彼らは砂の円を、一度に四分の一ずつ逆時計回りの順番で、それぞれの年齢と季節に受ける試練を表す装飾された偶像とともに描くのだ。四季が終わりに近づくと円を止めて、頂点のちょうど右側に小さな隙間を残す。

これは死と再生の瞬間を意味し、ギリシャ人がエクピロシス（ekpyrosis）と呼んだものだ。ナバホ族の習慣ではこの瞬間をもたらす（そして円を閉じる）ものは神だけであり、限りある命を持つ人間ではない。このアーチストにできることは、季節の順番と逆方向の絵を消すことだけであり、後に新たな円を始めることができるのはその後だ。このようにしてナバホ族の伝統では、季節の時間はその永遠の回帰を演出するのである。

多くの伝統的な民族と同様に、ナバホ族は人生が循環することだけでなく、永遠に続くことも受け入れている。すべての世代が祖先たちが砂に同じ円を描いたことを知っているのであり、彼らも自分たちの後継者が同じものを描き続けると考えている。ナバホ族は儀式として過去を再演すると同時に、未来を予期している。こうして彼らは時を超越していくのだ。

近代社会の多くが、出発点と終着点を直線で結ぶことが正しいと考え、円的な時間の概念を拒否している。一方向への進歩を信じているわれわれは、常に前進し続けなければならないと感じている。そして自然を打ち負かそうとすればするほど、ますます深いリズムのなすがままになってしまうのだ。ナバホ族と違い、われわれは自分たちの好むやり方で自ら円を閉じたいという誘惑に負けてしまう。

それでもわれわれは歴史の円の最後の四分の一を避けられない。第四の節目《ターニング》もエクピロシスも避けられないのだ。歓迎しようとしまいと、老年の守護者が危機の時に義務と犠牲を命令するのであり、賢明な準備をしてもしなくても、われわれが二〇〇〇年代のサエクルムを完結させることに変わりはない。対日戦勝記念日に始まったサエクルムは、やがて絶頂を迎え、そして終結するのだ。

何が終わるのか?

次の第四の節目《ターニング》は、人類の終息となるかもしれない。人類最終戦争となり、すべてを破壊し、何も残らないかもしれない。人類が自分自身を消滅させるとすれば、それは支配的な文明が(恐ろしい終わり方をする)第四の節目《ターニング》の引き金を引いた時だろう。しかし、このような終わり方はありえるが、可能性は低い。人類の生命はそう簡単には消し去れないからだ。

一方向に進むという線的な考え方がもつ自惚《うぬぼ》れの一つに、「われわれは神のような力を持っている」という自信がある。つまりボタンを一押しするだけで自然を消し去り、自身の種子を破壊し、自分が人類最後の世代となることが可能だというものだ。文明を持った(新石器時代以降の)人類はすでに約五〇〇世代を耐え抜いてきたし、さらに先史時代の(火を使用する)人間は、約五〇〇〇世代を生き残ってきたのかもしれない。原人にいたっては、その一〇倍だ。

来たるべき第四の節目《ターニング》がこうして人類全体を終わらせるとしたら、社会規模の災害や人間の悪意、技術的に最悪の情況、そして悪運が揃《そろ》うという、極端に起こる可能性の低い事態が必須となる。そのようなものを想像するのは、どうしようもない悲観主義者だけであろう。

第四の節目《ターニング》は、近代の終息となるかもしれない。西洋のサエクルムのリズム——一五世紀中盤にルネッサンスとともに始まった——が唐突に終わるかもしれない。近代としては第七のサエクルムが最後のものになる。こちらも全面戦争によってもたらされるかもしれない。もちろんそれは恐ろしくはあるが、それでも人類の最終戦争とはならないだろう。科学や文化、政治、そして社会が完全崩壊するかもしれない。アーノルド・トインビーがいう西洋文明や、オスヴァルト・シュペングラーのファウスト的文化は、この二人が予測したように、無慈悲な結末を迎えることになる。新たな暗黒時代が舞い降り、廃墟の中から何らかの新たな文明が生まれるまで続く。世代の循環も終わり、それが進歩を許さない古代の伝統の循環（そして人生の段階によって固定された、社会における役割）に置き換えられる。人類の絶滅と同様で、こうした悲惨な結果が起こるのは、恐らく優位にある国家（今日の米国のような）が全世界を第四の節目《ターニング》のエクピロシスに巻き込んだ時だけだろう。だが結果は、予見可能な技術と悪意の想定内に収まる。

第四の節目《ターニング》は、近代社会を終わらせなくても、わが国を終わらせる可能性がある。「アメリカ」という言葉が意味するようになった政治構造や大衆文化、そして道徳的な地位が崩壊するかもしれない。

わが国は三回のサエクルムを生き抜いてきた。ローマ帝国は一二サエクルム、エトルリアは一〇サエクルム続き、ソ連は（多分）一サエクルムだけだった。第四の節目《ターニング》は、国家の生存の上で重要なハードルである。過去三回の米国の**危機**は、極めて危険な状況を産み出した。アメリカ独立革命で共和制が危険にさらされた会戦は、一つどころではなかった。南北戦争で連邦はかろうじて四年にわたる殺戮を生き残った。当時、その殺戮は歴史上最も凄惨な戦争と考えられていた。第二次世界大戦で米国は、一時は勝利を収めかけた民主主義の敵を破滅させた。敵国が勝っていれば、米国のほうが破滅していたかもしれない。

恐らく次の**危機**で、米国は同じ規模の**危機**とその結果に直面するだろう。そうでなければ、第四の節目《ターニング》はただ単に、二〇〇〇年代のサエクルムにピリオドを打つだけかもしれない。そうなれば、人類も近代社会も米国もすべて無事であることになる。そうして新たなムード、新たな**高揚**の時代、新たなサエクルムが始まり、米国は再生する。しかし再生すれば、米国はこれまでと同じではいられない。

新たなサエクルムに入ると、米国の地位はいまより劣ったものになるかもしれない。ポール・ケネディが警告したように、もはや大国ではなくなっているのかもしれない。国際社会での存在感は外国のライバル国たちによって薄れたものになる。国土は縮小し、文化は支配力を失う。軍隊は力をなくし、政府は非民主的になり、憲法は輝きを失う。二〇〇〇年代の過渡期を過ぎると、かつての米国が持っていた希望と尊敬のようなものを喚起《かんき》できなくなるかもしれない。海外の善意と教養を持った人々は、米国社会を新たな危険の地と考えるようになる。または、現在の米国ほどの人類の発展にとってての重要性を失い、朽ち果てた時代遅れの古い「新世界」にすぎないと思うかもしれない。サエクルムの時間による自然の節目《ターニング》では、こうしたことはすべて妥当であり、起こり得るものだ。

ただし、新たなサエクルムに入ると、米国、そして世界は、いまよりはるかに素晴らしい場所となる可能性もある。宗教改革のサエクルムにおける英国のように、二〇〇〇年代のサエクルムにおける超大国である米国は、高いレベルの文明へ向かう前奏曲に過ぎないかもしれない。新たな社会生活は、植民地の先祖たちが切望した「丘の上の輝ける都市」に似かよったものになるかもしれない。環境は新たに修復されて持続可能なものになり、経済は若返る。政治は機能して公平なものになり、メディアの論調は向上する。文化は創造的で希望にあふれ、性別や人種による差別は改善されている。国民が共有するものは尊重され、違いも受け入れられている。

現在は施《ほどこ》しようがないほど蔓延《まんえん》している腐敗も、組織制度からなくなっている。個人、家族、コミュニティ、そして国家において、人々は新たな充実感を感じている。米国の境界線は、社会コミュニティにとって納得できる地理にそって新たに引き直される。国際平和への影響力はさらに強まり、世界の文化へもっと刺激を与える。こうしたことすべてを達成することも可能なのだ。

＊＊＊

第四の節目《ターニング》が大成功に終われば、現代社会は同じサエクルムのリズムに従い、同じサエクルムの大成功を分かち合うかもしれない。そうなれば、世界は「歴史の終わり」を成し遂げられると多くの人が願うだろう。これはフランシス・フクヤマが人類の最終目的地として（皮肉交じりに）描いたものだ。それは「戦争と血塗られた革命の終了」であり、「目的に同意した人間は、戦うべき理由を失ってしまう」というものだった。

そんな結末があり得るだろうか？　恐らくそれはあり得ない。そうした壮大な次元での第四の節目《ターニング》における大勝利は非常に立派だが、むしろあまりにも脆弱《ぜいじゃく》な第一の節目《ターニング》を産み出す可能性のほうがはるかに高い。サエクルムは残るだろう。**高揚**の時期が立派なほど、その結果として、世代の地殻変動は強烈なものになる。「ミレニアル世代」は、世界をつくりかえる英雄として、輝かしい存在に――そしてますます傲慢に――なるだろう。若い「預言者の世代」は、後に**高揚**の時期に見合った規模になる**覚醒**の引き金を引く。そして循環は続くのだ。

　第四の節目《ターニング》のエクピロシスが、このように決定的な結果をもたらし得るということを知っても、われわれは萎縮《いしゅく》してはならない。むしろ無意味で無気力な状態におちいることなく、知ることで力を得たとすべきだ。生活と時間に構造をもたらすことで、サエクルムは人類の歴史をさらに目的に満ちた充実したものにする。季節は予測が可能で、リズムは感じとれるという考えによって、社会や個人はそれを鼓舞《こぶ》され、偉大なことを実行できるのだ。われわれの行動が何らかの本質的な意味で過去の再演でしかないと言うことは、倫理的には問題ない。逆に古代の人が理解していたのは、循環する時間に参加することは、その参加の是非についても責任を負うということだった。

　歴史が純粋な混沌《カオス》ならば、人間の意志の表明は、いついかなるときも不可能だろう。過去の意図と未来の結果の間に明らかなつながりがなければ、われわれは子供や子孫を助けるためには何もできないことになる。そうして資産を浪費し、好ましいムードを壊す。文化を破壊して、文明の種まで食い尽くしてしまうのだ。

　歴史が純粋に一方向にだけ進むものであれば、人類は劣化していたはずだ。社会で最も高貴な人ですら、目的達成のための道具でしかないことになる。時間が終わる時に存在していない世代は、歴史を形づくる部材でしかないし、そうした世代に属する人々も、進歩のための犠牲にしかすぎないことになる。歴史の偉大なハイウェイの上では、何物も永遠の存在にはなれない。

人に許された唯一自由な選択肢は、運命に動かされている絶対的な力を、加速させるか減速させるかくらいのものだろう。一方向に進む歴史がつくる偉大さの基準が限られたものになっていくと、その基準に見合っていない世代はすべて、自身を「悪しき種子」と見なさざるを得なくなる（そして他者もそう見なす）。つまり災《わざわ》いの源で、人類にとっての役立たずということだ。個人についても同じことが言える。これについては近年の全体主義体制による実験のおかげで、客観的な教訓が得られている。つまり歴史の目標地点を神聖化する社会は、そこへ旅する人間の人格面での自主性に敬意を払わないことが多いということだ。

ところが歴史を季節として見ると、どの世代も時間の中にある自分の進むべき道を見つけられる。先祖と子孫との密接なつながりが見えてくるからだ。自分が誰――兵士の世代、沈黙の世代、ベビーブーマー、第一三代、ミレニアル世代――であろうと、そこに運命との出会いを見つけ出せるのである。そこからシナリオを手に入れ、それに従ってやれることを行い、自分たちが伝説の神話と文明の伝統的な基準に照らして、一体どれだけのことを成し遂げたかを評価できる。

もちろん時間における季節は、なにも保証してくれない。近代社会も他のすべての社会と同じように、それが変化する時は断絶をもたらす。歴史は永遠に思えるため、どこにも向かっていかず、われわれを突然、巨大な混沌へと突き落とすのだ。その混沌《カオス》は、前途を考えようとする人間の努力のすべて反抗する。第四の節目《ターニング》は、われわれの魂に試練を与えるだろう。そしてサエクルムのリズムは、その挑戦に対してわれわれがどう向き合うかが重要であることを物語っている。サエクルムはそこにハッピーエンドがあるかどうかは明らかにしてくれない。しかし、われわれの選択によって、どのような違いがいつ生じるのかは教えてくれる。

前世紀において、進歩を信じる者は多くの攻撃を受けてきた。中でもフリードリヒ・ニーチェを初期に手ひどく攻撃した者ほど、手ひどい目に遭った者はいないかもしれない。

ニーチェは、「決して到達できない目標（standard）に向かおうとする終わりなき進歩」という妄想は、西洋人の心理にひそむ根本的な病弊であると信じていた。この妄想が、自己憎悪を広める残虐な媒体や偽善の温床、人間の真の魂を閉じ込める檻《おり》を形づくっていると、ニーチェは考えていた。彼がつくりだした預言者のツァラトゥストラは、この問題を「時間と時間の『そうだった』」に対する「復讐の魂」とした、つまり、歴史という一方通行の長旅に対する恨《うら》みだ。その旅のもったいぶった目的地は、逆に人類の現状が卑劣《ひれつ》で意味のないものにすぎないことを示し続けてきたというのだ。その代わりにツァラトゥストラが教える教義は、すべての事件は何度も再演されるということであった。誰かがなすことは、実はすべて以前に行われたことがあり、それが永遠に繰り返されていく。

だからこそ、すべての行動は目的達成のための道具であると同時に、それ自身が目的なのである。ツァラトゥストラはこれを「永劫回帰《えいごうかいき》」と呼び、「人類であることの意味を完全に共有するために誰もが持っているチャンスである」としている。

サエクルムは、これと同じチャンスをわれわれにもたらす。老年まで生きた者は、どの世代に属するかに関係なく、人生の四季のすべてを一度は経験する。つまり歴史の四つの節目《ターニング》すべてを一度は経験するのだ。この二つの「四位一体」の交差は、われわれ自身の世代の人生を独特なものにするだけでなく、過去と未来にわたる、前後に四つ離れた世代すべてと結びつけてくれる。先祖の伝説を再演し、同じように子孫がいつの日かわれわれ自身を再演してくれる。こうして人間の魂の深さと広がりが明らかになり、時を超えていくのだ。

一方向に進む線的な時間は、われわれ現代人に、自分たちが先祖より計り知れないほど優れているか、もしくは情けないほど劣っている存在であることを感じさせる。一方向に進む歴史は、誇りや絶望に訴えかけることで、われわれ自身が歴史上の模範に値する存在であるかどうかという難題から救ってくれる。

しかし、難題から救われるというのは、達成感を奪われるということでもある。帝国初期のローマのマナーについての批評の中で、偉大な歴史家であるタキトゥスは、「偉大な社会の市民の美徳は一方向にしか変化しない」と主張する倫理学者たちに反対した。彼は、「実際のところ、人に関することには一種の循環があると言っていいかもしれない……そして、倫理は季節のように変化する。必ずしも古代のほうが良かったということではない。われわれの世代も、子孫が学ぶべき名誉と教養に富んだ振る舞いの事例を多く産み出している。こうした先祖との賞賛すべき競争が、永遠に続くことを望むべきだ」と記している。タキトゥスから二〇〇〇年後のいま、われわれも彼と同じ希望を持つべきであろう。

＊＊＊

われわれは皆、時の広大な広がりを超えて言葉を交わし合っている。子供の頃のことを考えて欲しい。人生に影響を与えた最高齢の老人のことを思い出してみよう――それは祖父母かもしれないし、近所の老人かもしれない。その老人の生まれた年と現在までの年月は、あなたの過去の記憶の長さを示している。

逆方向を見てみよう。いつの日か、あなたが影響を与える一番年少の人の寿命を予想して欲しい――その可能性が高いのは、一番年少の孫だ。あなたが若く、三五歳で末っ子が生まれるとする。その子も三五歳で末っ子が生まれ、そして生まれた子は八〇歳まで生きるとする。いま現在とその孫の死の間の年月が、未来に向かうあなたの記憶の広がりだ。

次にこの二つの期間を合わせて、あなたが持つ記憶の広がりの合計を計算してみよう。あなたに接した者の人生と、あなたがこれから接する者の人生を結びつけるのだ。われわれの場合、その長さはストラウスが一八八一年から二一〇四年であり、ハウが一八八八年から二一一四年である。つまり、それぞれ二二三年と二二六年になる。これは、米国という国家が存在した時間より長い。

富裕の世代の長生きした者たち、たとえばジョン・ロックフェラーやマザー・ジョーンズ、オリバー・ウェンデル・ホームズ・ジュニアの記憶の広がりは、アメリカ独立革命以前から今日まで広がっている。一九九七年に生まれた子供の記憶の広がりは、一九三〇年頃から二一五〇年代という、理解を超えた遥か未来と結びけられている。

だがそれは、本当に理解を超えているのだろうか？

時間を季節として、節目《ターニング》という枠組みで考えてみると、そうした広大な時の広がりはあなたの年齢や世代がなんであろうと理解可能なものとなり、意味のあるものとして共有されるのだ。ほぼ三つのサエクルムにわたって生きる愛すべき人たちを、あなたはすでに知っているか、これから知ることになる。合計すると、人間は三つの第四の節目《ターニング》、つまり三つの**危機**と三つのエクピロシスを経験することになる。

このような長さの記憶の広がりは、自分の過去と未来に生きるすべての米国人と、あなたが共有している素晴らしい歴史的な財産だ。これによって、あなたは記憶に残っている先祖の人生の盛衰と自分を結びつけられるようになるからだ。つまりあなたは、自分の子供か子孫が送るはずの人生について、詳しく知ることができるのである。

サエクルムが続くなら、今日生まれた少女が成人するのは、第四の節目《ターニング》の**危機**が絶頂を迎える直前だ。そして、彼女が中年期に達するのは、それに続く**高揚**の時期である。老年になるのは**覚醒**の時期だ。彼女はほぼ確実に、新たな**覚醒**の時期をかいま見るまで生きていく。健康や歴史に恵まれれば、彼女は（一〇〇歳超になって）新たな**危機**が二二世紀前夜に起こるのを目撃するかもしれない。

彼女には自分の一番年少の孫に語るべきことが沢山あるだろう。そしてその孫は、二一〇〇年頃に発生する**危機**を乗り越えれば、サエクルムの教訓を自分の孫に教えられるだろう。そしてこの孫も成長し、やがては老年の守護者の長い列に新たに加わることになる。

この孫は二二世紀末を記す歴史家となり、米国文明の年代記《クロノロジー》の完全版を書くかもしれない。その頃には年代記《クロノロジー》は一〇個前のサエクルムにまでさかのぼらねばならない。二一九〇年代におけるその孫と現在の一九九〇年代の距離は、今日のわれわれとジョージ・ワシントンが大統領だった頃のものに等しい。

すべての生徒たちは、二〇〇〇年代から二〇二〇年代にかけて、第四の節目《ターニング》が起こった時に何が起こったのかを知っていることになる——しかし、学者たちが**危機**がどのように、そして何故起こったかを議論することは間違いない。今日乳児である少女のひ孫の息子は、歴史の中の第四の節目《ターニング》が、自分たちの時代と世代にとって何を意味するかを真剣に考えることになるだろう。

彼の歴史はまだ書かれていない。そしてそれは、一体どのようなものになるのだろうか？

天の下にあるすべてのものには季節があり、すべての目的には時がある。
生まれるべき時と死ぬべき時、
植え付けるべき時と植えたものを引き抜くべき時、
殺すべき時と癒《いや》すべき時、
破壊すべき時と築き上げるべき時、
泣くべき時と笑うべき時、
弔《とむら》うべき時と踊るべき時、
石を投げるべき時と共に石を集めるべき時、
抱擁すべき時と抱擁を避けるべき時、

手に入れるべき時と失うべき時、
守り続けるべき時と投げ捨てるべき時、
引き裂くべき時と縫い付けるべき時、
沈黙を守るべき時と話すべき時、
愛すべき時と憎むべき時、
戦争の時と平和の時

旧約聖書・伝道の書　第三章一―八

訳者あとがき

本書はFourth Turning: What the Cycles of History Tell Us About America's Next Rendezvous with Destiny（1997）の日本語版である。

原書は四〇〇頁ほどの分厚い三部構成の本であり、紙面の都合から、日本にはなじみのないアメリカ史の記述が多く、日本の読者向けには意味合いのないと思われるおよそ三割を割愛して訳出したことをまずここでお断りさせていただきたい。

原著者はニール・ハウとウィリアム・ストラウスというワシントン周辺でコンサルタントを長年勤めてきた人物であり、ストラウスのほうは二〇〇七年に六〇歳の若さで亡くなっている。

本書の原書はそれまでの彼らの世代論を応用した画期的なものであり、主にアメリカとイギリスの歴史の中のリズムを解明しつつ、それを未来予測にまで拡大したものである。

もちろん厳密な意味での「学術本」というわけではないが、それでもその詳細な歴史検証については、それに同意するかどうかはともかく、極めて興味深い示唆にあふれているものだと言えるだろう。

邦訳は今回のものが初となることからもわかるように、この二人は日本ではほとんど知られていないが、実際は本書で展開されたような「ストラウス・ハウ世代理論」（Strauss-Howe Generational Theory）の提唱者としてアメリカでは一部で知られており、その大胆な仮説は九〇年代初期から学者や識者たちを巻き込んで議論を呼んできたものだ。

その議論の核心については本書をお読みいただくとして、ここでは訳者の視点から気づいた本書の特徴をいくつか挙げて、読者のみなさんに本書の内容をよりよく理解していただければと考えている。

第一に、それが斬新な「世代論」であるという点だ。世代の違いについては、たとえば日本でも堺屋太一が命名したとされる「団塊の世代」にもあるように、日本の言論界などではある程度の市民権を得たものであるといえよう。

本書でも指摘されているように、欧米の歴史家たちの中にはある世代が持つ特徴に気づいてそれを記述していた者が多いとされているが、とりわけ英語圏においてはビジネス界隈での「世代論」の活用が目立つ。

たとえばベビーブーマー世代やミレニアル世代という言葉は、ＢＢＣやＣＮＢＣなどの英語圏のケーブル放送のビジネス番組などを見ても頻繁に出てくるものであり、この世代の違いについて専門に研究している財団などもあるくらいだ。

ただし本書の世代論はその他のものと比較して明らかに包括的なものであり、二〇年前後の長さを一世代として、それがそれぞれ四つあり、しかも互いに同じ順序でおよそ八〇年周期でめぐっているとするのだ。

各世代はそれぞれ前に生きた世代のアンチテーゼとして存在し、彼らが作り上げる時代の雰囲気がその下の世代に影響を与え、時代の変遷による世代交代によってそれが循環していく、というのである。

つまり各世代はそれぞれ独自の特徴を持ちつつも、その特徴は自分たちとは違う別の世代の影響を受けたということで、いわば相互補完的な存在となっているとするのが、ハウとストラウスの主張の最大の特徴であろう。

ただし私自身がこの世代論を聞いてとりわけ有用だと感じたのは、やや逆説的かもしれないが、世代の違いを認識できたおかげで、他の世代に余計な期待を持たなくても済むようになったという点である。

訳者である私を含む「遊牧民」の世代というのは、親の世代である「預言者」である団塊の世代や、一つ下の「英雄」となるいわゆる「ミレニアル世代」や「ゆとり世代」たちには納得できない部分が多いのだが、このように世代の違いを説明されたおかげで、かえって気が楽になる。

言いかえれば、われわれは彼らを無理に理解しなくて良い、ということであり、逆に無理に理解しようとすると悲劇が起こるだけなのだ。

そしてこういう考えをしてしまう自分たちが「遊牧民」という世代に属しているということもわかるという意味で、さらに有用ではないかと思うのである。

第二は、徹底した春夏秋冬理論である、という点だ。

まず本書の衝撃的なのは、それが二人のアメリカ人によって書かれたにもかかわらず、それが線的な物の見方ではなく、循環論的な立場で書かれているという事実だ。

もちろん自分たちの特異性については彼らも十分に認識しており、西洋、とりわけアメリカでは、「明白な天命」のような思想が政策の土台にあったことからもわかるように、人類の歴史はある方向に一直線に進むという線的な歴史観が強い。

その中で彼らはキリスト教が生まれる前のローマ時代の歴史観や時間論にまでさかのぼり、そこに循環論的な思想が存在すると論証していくのだ。

その前提として、人間は古代から人生を春夏秋冬になぞらえられる四段階に分けられ、しかも冬という「死」を迎えた後も春という再生の段階につながり、それが循環しているとしたのである。

次にその人生の春夏秋冬の四段階も、実は時代と世代の移り変わりにそのまま応用できるものであるとして、人生・時代・世代の春夏秋冬を組み合わせることによって大きなサイクル（サエクルム）を構成するのである。

しかもここでカギとなってくるのが二〇年という数字であり、人生も時代も、そして世代も、それぞれが二〇年を一区切りとして移り変わり、それが循環していくという世界観を構成するのだ。

一見すると荒唐無稽《こうとうむけい》にも思えるこの春夏秋冬理論であるが、ハウとストラウスはこの正しさを証明するために、イギリスとアメリカの過去の歴史的事例にさかのぼって逐一論証していくのである。

第三は、未来予測本であるという点だ。

本書は主に世代や時代の移り変わりを論証したものであるということはすでに述べた通りではあるが、その最大の特徴は、このサイクル論を援用して未来予測に使っているということだ。

彼らが本書を出版したのは一九九七年のことであり、その頃は時代的に「分解」という「秋」の時代の終盤であり、それから一〇年以内に「危機」という「冬」の時代に入るというのがハウとストラウスの見立てであった。

もちろん未来予測というのは外れるのが常であるということは、ガードナー著の『専門家の予測はサルにも劣る』などでも論証されていることだ。

ところがハウとストラウスの予測は、たとえばアメリカにおけるニューヨークなどで発生した九・

一事件やいわゆる「リーマンショック」の金融危機を見越したような記述などがあり、一概に「まぐれだ」とは一蹴できない説得力を持っている。

また、二人の予測の正しさが証明されたと思しき事態も一つある。

ザ・アトランティック誌の二〇一四年四月号に掲載されたカバーストーリーが「過保護な子どもたち」というものであったが、ここでは怪我を恐れてリスクの高い遊びをさせないアメリカの親たちに警鐘を鳴らすものであった。このような「過保護な親」の出現はまさに本書の中で予測されていたことである。

本書が出版されている現在では、ハウとストラウスが予測したような国際秩序を揺るがすような劇的な変化というものはまだ起こっていないのかもしれないが、もし「危機」という冬が本格的に始まるのであれば、われわれは彼らのアドバイスや警句に少しは耳を傾けてもいいのかもしれない。

第四は、この歴史のサイクルや予測は日本にも応用可能なのか、という点だ。

結論から先に言えば、ある程度は当てはまるのではないか、というのが訳者である私の見立てだ。

もちろんハウとストラウスのように薔薇戦争の時代にまでサイクルがさかのぼれるのかという点については何とも言えないところだが、少なくとも直近の二つのサエクルム、つまり八〇年前とその前の八〇年前の時点までには応用できそうだ。

日本とアメリカは第二次世界大戦で相見えて戦った者同士であるために、前回の「危機」である冬の時代はシンクロしているし、その八〇年前には、アメリカと日本はほぼ同時期に南北戦争と明治維新という大きな世代的分断を経験しているのである。

とりわけここ八〇年間のサイクルでは、アメリカのベビーブーマーと、そのカウンターパートである「団塊の世代」というのは、時代的にもかなり似通った雰囲気やプロセスを通過してきていると言っても過言ではない。

もちろんその詳しい検証については本稿の議論からはるかに余るものであり、本書にインスピレーションを受けた方々にぜひ研究をしていただきたいと思う。

まとめると、本書は極めて珍しいタイプの本であり、日本では歴史書と未来予測本が混じっているというユニークさゆえに、徹底的に毛嫌いされるか、無視されることになると考える。

ただし私は本書の有用性というのは、おそらく本書の本来の狙いである冬の到来という「未来予測」の部分にあるのではないと考えている。

本書の最大の効能はむしろ、そのような不測の事態が起こりうるし、実際にそのサプライズによってわれわれの歴史が動かされ、その中でわれわれの先輩たちが何とか状況に対応して生き残ってきたという点が実感できるという点だ。

本書のいう「冬」に備えるかどうかは、読者諸氏の判断にお任せするしかない。誰も未来を確実に知ることはできないからだ。

だが少しだけ想像力を使って、その最悪の事態を想定してみるというのは悪いものではない。結局のところ、われわれはそのような時代を八〇年ごとに生き延びてこられたからである。

著者
ウィリアム・ストラウス（William Strauss）と**ニール・ハウ**（Neil Howe）は『世代：アメリカの未来の歴史』（Generations: The History of America's Future ）と『第一三世代』（13th-GEN）の著者であり、世代に関する問題について執筆や講演を頻繁に行っている。ストラウスはキャピトル・ステップスという政治フォーラムを主催、ハウは歴史・経済学者であり、コンコード連合の上級顧問を務める。ワシントンDC地域に在住。ストラウスは2007年に60歳で逝去。

監訳
奥山真司（おくやま・まさし）
1972年生まれ、横浜市出身。カナダのブリティッシュ・コロンビア大学を卒業。英国レディング大学大学院で修士号(MA)と博士号(PhD)を取得。戦略学博士。国際地政学研究所上席研究員、青山学院大学国際政治経済学部非常勤講師。
著書に『地政学：アメリカの世界戦略地図』（五月書房）のほか、訳書に『すべての富を中国が独り占めする』（ダンビサ・モヨ著　ビジネス社）、『中国4.0 暴発する中華帝国』（エドワード・ルトワック著　文芸春秋）などがある。

訳者
森孝夫（もり・たかお）
1962年生まれ、大阪府豊中市出身。翻訳家。

フォース・ターニング［第四の節目］

2017年４月１日　第１刷発行
2020年６月１日　第２刷発行

著　者　ウィリアム・ストラウス／ニール・ハウ
監　訳　奥山真司
訳　者　森　孝夫
発行者　唐津　隆
発行所　株式会社ビジネス社
〒162－0805　東京都新宿区矢来町114番地　神楽坂高橋ビル5F
電話　03－5227－1602　FAX 03－5227－1603
URL　http://www.business-sha.co.jp/

〈カバーデザイン〉常松靖史（チューン）
〈印刷・製本〉モリモト印刷株式会社
〈編集担当〉本田朋子　〈営業担当〉山口健志

ISBN978-4-8284-1943-5